책을 읽는 동안 마치 내 이야기 같아서 부끄러움에, 위로에, 공감에, 깨우침에 왈칵 눈물이 고이곤 했었습니다. 주인공 민수의 1인칭 시점을 따라가면서 나도 '신'으로부터 철학이 있는 콘텐츠 마케팅 과외 수업을 함께 받는 느낌이랄까요.

　무엇이 남과 다르게 나를 탁월하고 돋보이게 하는 근본적인 차별화 포인트가 될 수 있는지, 그런 콘텐츠는 어떻게 탄생하는지 책을 다 읽고 나니 보다 선명해집니다. 미래를 생각하면 여전히 막막하지만 민수와 '신'에게 배운 태도와 마인드를 상기하며 묵묵히 해나가다 보면 알게 될 것들이기에 더 이상 두렵지만은 않습니다. 콘텐츠로 수익화를 꿈꾸며 첫 발을 내딛는 분들, 콘텐츠 마케팅을 해오면서 번 아웃 등 어떤 한계나 벽에 봉착한 분들께 이 책은 그 어떤 이론서보다, 그 어떤 실용서보다 도움과 용기를 주고 위로와 인연까지도 선물해 줄 것입니다. 손 닿는 곳에 가까이 두고 넘사벽에 부딪힐 때마다 두고두고 꺼내볼 책입니다.

시선공작소, 짝새 님

처음 콘텐츠 마케팅을 익히고, 사업에 적용하다 보면 예상치 못한 난관을 많이 만나게 됩니다. 홀로 헤매는 것 같은 막막함과 나에게만 이렇게 어려운가 싶어 좌절감이 몰려오기도 합니다. 만약 그때 이 책이 있었다면 정말 큰 힘이 됐을 것 같습니다. 콘텐츠 마케팅을 시작하시는 분들이 이 책을 통해 용기와 희망을 얻으시리라 생각합니다.

콘텐츠 마케터, 수웩 님

역사로 경제 분석하는, 모두의 역사입니다. 처음 콘텐츠를 만들 땐, 누구나 빛나는 모습을 꿈꿉니다. '떡상'한 100만 크리에이터, 혹은 콘텐츠를 이용해 빠르게 경제적 자유를 누리는 모습 말이죠. 그러나 그 과정에 꼭 이러한 '빛'만 있는 건 아닙니다. 빛 아래 그림자에는 악플보다 무섭다는 무플, 그리고 콘텐츠가 수익으로 연결되기까지 '어둠'의 과정도 존재하죠. 그런데 이 과정을 지혜롭게 풀어간 사람들은 하나같이 빛을 보더랍니다. 그 생생한 지혜의 과정을 풀어놓은, 콘텐츠 비즈니스계 최고의 입문서입니다.

모두의 역사, 곤이 님

우리는 사업을 시작하는 순간부터 괜히 자신에게 더 엄격해지곤 합니다. 처음이라 서툰 것인데, 잘하고 싶은 마음에 작은 실수조차 용납하지 못하지요. 그런 분들께 이 책은 스토리텔링으로 이렇게 말을 건넵니다. "사업하며 실수해도 괜찮아요. 이렇게 건강하게 대처할 수 있어요." 어쩌면 화려한 기술이나 따끔한 비판보다, 초보 사업가에게 가장 필요했던 말은 이런 것 아니었을까요? 실수하지 말라고 다그치는 것이 아니라, 실수해도 괜찮다고 하는 책. 세상의 모든 초보 사업가분들께 이 책을 꼭 추천하고 싶습니다.

창업디자이너, 창디 님

퇴사 후 빠르게 돈 벌겠다고 들었던 500만 원짜리 강의, 나를 갈아 넣고 싶지 않아 포기했습니다. 얼마를 버느냐도 중요하지만 어떻게 버느냐도 중요하다. 건강하게 내 속도와 방향에 맞추기 위해 시작한 콘텐츠 마케팅. 지난 2년 반 실패하고, 실패하고, 또 실패했지요. 그럼에도 포기하지 않을 수 있었던 건 한결같이 응원하고 지지해준 '신'이 있었기 때문입니다. 저는 50번째 '민수'였습니다. 콘텐츠 마케팅 어떻게 시작할지, 어떻게 지속할지, 어떻게 성과를 낼 지 궁금하다면 '신과 민수의 이야기'에 귀 기울여 보세요. 51번째 민수일지 모를 당신을 응원합니다.

폭식잡는 식사학교 교장, 야채준선 님

3개월 만에 SNS 마케팅으로 월 천 수익! 이런 말이 과연 콘텐츠 마케팅의 본질일까요? 민수와 신의 이야기를 따라 책을 한 장, 한 장 넘기다 보면 왜 그런 접근이 잘못됐는지부터 그럼 어떻게 콘텐츠 제작가가 되어 수익화를 만들고, 그를 통해 삶을 여유롭게 살 수 있는지 그 구체적 방법을 자연스레 알 수 있게 됩니다. 이 책은 무엇도 강요하지 않고 차분히 당신에게 이렇게 말합니다. "여기 게으르지만 콘텐츠로 돈을 벌 수 있는 길이 있어요. 천천히 함께 걸어볼까요?" 나만의 속도와 방향으로 콘텐츠를 만들어 돈을 벌고 싶은 분들께 반드시 완독을 권합니다.

춤추는 에세이스트, 춤에 님

오프라인 사업만 10년 한 39세 김 사장은 어떻게 콘텐츠 부자가 됐을까?

무리하지 않으면서 여유롭게 살아가는 콘텐츠 사업의 비결

오프라인 사업만 10년 한 39세 김 사장은 어떻게 콘텐츠 부자가 됐을까?

자유리·신태순 지음

나비의 활주로

콘텐츠 마케팅에서 게으름은 선택이 아닌 필수입니다

"도대체 왜 사업을 하세요?"

현장에서 콘텐츠 사업을 하는 분들을 만나서 위와 같이 질문하면, 보통 이런 대답을 하십니다.

"빨리 은퇴해서 더 여유롭게 살고 싶어서요."

이처럼 많은 분들이 다시 말해 '게으름'을 원합니다. 게으르게 살면 더 좋겠다고 생각하는 것이지요. 조급하게 살기를 바라는 사람은 거의 없을 겁니다. '월요병'이 농담이 되는 것도, 불목과 불금이라는 모두가 공감하는 유행어가 있는 것도 비슷한 맥락이겠지요. 조금 더 여유롭게 일하기를 바라고, 때로는 하는 일을 과감히 줄이면서 돈은 더 벌고 싶어 합니다.

당신은 어떠신가요?

'달콤한 주말이 이틀로 끝나는 게 아니라 일상이 되면 좋겠다'라고 바라지 않습니까? 하루 2~4시간 정도만 일하고도 충분히 많은 수익을 얻고 싶으시지요? 어디에서나 일할 수 있고, 그래서 언제나 쉴 수 있는 그런 삶을 원하시진 않나요?

먼 미래에서나 일어날 것 같은 이런 사업 형태를 온라인에서 구현하며 살아가는 이들이 점점 더 늘어나고 있습니다. 이런 삶을 먼저 살고 계신 분들은 당신에게 공통적인 질문 하나를 전합니다.

그렇게 게으름이 좋다면서도 정작 지금 하는 사업에서 '게으르게 일할 수 있는 지'에 대해서는 얼마나 고민하고 있나요?

많은 분들이 게으른 삶을 바라면서도 그저 빨리 가는 방법만을 고집합니다. 지금 게을러져야 주변을 돌아보며 조정해 갈 수 있는데, 사소하게 반복되는 일조차 줄이려는 고민도 하지 않은 채 맹목적으로 달리기 바쁩니다. 왜냐고요? 남들과 경쟁해서 더 빨리 가야지만 게을러지는 삶에 도달한다고 믿기 때문입니다. 이런 믿음에서 나온 성급한 행동이 더 많은 문제를 만들어내는 걸 봅니다.

빠른 것만을 추구하다 보니 성과가 바로 오지 않으면 불안감에 쉽게 간힙니다. 내 감정과 일상, 가족과의 일상 공유는 뒷전으로 미루고 살다가 겹겹이 쌓여 한 번에 무너져 큰 번아웃 증후군에 시달리기도 하지요. 몇 개월 하릴없이 시간이 흐르고 시스템 제작은 그만큼 미뤄집니다.

더 여유로운 시스템을 만들고 싶다는 초심과는 다르게 언제나 급한 잡무만 처리하느라 자신을 소비하고 있다고 느껴진다면, 지금 바로 '게으름은 미래의 선택이 아니라 현재의 필수'라는 사실을 발견해야 합니다.

빠르게, 더 빠르게 속도만 추구하던 사업의 부작용을 경험해 본 분이라면, 천천히 가고 싶은 마음이 근래에 크게 느껴지는 분이시라면 지금부터 들려드릴 이야기가 더 깊게 와닿을 것입니다. 여기에서는 '빠른 성과만을 추구했던 한 사업가가 콘텐츠 시스템을 만들어가는 과정에서 배운 뼈아프지만 그만큼 성장하게 된 과정'을 보여주고 있습니다.

그 변화의 기저에는 '게으름이 선택이 아닌 필수가 되어야 한다'는 믿음이 있었습니다. 이 책은 그 힘으로 인해 저희의 삶이 얼마나 변화를 얻고, 성장했는지를 증명해 보이고 있습니다. 현재 저희의 사업은 전보다 훨씬 여유가 생겼습니다. 더 이상 같은 일을 반복하지 않아도, 일을 계속 늘리지 않아도, 조급해하지 않아도 돈을 벌 수 있다는 것을 알았기 때문입니다. 수많은 시행착오를 통해 사업의 체질 전환을 이룬 것입니다.

대한민국에는 예전의 저희와 같은 방식으로 사업하는 분들이 많다는 것을 압니다. 조급함을 자주 느끼시는 분들이 같은 실수를 줄이기를 바라는 마음입니다. 부디 이 책을 읽으신 다음에는 게으름에 대해 새롭게 정의해 보시기 바랍니다.

자유리, 신태순

CONTENTS

CREATIVE KNOW-HOW

CHAPTER 1

초보 창업자,
찐정한 콘텐츠 마케팅의
길로 들어서다

콘텐츠 창업 스텝 1
지푸라기라도 잡는 심정으로
콘텐츠 창업에 첫발을 내딛다

'1,780만 원'

1억 원을 넘게 들여 시작한 가게의 인테리어와 식품 보관 장비들, 이 모든 것을 처분하고 난 뒤 내 통장에 남은 금액. 그것이 내가 10년간 가게를 충실하게 운영한 결과였다.

1,780만 원, 오래된 노트북 1개, 그리고 월세를 내던 집.

이것이 10년간 일한 결과의 모든 것이었다. 자꾸 그 사실이 남의 일처럼 느껴지고, 지금 주어진 현실이 잘 받아들여지지 않았다.

나는 어릴 적부터 누구보다 조급한 편이었다. 항상 뭔가 서두르느라 덤벙거리고, 무엇에 쉽게 혹해서 변심을 잘하는 경향이 강했다. 주식도 암호화폐도 부동산도 제대로 끝까지 투자해 본 적이 없었다. 그리 특별한 능력도 없는데, 꾸준함이나 인내심마저 없던 나는 망연자실한 상태에서 하늘만 쳐다보며 깊은 한숨을 쉬는 일이 잦았다.

그런 나에게 모든 일은 경쟁의 연속이었다. 고작 눈앞에 있는 일만을 처리하는 게 인생의 전부는 아니라고 굳게 믿었다. 나 같이 평범한 사람에게도 분명 운명적인 일이나 기회가 찾아올 것이라고 여겼다. 지금껏 뭐 하나 특별한 것은 없었지만 그래도 언젠가는 행운이 찾아올 것이라고 막연한 기대만 하며 살았다. 그러니 모든 일이 다 적당하게만 느껴졌다.

화장품 매니저 업무도 나름대로 나쁘지만은 않았다. 급여는 적었지만, 나름 버텨볼 만은 했다. 그런데 행운을 바라는 내 얇은 귀는 그것조차도 감히 허락하지 않았다.

"너 언제까지 남 밑에서 노예처럼 살래? 그간 일하면서 모아 놓은 돈 좀 있지 않냐? 나랑 같이 사업하자. 내가 노하우를 잘 알려 줄게. 잘하면 월에 1천만 원은 가뿐해."

"1천만 원이요?"

오로지 '월에 1천만 원'이라는 말에 혹하여 라면 물 하나 제대로 못 맞추던 내가 아는 형님을 따라 시작한 분야는 다름 아닌 '외식 사업'이었다(지금 생각해봐도 그때 나의 선택은 참 어이없게 느껴진다. 외식 사업이라니…그 당시의 나는 사업을 너무 우습게 본 것이 분명하다). 정말 아무것도 모르는 분야였기에 인테리어부터 메뉴 구성까지 모든 것을 형님에게 의존해야만 했다.

'이게 정말 맞을까? 에이, 그래도 뭐, 형님이 알아서 해 주신다니까.'

나의 무지함은 기막히게 불행과 맞닥트리게 된다. 그렇게 사업을 시작한 나는 지구상 그 누구도 예상하지 못했던 큰 변수 하나를 맞이했다. '코로나19'라는 아무도 예상하지 못했던 전염병, 비말 감염으로 전파되는 질병, 그래서 결국 사람을 만날 수 없게 만드는 그 끔찍한 사업적인 복병을 말이다.

불안한 마음으로 지인에게 의존하며 시작한 내 사업은 힘없이 무너질 수밖에 없었다. 화장품 가게에서 십 년을 일하며 한 푼, 두 푼 모은 내 소중한 돈을 우둔한 용기로 투자하고 시작한 사업이었다. 하지만 찾아오지 않는 고객들, 점심시간마저 텅 빈 테이블 앞에서 매달 수백만 원에 다다른 지출을 감수하고 있기란 쉬운 일이 아니었다.

자금이 더는 버틸 수 없는 상황에 이르게 되자 절박한 마음으로 프랜차이즈 본사에 있는 형님에게 다시 전화를 걸었다. 하지만 너만 그런 게 아니라는 식으로 타이르는 형님의 답변은 나에게 너무 뻔뻔하게만 느껴졌다.

"민수야, 잘 안되는 게 무조건 내 책임은 아니지 않냐? 지금 너만 문제가 아니야. 형도 완전 힘들다, 지금. 시국이 시국이니 어쩔 수 없다."

"아니, 그래도 형님. 제가 어떻게 해야 하는데요? 형님 믿고 시작한 거잖아요."

"아니지, 민수야. 사업은 네가 선택한 거지. 안 그래? 난 네가 잘 생각해봤으면 좋겠다. 야, 지금 정신없이 바쁘다. 이만 끊자."

통화를 마치고 눈앞에 새 냉장고에 아직도 붙어있는 스티커가 눈에 들어온다. 가슴속에 화가 치밀어 오르는데 어디에도 하소연할 곳조차 없다.

예전에 내가 무턱대고 신중한 고민 없이 했던 선택은 여전히 고개를 쳐 들은 채 나를 가만히 쳐다보고 있었다. 그것은 마치 내게 '어때? 세상 만만치 않지?'라고 중얼거리는 듯 보였다. 분하지만 더는 방법이 없다는 것을 잘 알고 있었다. 또 익숙한 그 냉정한 현실, 무언가에 꽂혀서 취한 행동으로 밀려오는 익숙한 패배 의식과 절망이 내 온몸을 적신다. 헤어 나오려고 몸서리를 치면 칠수록 깊어지는 늪이 내온몸을 감싼다. 이럴 때 발버둥 치면 칠수록 그저 더 깊은 수렁으로 내 몸을 끌고 간다. 순간 모든 몸에 힘이 빠지고, 지쳐버린 내 심신을 다룰 겨를도 없이 차가운 냉장고 앞에서 풀썩, 주저앉아버린다.

'팔아버리자. 한 푼이라도 건져야지.'

중고 커뮤니티에서 재 가격도 맞추지도 못한 채 올리자, 새 제품을 가져가려는 사람들이 좋은 물건만을 쏙쏙 빼 내가고 있었다. 마치 나를 약 올리는 것 같았다.

'휴, 가게로 다시 돌아가야 하나.'

화장품 가게는 그저 이 늪을 무사히 빠져나가게 해 줄 한 줄기 동아줄이라고 생각했다. 하지만 그건 더 이상 동아줄이 아니었다. 이미

썩어버릴 때로 썩어버린 그 줄은 내 손아귀의 힘조차 견디지 못할 정도로 약해지고 있었다. 마치 마르고 건조한 지금의 내 현실처럼.

코로나19는 내게만 어려움을 준 일은 아니었다. 화장품 회사 취업의 길은 비좁다 못해 소멸하고 있었고, 경력직에 비싼 인건비라는 무게를 지닌 지금의 나를 받아 줄 곳은 더더욱 눈에 보이지도 않았다. 거기다 30대 중반, 이미 청년이라고 하기에 적지 않은 나이이기에 뜬금없이 '외식 사업'이라는 이 쌩뚱맞은 커리어의 흔적을 보고도 나를 받아줄 만만한 곳은 없었다.

말라가고 있는 사막 한가운데 지금 남아있는 그 수맥마저 완전히 차단당한 느낌이다. 그렇게 집기를 팔고, 프랜차이즈 사업을 정리하며 아무 생각 없이 지내던(아니 어쩌면 아무 생각이 없어야만 살 수 있었던) 그때, 동굴같이 어두운 집에 드러누워 TV를 보고 있었다. 인터뷰를 하며 묻고 대화하는 방식의 예능을 별생각 없이 말이다. 출연자는 내가 살아생전 이름 한번 들어본 적 없는 그런 평범한 사람이었다.

"요즘은 일반인도 예능에 출연을 하나, 참."

그는 평범하게 생긴 외모로 깔끔한 스타일의 옷을 입은 비슷한 연령대의 극히 흔한 사람처럼 보였다.

"한 달에 수익이 얼마나 되요?"

가벼운 말투의 사회자가 그에게 묻자 이내 그는 수줍은 듯 말을 이어가기 시작했다.

"온라인 콘텐츠로 한 달에 많게는 외제 차 한 대 정도는 벌어요."

순간 눈이 휘둥그레진다.

"뭐라고? 한 달에 외제 차 한 대 값? 이 사람 뭔데 그렇게 돈을 벌어? 콘텐츠? 그게 그렇게 돈이 된단 말이야?"

그러나 순간 내면에 또 다른 얼굴 하나가 치솟아 오른다.

'속지 마, 바보야. 저것들도 다 똑같아. 넌 그렇게 당하고도 또 모르겠냐?'

하지만 내 마음을 알고나 있다는 듯, 화면 속 사내의 획기적인 대답이 계속 이어졌다.

"제 말이 잘 안 믿기시죠? 그럼 한번 저를 보세요. 평범한 사람이죠. 그리 특별하지 않아도 누구나 도전하고 판매할 수 있습니다. 그게 온라인 시장만의 매력이죠."

주식도 암호화폐도 부동산도 내게는 남의 이야기였다. 조금만 해 봐도 복잡하고 어렵게만 느껴졌다. 그건 마치 뭔가 특별하고 재주 많은 사람들의 이야기, 그들만의 리그처럼 말이다. 하지만 콘텐츠는 뭔가 달라 보였다. 내 눈앞에 보이는 저 평범한 사람도 그렇게 큰돈을 벌 수 있다는 것 아닌가? 이어서 그는 결정적인 한마디를 더 한다.

"거기다 더 놀라운 것은 투자금도 들어가지 않고 돈을 번다는 것이죠."

결정타였다. 돈도 없는 지금 내 상황에 한 줄기 빛이 비치는 것이다. 문득 내 눈앞에 먼지 쌓여 있는 표면이 누렇게 뜬 내 노트북이 마법창고의 비밀의 문을 여는 열쇠처럼 다가오는 환상이 보이는 것 같았다.

가만히 있을 수 없었다. 당장 초록색 검색 창에 그의 이름을 적어보았다. 인터넷 검색 창은 놀라운 정보와 리뷰들을 내게 제공하며 세상에는 돈을 버는 방법이 상당히 많다고 위로해주는 것 같이 느껴졌다. 나보다 훨씬 어려 보이는 사람들이 그의 강의를 듣고 내가 지금 가진 전 재산보다 비싼 차를 2,3대씩 몰고 있음을 확인하는 데까지 오랜 시간이 걸리지 않았다.

"나도 이 강의를 한번 들어 볼까? 프랜차이즈 사업이랑은 다르겠지…."

이런저런 고민을 하면서도 오랜 시간이 지나지 않아 어느새 내 손끝은 이미 결제 창을 향해 나아가고 있었다.

"손쉽게 스마트 스토어로 '월 천'을 벌 수 있는 방법이 있다."

강의의 캐치프레이즈를 따라 달려간 강연장에는 빛나는 이들이 가득 차 있었다. 주차장에는 외제 차들이 즐비했고, 화려한 옷을 입은 열정적인 수강생들의 열기로 강연장의 분위기는 물씬 달아올랐다. 문득 이곳에 있기만 하면 나도 그들처럼 좋은 성과가 계속 나올 것 같다는 묘한 느낌이 들었다. 여기는 분명 하나의 목적성이 있었다.

그것은 바로 '수익'이었다.

수익을 위해서라면 무엇이든 할 수 있는 사람들이 모인 곳이었다. 의외로 모인 이들은 대부분 20대 초반으로 보였다. 그들은 앞 단에 서 있는 강사의 모든 것들을 흉내 내는 것 같았다. 옷을 입은 스타일부터 머리의 형태, 말투까지 비슷했기 때문이다.

처음 한두 군데를 다니면서 처음에는 강사의 이야기에 하나도 집중이 되지 않았다. 유입과 전환, 재구매율, 검색 노출 최적화, 페이스북 광고 기법… 기술만 가득하고, 낯선 단어들이 즐비한 그곳에 내가 서 있을 곳은 당연히 없었다. 무엇을 팔아야 할지도 모르고 있었기에, 그냥 그들의 중심에 서 있던 강렬하게 다가오는 그 강사의 핵심적인 소리만을 하나하나 담기위해 귀를 기울이고 있었다.

"여러분에게만 진짜 비법을 알려드릴게요. 무엇을 팔지 고민하지 마시고, 이슈나 트렌드를 따라서 제품을 선정하시면 됩니다. 이미 시장에는 제품들이 너무 많이 있기 때문에 마진율만 보고 잘 결정하면 됩니다."

그는 상세하게 어느 곳에서 제품을 받아야 하는지 장소와 방법까지 친절하게 안내해주었다.

'그렇구나. 적당한 마진율을 보고 팔아라.'

"키워드 광고를 잘하셔야 합니다. 대형 키워드가 안 되면 소형 키워드라도 사용해서 검색했을 때 내 제품이 잘 드러날 수 있게 해야 합니다."

'아, 키워드 광고. 키워드를 잡아라.'

"돈을 벌려면 광고비를 아끼지 말아야 하죠. 제품을 론칭하면서 페이스북이나 SNS 그리고 각종 사이트에 광고비를 되는대로 투입하세요."

'광고비를 아끼지 말아야 하는구나.'

'와, 이렇게 방법을 다 알려주니, 이곳이 인기가 많은 거구나, 역시 이번에는 내가 선택을 잘한 거였어.'

'그나저나 저 강사님은 이렇게 방법 다 알려줘도 괜찮은 건가? 어쩜 내가 인생에서 귀인을 만난 건가? 역시 죽으라는 법은 없구나.'

생각의 꼬리를 물고 따라가며 들은 수업. 1개월 수강하면서 나는 노트에 적은 내용을 토대로 그가 알려준 방식에 맞게 사람들의 키워드 검색량을 뒤져보고, 요즘 핫한 제품을 발견하면서 그 제품을 팔면 된다는 사실을 알았다. 비싼 돈을 지불한 만큼, 교육은 내게 핵심적인 길을 잘 가르쳐주고 있었다. 나는 그들이 알려준 그 방식대로 진행만 하면 되는 것이었다. 그 부분은 누구보다 더 자신이 있었다.

"이래 보여도, 내가 화장품 좀 팔아보았지."

위탁 관련 사이트에 들어가면 팔아 달라는 제품들이 즐비했다. 나는 이 중에서 마진율이 높은 제품들을 보고 있었다. 보습 화장품 중 몇 개가 마진율이 유독 높았다. 대략 제품을 분석하고, 적당한 제품이 잡히면, 그가 알려준 방식에 맞춰 상세페이지를 제작하려 했다.

'뭐 이런 상세페이지는 디자이너에게 맡기는 게 최고지. 못하는 내가 하는 것보다 잘하는 사람한테 만들면 뚝딱이잖아.'

그가 알려준 사이트를 뒤져보니 2시간이면 상세페이지를 제작해주는 곳이 많았다. 가격대는 약 10만 원 미만이면 해결할 수 있었다.

'온라인 마케팅. 그렇게 어려운 건 없네.'

'이제 완벽하다.'

배운 대로 남들과 같이 응당 나도 광고를 돌리기 시작했다. 치열한 키워드를 잡은 만큼 광고비가 비쌌지만 광고비를 아끼지 말라는 말을 믿고 투자하기로 결심했다.

'돈 벌려면 한방이라고 했지. 광고에 쫄지 말라고 했겠다.'

모든 것을 배운 대로 실현되었고, 내 계획은 완벽에 가까운 듯 했다. 수백만 원의 교육투자 이후 나는 몇 시간에 걸친 키워드 광고와 상세페이지를 제작했고, 마진율 높은 상품 소싱을 통해서 그럴듯하게 광고를 제작해서 배포까지 완료했다. 1천만 원이 넘는 돈을 썼지만, 어차피 이 돈은 투자금이었다. 판매만 어느 정도 되면 끝나는 문제였다.

'온라인 그렇게 어렵지 않구나. 돈이 돈을 벌어들이는 것은 어디에도 똑같다. 이 말이야.'

입가에 차오른 미소를 가릴 길이 없다. 행복 회로를 돌리는 무한 동력을 막을 길도 없다. 내리막길을 충분히 내려온 내 삶도 이제는 보상이 올 때라는 확신마저 내 손끝 발끝을 통해 전해지고 있었다.

1개월의 시간이 흘렀다. 판매 과정은 잘 확인되고 있었고 모든 것들은 순리대로 진행되고 있었다. 화장품 판매율은 낮지 않았고, 고객 리뷰도 물 흐르듯이 잘 쌓이고 있었다. 매일 12시간 이상을 컴퓨터 앞에서 시간을 보내니 어깨와 목에 통증이 있었지만, 즉각적인 효과에 취해 내 몸의 통증에 진통제를 맞아가듯 그 순간순간을 이겨내고 있었다.

그 진통제는 내가 간 강연장에서 빛나는 사람들의 모습이었다. 나도 그들처럼 수입 차를 타고, 명품 시계를 손목에 찰 수 있을 것 같았다. 이대로 간다면 소위 말하는 부의 추월차선에 올라탈 수 있겠다는 확신이 들었다. 그 후에는 나 역시 내가 사용하는 판매의 노하우를 다른 사람들에게 전파하며 영향력을 끼칠 수 있을 거라고 생각하니 내 가슴 속 어딘가에서 기분 좋은 '두드림'이 울렸다. 기분이 좋아지니, 더 자신감이 오르고 급작스럽게 내면에 무언가가 튀어 오른다. 건방질 정도로 지금 내 자신이 만족스럽다. 강의를 진행하는 측에서는 내 사례를 다른 수강생들에게 알려주고 싶어 했다. 내 이름과 사진은 강의를 들은 사람들 중 빠른 성과를 내고 있는 사람들만 올라가는 명예의 전당 한 자리에 올라서게 되었다. 강사는 수업 중 내 이름을 몇 번씩 외치며 이렇게 말했다.

"봐라. 시키는 대로만 하면 되지 않는가?"

"당신들도 이것을 원하지 않는가?"

그렇게 또 3개월이 시간이 가볍게 흘렀다. 첫 번째 제품을 나름 성공의 결과를 얻었던 나는 이내 두 번째 새로운 제품에 대한 소싱을 준비하고 있었다. 장마철을 앞두고 나는 우산 판매를 준비하고 있었다. 첫 번째 제품의 성공 사례를 그대로 복사하면 된다고 생각하니 마음이 평온했다. 미묘한 불안감을 느낀 것은 그즈음이었다. 첫 번째 소싱 제품인 화장품을 구매한 사람들로부터 알 수 없는 불만들이 나오기 시작한 것이다.

상세페이지 하단에는 평소보다 훨씬 더 높은 비율로 불만의 댓글이 계속 쌓여가고 있었다. 평균에 훨씬 못 미치는 판매 개수를 볼 때 그 댓글들이 매출에 직접적 악영향을 준다는 것은 명확했다.

"이것도 화장품이라고 파는 곳이 있네요. 배송도 느리고, 노답입니다."
"가격이 비쌀 이유가 있나요? 다른 곳에서 더 싸게 팔던데."
"제품이 파손되어서 왔어요. 휴, 판매자님 연락도 잘 안 받으시네요."

'뭐지? 갑자기 무슨 일이지?'

악플을 다는 사람들의 아이디를 확인해보니 이전 구매 이력은 없었다. 배송도 모두 정상적으로 처리되어 있었다. 댓글을 보고 혹시나 싶어 내가 파는 제품을 검색해보자 다른 쇼핑몰에서 같은 제품을 5%

더 싸게 팔고 있었다. 불안감이 차오른 나는 강의를 듣는 커뮤니티에 이런 현상을 이야기했다. 그러자 사람들은 당연하다는 듯 이렇게 말해주었다.

"경쟁자들이 밑 작업 하는 거 아니에요? 이 바닥에 그런 일은 흔해요. 가격을 더 낮추시던가. 더 댓글을 다는 행동을 하셔야 해요. 광고를 더 돌리는 것도 답이고요."

경쟁사가 하고 있는 더러운 작업이라는 것은 단순한 의심이 아니었다. 단체로 우르르 몰려와 악성 댓글을 다는가 하면, 카페, 밴드 등 각종 커뮤니티 사이트에서 동시다발적으로 하지만 교묘하게 자신의 쇼핑몰을 홍보했다. 개인에 불과한 내가 그들의 상대가 되지 않음을 본능적으로 알 수 있었다.

이미 하루 12시간 넘게 컴퓨터 앞에서 있었으니 더 이상의 시간을 쓸 수조차 없었다. 새로운 인력이나 광고를 투입할 돈도 마땅치 않았다. 교육비와 고정 광고비, 세금 등의 지출을 제외하고 나니 내 수중에는 500만 원도 남아있지 않았다. 어찌할 바를 몰라 우왕좌왕하는 사이 스마트스토어 노출 순위가 4위로 떨어지자 매출은 그야말로 급락하기 시작했다.

실제로 매출을 정리하고 보니 월 매출은 5백만 원을 넘어섰지만 이것저것의 유지비와 광고비, 제품 원가 및 사무실 사용료, 세금 등을 제외하고 나면 1백만 원도 채 남지 않았다. 하지만 이 어려움을 어디에도 이야기할 수 없었다.

인생이 아이러니하다고 하지 않던가? 커뮤니티 메인에 걸려있는 내 명예로운 이름을 더럽힐 수는 없었다. 당시에 나는 그것을 버릴 수는 없었다. 단기적으로 성과를 만들어 월 매출 1천만 원을 찍은 대단한 사람이라는 존경의 이미지는 버리고 싶지 않았다(딱 한 달 있었던 일은 맞으니, 분명 그건 거짓말은 아니다!).

광고를 멈출 수도 없었다. 광고를 멈추면 모든 것이 끝날 것만 같은 기분이 들었다. 제품을 팔수록 더 뛰어난 제품은 끊임없이 나오고 있었고, 그 명백한 사실 앞에서 내 전략은 오직 무엇이든 채우기에 급급했다.

지금 이 순간에도 경쟁자들은 카페와 각종 커뮤니티에서 내 제품을 헐뜯는 행동을 계속하고 있다. 다시 또 익숙한 무기력 앞에서 힘을 잃기만 하고 있었다. 온라인이든 오프라인이든 전쟁터인 것은 다름이 없었다. 나는 또 한 번 길을 잃을 위기 앞에서 그렇게 허덕이게 되었다.

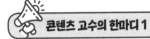

'누구나 쉽고 빠르게 돈 벌 수 있다'는 메시지가 넘쳐나고 있습니다. 하지만 그 말은 반은 맞고, 반은 틀리지요. 아이템을 소싱하는 방법이 다 공개되어 있어서 아이템 조달은 쉽지만, 그 가운데 좀 더 차별화된 아이템을 더 유리한 가격으로 가져오는 것은 어려운 일입니다. 그래서 보이지 않는 노력이 더 필요하지요. 광고하는 방법이 다 공개되어 있어서 누구나 쉽게 광고할 수 있지만 그 가운데 고객의 눈에 띄고, 결제까지 유도하기 위해서는 추가적인 노력이 필요합니다. 그리고 이 부분은 시행착오를 많이 겪어야 하는 어려움이 있습니다. 자극적인 카피로 고객을 후킹하는 방법들이 다 공개되어 있어서 쉽게 고객을 유혹할 수는 있지만, 그렇게 자극적으로 유혹한 고객의 마음이 획 돌아서지 않게 끝까지 관리하는 일은 어렵습니다.

'쉽게 돈 벌 수 있다'는 말의 이면에는 항상 이면의 보이지 않는 어려운 일들이 도사리고 있습니다. 쉽게만 돈을 벌려고 하는 마음으로 시작하면 그러한 일들은 귀찮고 하기 싫은 일이 되어버립니다.

하지만 시행착오를 통해서 경험을 쌓을 수 있고, 그것이 진정한 차별화 포인트가 된다는 것을 알면 뒷부분의 일을 기꺼이 감당하게 됩니다. 쉽게 사업을 시작하는 것은 좋은 접근입니다. 빨리 시행착오를 경험할 수 있으니까요. 하지만 장기적으로 돈을 벌어가는 일은 쉽지 않고 보이지 않은 노력과 성장이 따라야 한다는 사실을 꼭 기억하세요.

콘텐츠 마케팅의 완성은
기술로 이룰 수 없다?!

'노동은 신성하다'는 건 일반적인 통념이었다. 그러한 믿음 때문인지 지나치게 일하는 것을 당연하게 여기는 경우도 있었다. 그러나 쳇바퀴 돌던 한 마리 다람쥐는 어느 날 우연히 통 밖에 빠져버린 도토리 한 알을 본 뒤에서야 자기 삶을 의심하기 시작했다. 그런 점에서 보면 내 사업은 자신의 원통을 의심하지 않았던 다람쥐와 똑 닮아 있었다. 끝이 오지 않을 그 온라인 시장을 유지하기 위해서 계속해서 뛰고 다시 또 뛰어야만 했기 때문이다.

'매일 오전에 출근하여 출근 장소를 청소하고, 제품을 선정하며, 또 판매 페이지를 다듬고 또 다듬고 제품 C/S 관리 등을 진행하는 일'을 반복했다. 고객들과 상담이나 판매 배송 등을 마치고 나면, 어느덧 시간은 다시 늦은 저녁이 되었다.

그러나 나아지는 것은 없었다. 경쟁자들의 새로운 기술은 셀 수 없는 단위로 쪼개서 내 일상을 침범하고 있었으니 말이다. '채움'은 또 다른 '채움'을 낳았고, 과로가 겹치자 온몸에 멍이 든 것처럼 검은 피로가 내 혈맥에 쌓여가고 있었다.

심신이 지쳐 조금이라도 여유를 부리다 보면 어느새 12시가 훌쩍 넘어가는 것이 예삿일이었다. 그러다 보니, 가족 구성원들과 여행을 떠나기는커녕, 일상의 작은 휴식조차 누리기가 쉽지 않았다. 그 와중에 경쟁자들의 제품은 어느덧 부동의 1위까지 순위에 오르고 있었다. 초록창을 가득 채운 그들의 광고가 내 모니터에 도배되다시피 하였다.

'몇 개월간 1천만 원이 넘는 광고비를 썼고, 12시간씩 하루도 쉬지 않고 작업을 해왔는데….' 정말 무기력하기 짝이 없었다.

"정말 이렇게 하는 게 온라인 사업의 전부일까?"

사업은 그저 남들이 하는 것과 똑같이 하며 버틴다는 것, 무슨 수를 써서라도 살아남고자 노력하는 것 그 이상도 이하도 아니었다.

그런 내게 노동은 신성한 가치였고, 그 신성성은 보고도 만질 수도 없는 고귀한 것이라 믿었기에 오프라인에서 온라인의 장소 변화만 있을 뿐 내 사업은 노동 그 자체와 다를 것이 하나도 없었다. 그러나 그것은 결정적인 큰 문제를 하나 안고 있었다. 바로 지금 내 사업이 성과가 난다고 해도, 그다음도 이와 같은 성과가 난다는 안전망이 전혀 없다는 사실이었다. 언제나 새로운 경쟁자들은 이 시장에 쉽게 접근할 준비를 하고 있었기 때문이다.

'조금 더 현명하게, 경쟁하지 않는 방법은 없는 걸까?'

의구심은 이미 가슴속에서 서서히 차오르고 있었지만 여전히 그 가능성의 흔적을 강 건너 불구경하듯 바라보고 있어야만 했다. 그 흔한 SNS 계정 하나도 관리하지 못해서 몇 년째, 먼지만 쌓여 가고 있었던 '나'이기에 말이다. 관리 안 되는 온라인 계정의 프로필은 지금 내 모든 현실을 잘 대변해 주는 것 같았다. 맹목적인 목표 달성을 위해서 돈이 안 되는 것은 전혀 하지 않는 지금의 현실을 말이다.

'이대로는 아닌 것 같다. 너무 지치고 힘들어. 나도 온라인에 내 시스템을 만들고 싶다. 그런데… 시작해야 하는 건 알겠는데. 이게 도대체 어디서부터 손을 대야 하는 거지?'

내 사업이 온라인에서 진행하면서도 천천히 내 근무 시간을 줄여가고 싶었다. 그래. 잠을 잘 때에도 돈을 버는 구조.

'일단 다시 유튜브에 검색이라도 해볼까? 그런 방법이 분명히 있을 거야.'

노트북을 꺼내고 유튜브를 켰다. 검색 창에 '디지털 노마드 시스템 만들기'라고 검색을 눌러본다.

정말 다양하고, 자극적인 섬네일이 나온다. 온라인 시장 안에는 무한에 가까운, 수 없이 다양한 콘텐츠들이 주를 이루고 있었다. 하지만 그것들은 내가 들었던 강의와 하나도 다르지 않은 내용을 다르게 나열하는 것처럼 보인다.

'다 비슷한 이야기를 하네. 뭐 좀 깊이 있는 영상 없나?'

계속 검색 창을 두드리며 영상을 하나둘 뒤져본다. 그러다 어떤 평범한 영상 하나가 얼핏 내 눈에 들어왔다.

"돈을 버는 것. 왜 하는 것보다 하지 않는 것이 더 중요할까요? 당신이 게을러져야 돈을 법니다."

영상에 걸린 제목에서 지금과는 너무나도 다른 결을 가진 '독특함'을 느낀다. 편안해 보이는 영상 제작자의 얼굴, 편집 자막 없이 전해지는 있는 그대로의 말, 누구보다 더 느리고 조용히 읊조리듯 말하는 그의 영상 안에서 처음 본 색채가 느껴진다. 그 색채는 내게 약간 어색한 느낌으로 다가왔다. 하지만 살짝 호기심을 불러일으켰다.

'뭐지, 이 사람?'

"의지력은 계속해서 사용하면 안 됩니다. 잡스가 매번 같은 옷을 입는 것도 결정하는 것에 들이는 에너지를 줄이는 행위라고 보시면 됩니다. 시스템을 이루고 싶다면 자꾸 무언가를 하려고만 하지 말고, 하지 않는 것을 분명 고민해야 합니다. '즉', '반드시', '꼭', '절대'라는 것보다 자연스러운 게 중요합니다."

"시스템은 결국 더 하지 않으려고 하는 것인데, 왜 지금부터 하지 않는 걸 고민하지 않으시나요? 지금 고민하지 않는 문제는 나중에도 전혀 고려되지 않게 됩니다."

"온라인에서 남들과 끊임없이 경쟁만 하고 있지는 않습니까? 언제까지 경쟁에서 답을 찾을까요? 언제까지 플랫폼의 정책에만 눈치 보며 맞춰가야 할까요?"

"자극적인 기술이 전부가 아닙니다. 자극적인 기술을 이야기하는 분들이 나중에 다 어떻게 되었는지 정확히 아시나요?"

그의 간절한 요청이 담긴 영상 속 메시지를 듣고 있지만 나는 약간은 삐딱한 관점으로 그를 바라보았다.

'그래서 돈은 어떻게 벌라는 거야? 추상적이야⋯.'

하지만 딱 한 가지. 딱 한 가지의 키워드만이 내 마음을 불편하게 만들었다. 그것은 아이러니하게도 영상 속 내용이 아니었다. 그것은 다름 아닌 유튜브 영상이 게재된 시간 표시가 내게 말해주고 있는 진실이었다.

'4년 전'

아이러니하게도 '4년 전'이라는 시간의 키워드는 내게 강한 무언가를 전하고 있었다. 그것은 또 하나의 강력한 메시지였다. 그의 유튜브 채널을 뒤져본다. 그의 콘텐츠는 압도적으로 많아 보였고, 그의 제목은 결이 같은 일관된 목소리로 말하고 있는 것이 보였다.

나는 약간 시크한 톤으로 그를 평가하듯 말했다.

"뭐, 끈기 있는 사람인 것은 같군."

그는 꽤 덩치가 있는 편이었다. 투박한 안경을 쓰고, 뭔가 꾸미지

않은 티셔츠 한 장을 걸치고 집으로 추정되는 곳에서 편한 옷을 입은 채 편안한 얼굴로 유튜브를 찍고 있다. 자막도 없었고, 편집도 없었다. 모든 것을 있는 그대로 말하듯, 대본마저 없는 것이 티가 나는 어찌 보면 그저 밋밋한 영상.

자극적인 편집으로 꾸며진 재미나 말초 신경을 자극하는 부분이라곤 없는 그 영상이 내가 잊고 있던 기운을 다시 경험하게 하고 있었다. 인스턴트 음식을 잔뜩 먹고 나면 더부룩해져서 건강한 음식이 당기듯, 나는 그의 영상에 빠져들었다.

"세상에는 기술을 가르치는 사람은 정말 많지요. 저는 기술을 가르치는 게 문제라고는 생각하지 않습니다만 기술만 강조하는 것은 문제라고 생각합니다. 분명 여러분은 어디서든 '이것만 알면 다 된다'는 식의 이야기를 들어오셨을 겁니다. 그런데 정말 그러셨나요? 그런 이야기를 들으면 무언가 내가 해야 할 것이 계속 늘고 있다는 생각이 들지는 않습니까?"

'기술만 가르친다고…?'

그의 말을 듣는데, 예전 강연 주차장에 세워져 있었던 수많은 수입차들이 떠오른다. 부의 상징이 되어버린 차들이 내게 전해준 압박이 떠오른 이유는 왜일까?

'기술은 계속 변화합니다. 진짜 변하지 않는 그것을 당신의 콘텐츠에 담아야 합니다. 그것은 경험이고, 과정이며, 그 누구도 쉽게 이야기할 수 없는 무엇입니다. 유튜브에 나온 몇 가지 정보로 여러분의 삶이 변하지는 않습니다. 이유는 간단합니다. 저 역시 그렇게 살고 있지 않기 때문입니다.'

1~2편의 영상을 돌려보다가 이내 나는 다른 채널로 눈을 돌리려고 한다.

'뭐, 도움이 안 되는 건 아니지만, 그래도 빠르게 돈 버는 법은 아니 구나…'

내면의 나에게서 올라오는 그것은 분명 익숙하지 않은 느낌이다. 머리가 얼얼하고 혼란스럽고 복잡하다. 동시에 그에 대한 의심은 사그라질 생각은 하지 않는다.

'그래도, 돈 벌려면 기술이 먼저이지. 무슨… 그만 봐야지. 이런 영상은…'

지금 와서 생각해보면 그때 그토록 기분이 나쁜 이유는 영상 속 그의 말이 지금껏 노력한 나의 방향을 부정하는 일이었기 때문이었다. 그것은 마치 나를 향한 배신행위라 느껴졌는데, 그것이 몹시 껄끄러 웠다. 이런 기분을 피하기 위해 분노를 활용하며 영상을 끊어버린다. 그러자 혼란스러운 마음이 금세 차분해지면서 익숙한 지금의 것들이 또 편안하게 느껴진다. 다람쥐는 또 하던 일을 마저 하러 반복된 통 안 으로 들어가 달린다. 의미도, 생각도 없이 말이다.

사업을 시작하는 사람들은 말합니다. "내가 일하지 않고도 돈이 벌리는 시스템을 만들고 싶어요!"라고 말이지요. 시스템에서 스템(STEM)은 줄기를 의미합니다. 시(SY)는 '함께'라는 뜻을 가지고 있습니다. 한줄기에서 나온 것처럼 서로 연결성이 생기는 요소들을 함께 배치하는 게 바로 시스템입니다. 사업하는 사람들이 하고 있는 일이 시스템이 될지 안 될지는 금방 표시가 납니다. 계속해서 일을 늘려가기만 하고 가지치기를 하지 않는 사람은 시스템을 절대 만들지 못합니다. 잘 연결되지 못하는 불필요한 요소들에 억지로 연결성을 부여하거나, 연결되지 않는 것들을 계속 늘리기만 해서 관리의 어려움만 생기기 때문입니다.

돈이 되는 것처럼 보이는 것들을 우후죽순으로 늘리기만 하는 N잡러가 결국 탈진해버리는 것도 시스템을 만들지 못하는 방향으로 일을 늘려가는 게 원인입니다. 그럴듯해 보이는 책과 그럴듯해 보이는 강의들은 항상 이렇게 말합니다.

'지금 이것을 해야만 해요!', '이것을 안 하면 절대로 돈 못 법니다!'

이런 메시지에 반응해서 공부하는 사람들이 계속 늘고 있습니다. 대부분 그렇게 시작한 공부의 절반도 따라가지 못합니다. 그러면서도 계속 불필요한 가지를 늘려가야 할 것 같은 조급함을 느낍니다.

시스템은 불필요한 것을 제거할 때만 만들어집니다. 서로 연결성을 가지는 것들이 잘 순환될 때 비로소 시스템은 구축이 됩니다. 그 누구도 '무엇을 덜 하라'는 이야기를 해주지 않습니다. 저는 사람들에게 무조건 덜해야 하는 것들을 말합니다. 그리고 무엇을 덜해야 하는지 아는 방법은 자신이 현재 무엇을 하며 사는지 돌아보는 것이고, 그것은 기록을 통해 가능합니다. 기록하지 않으면 자신이 어떤 불필요한 일을 하고 있는지 알 수 없기 때문입니다. 나의 기록이 콘텐츠가 되고, 불필요한 일을 제

거해서 시스템을 구축하는 힌트가 되는 것입니다. 아주 간단하게 기록하는 습관만
잡아도 사업가들의 생산성이 높아지는 이유입니다.

올바른 질문에서 시작된 진정한 마케터의 길

사람은 인식적인 한계를 지닌 존재다. 세상을 볼 때 모든 것을 한 번에 다 볼 수 없기에 자신이 지금 원하는 것만 골라 보는, 불완전한 존재라는 뜻이다. 아주 오래전부터 인간의 심리를 연구해온 기업들은 그 사실을 정확히 알고 있었다. 우리가 무엇을 좋아하는지, 어떤 것을 놓고 고민하는지 은밀한 시선으로 보고 있다가 결정적인 순간에 '너 이거 좋아하지?'라며 알고리즘을 통해 우리 앞에 내놓곤 한다. 조지 오웰의 《1984》에 나오는 '빅브라더'처럼 말이다.

며칠 전 우연히 봤던 '기술이 전부가 아니다'라는 영상 때문일까, 유튜브는 집요할 정도로 계속해서 그 사람의 영상을 추천해주었다. 그렇지만 더는 그 영상에 시간을 쓰지는 않았다. 불편한 마음을 느끼고 싶지 않았기 때문이다. 그 이후로 또 3개월이라는 성과 없는 시간이 또 흘렀다.

'빠르게 돈 버는 시스템을 전문으로 알려주는 사람 어디 없나?'

답답한 마음에 집 근처 서점을 방문한 나는 인간이 왜 보고 싶은 것만 보게 되는지 다시 한번 알게 되었다. 경제경영 분야 매대 위의 수많은 책을 시큰둥하게 뒤져보던 중 시야에 진한 주황빛을 띠고 있는 낯선 책 한 권이 눈에 띄었다.

"게으르지만 콘텐츠로 돈은 잘 법니다? 거참, 제목 한번 특이하네."

책의 빛깔은 신비로웠다. 색조가 반대되는 녹색 거북이 한 마리가 보인다. 거북이. 내게는 그다지 매력적이지도, 심지어 답답해 보이기도 한 그 동물이 상징이 되어버린 책. 토끼와 거북이의 동화에서 언제나 거북이의 승리에 못마땅한 듯 이렇게 말했다.

'칫, 동화니까 가능한 이야기지. 토끼가 얼마나 빠른데.'

분명 나에게 빠르고 타고난 능력을 갖춘 토끼가 더 매력적으로 다가왔다. 하지만 이상했다.

책 표지 위 녹색 거북이는 지금까지 내가 바라본 느리고 답답한 '생명체'와는 뭔가 조금 달라 보인다. 더 단단해 보였으며 심지어 승자의 여유마저 느껴졌다. 그것은 마치 내게 이렇게 말하고 있는 것만 같았다.

'나는 한 걸음 한 걸음 걸을지언정, 절대 뒤로 물러서지는 않아.'

결핍. 내 안의 결핍이 차오른다. 느림을 미숙으로 착각하던 내게, 구성 요소는 빈틈없이 무조건 채워야만 살 수 있다는 바쁜 마음을 지닌 나에게 책 위의 거북이는 조금은 다른 이야기를 내게 전해주는 것 같았다. 하지만 내 마음 한편에서 의심의 눈을 세운 토끼에게 이 상황을 충분히 이해할 여유 따위는 없었다.

'게으름? 그런데 정말 돈을 번다고? 그게 가능하다고? 이 사람 그냥 책 제목으로 자극을 주려는 거네.'

의심의 눈초리가 쉽게 걷어지지 않는다. 어릴 적부터 지금까지 단 한 번도 '게으름'을 좋게 생각해본 적이 없었다. 고등학교 때 나는 항상 그런 학생이었으니까.

'언제나 온 힘을 다하는 학생'

치열한 경쟁 속에서 노력하지 않으면 중간도 갈 수 없었다. 선생님이 해주는 이야기는 놓치지 않고, 또박또박 적었다. 농담 하나까지 놓치지 않는 내 필기를 보면서 주변 친구들은 감탄을 금치 못했다. '녹음기'라는 별명이 붙을 정도로 열심히 필기하고 그것들을 복습했다. 하지만 내 성적은 최상위권이 아니었다. 어설픈 중간 남짓에서 머물러있었다. 나에게 열심히 한다는 것은 기본 중의 기본이자 내가 할 수 있는 유일한 일이었다.

그런 내게 참지 못 할 일이 일어났다. 고등학교에서 같은 반이었던 한 친구가 있었다. 매일 책상에 드러누워 앉아 선생님의 이야기를 듣는 둥 마는 둥 하고 책을 안 가져오는 일도 다반사였다. 쉬는 시간에는 어디로 사라지는지, 공부에는 전혀 관심이 없는 것처럼 보였다.

그는 가끔 뻔뻔한 표정으로 내가 정성스럽게 적어놓은 필기를 보여달라고 당당하게 요청하기까지 했다. 나는 공부를 제대로 하지 않는 그가 안쓰럽게 여겨져 내 필기를 서슴없이 보여주곤 했다. 중간고사가 끝나고 성적표를 받던 그날, 문득 그의 성적이 궁금해졌다.

"너 몇 점이나 나왔냐?"

귀찮다는 듯 그가 툭으로 건네준 성적표에는 내가 단 한 번도 받지 못한 높은 점수들이 적혀 있었다. 그는 반에서 3등을 했다. 그 사실을 확인하고는 내 성적표를 조용히 접어서 가방에 넣었다.

'게으른 녀석이 머리만 좋은 거네.'

이상하게 책 제목을 보는데 문득 그때의 생각이 떠올랐다. 그리고 내 생각과 맞지 않는 사실들을 애써 외면하고 열심히 온 힘을 다해 내가 옳다는 것을 입증하려고 했던 지난날의 내 모습도 떠올랐다.

"할 게 너무 많아."

"온 힘을 다할 거야."

"반드시 해낼 거야."

성실해야만 살 수 있다는 믿음, 살기 위해서는 노력해야 한다는 절실함, 신념, 의무, 끊임없는 노동.

경쟁이 심어준 굳은 믿음의 씨앗을 나는 아무런 저항 없이 받아들였고 그것에 물과 햇빛을 주며 무럭무럭 자라게 했다. 그 기억을 오래도록 먹고 자란 나에게 그 책 제목은 신기하기도 했지만 어떤 면에서는 내 삶을 송두리째 건드리는 것처럼 불편한 느낌마저 들게 했다. 어떤 사람이 쓴 건가 싶어 표지를 확인하자 저자의 이름이 보였다.

'잠깐 이 이름… 어디서 본 것 같은데?'

불현듯 얼마 전 유튜브에서 본 영상 하나가 떠오른다. 그래, 그건 분명 그 덩치 큰 사내의 이름이었다. 기술이 전부가 아니라고 말하던 그 사람. 서둘러 휴대폰을 꺼내 그의 이름을 검색해본다. 정확히 책의 저자명이 내가 본 영상에서 나온 이름과 일치한다는 사실을 확인한다.

'뭐지? 이 사람, 책도 냈었구나.'

이를 알게 된 순간, 수십 년간 가지고 있었던 학창 시절의 의구심을 해결하고 싶은 충동이 일었다. 하지만 남아있는 불편함을 접어두고 나를 불편하게 만드는 그 책을 펼쳐본 건 어쩌면 실수였는지도 모른다.

놀랍게도 한 자리에서 그 책을 단숨에 다 읽어버렸다. 하지만 읽고 난 뒤 책의 내용에 대한 궁금증이 점점 더 커져만 갔다. 더듬이가 또 올라온다. 충동적으로 무언가를 찾고 있는 더듬이. 서점 옆에 있는 검색대에 그의 이름을 검색해보며, 그가 써놓은 다른 책들을 샅샅이 찾아본다.

'나는 1주일에 4시간 일하고 1000만 원 번다'라니 이게 정말 가능하다고? 그렇게 짧은 노동으로?"

그는 이미 여러 권의 베스트셀러를 낸 저자였고, 책에 담긴 철학과 관점은 영상과 매우 흡사했으며, 이미 많은 이들은 그의 길을 따라가고 있었다. 서점에서 그의 책을 더 읽으며 그의 생각을 조금 더 깊게 엿볼 수 있었다. 그건 분명 유튜브의 영상과는 다른 느낌이었는데, 그의 책에는 그간 내가 풀어내지 못한 많은 관점이 숨겨져 있었다. 그의 책을 다 읽었지만 무언가 해결되지 않는 갈증으로 인해서 그를 '한 번은 꼭 만나보고 싶다'라는 마음이 강하게 들었다.

'꼭 한번 만나는 봐야 하겠는 걸, 이 사람은 지금까지 내가 만난 이들과는 조금 다를 것 같아.'

마음속 토끼의 붉은 눈에 의지가 차오르고, 욕망이 솟구친다. 그러면서 동시에 그의 영상에 붙어 있는 4년 전이라는 키워드가 다시금 떠오른다. 오랜 시간 한 자리를 지켜온 사람의 향기가 무척이나 궁금해진다. 나는 그때부터 그의 이름에서 따 그를 '신'이라고 칭했다.

그 욕망을 행동으로 바꾸는 일은 나에게는 어렵지 않은 일이었다. 온라인으로 이것저것을 찾아보다 보니 이내 곧 그의 강의 날짜가 쉽게 눈에 들어왔다. 바로 몇 주 뒤, 강남역 지하에 위치한 강연장으로 달려간 나는 강연장 앞에 서 있는 한 덩치 큰 사나이를 만날 수 있었다. 바로 '신'이었다.

그를 만나기 전, 몇 주간 이미 그에 관한 콘텐츠를 엄청나게 찾아본 상태였다. 그가 만든 영상이나, 홈페이지를 샅샅이 뒤지며 정보를 습득했다. 그런 콘텐츠를 만든 그가 막상 내 눈 앞에 서 있자 마음에 약간 흥분감이 들기도 했다. 실제로 처음 보는 그를 관찰하느라 강의 시간이 어떻게 끝났는지도 잘 기억이 안 난다.

하지만 조금은 다른 의미의 기억이 하나 남아 있었다. 그는 독자들이 가져온 책 하나하나에 서명을 해주는 시간을 가지고 있었다. 나 역시 줄을 서 있었고 내 앞에서 사람들이 사인을 받고, 함께 사진찍는 것을 보며 내 차례가 다가올 것을 두근거리며 기다리고 있었다.

'어쩜 단 한 번의 기회가 될지도 모른다. 무조건 그에게 나를 어필해봐야지.'

어깨에 힘이 잔뜩 들어가 있었다는 것도 모른 채, 그의 책을 오른손에 쥐었다. 그리고 그를 선망하는 수많은 사람들 앞에서 그의 앞에 서서 당당하게 말한다.

"영상과 글을 정말 잘 보았습니다. 개인적으로 저랑 잘 맞으실 것 같아서 찾아뵈었네요. 혹시 실험 삼아 저하고 제품을 같이 팔아 보시면 어떨까요?"

"네?"

"하하. 저는 판매에 자신이 있거든요. 예전에 스마트스토어 커뮤니티에서 상도 받았습니다. 제가 도움이 될 겁니다."

어디에서 올라온 자신감이었을까? 호기롭게 확신이 찬 이 '아무개'를 바라보는 그는 마치 귀찮다는 듯 대꾸 없이 그저 바라보기만 했

다. 당연히 그럴 것이 그에게 급한 확신이 차올라 협업을 제안한 사람이 지금까지 한두 명이었을까? 침묵이 담긴 차가움이 느껴진다. 그렇다. 침묵은 지금 내가 한 말이 명확히 '실언'이라는 것을 알려주었다. 순간 아차 싶었다. 등줄기의 서늘한 그 무엇은 내 삶에서 단 한 번도 틀린 적이 없었다. 첫 단추부터 틀려먹은, 이 빌어먹을 현실이 내 뒤에 서서 이쑤시개로 내 등을 쿡쿡 찌르고 있는 것만 같았다.

"원래 그렇게 누군가에게 확신을 잘하시는 편인가요? 저를 얼마나 잘 아신다고?"

날카로운 질문은 소리 없이 반복하고 있는 기계처럼 차가운 패턴을 유지하며 내게 돌아왔다. 그의 말에 무엇도 반박할 수가 없다. 이 상황은 내게 '당신은 확신에 잘 차는 사람'이라 말해주었고, 무언가에 꽂히면 뒤도 돌아보지 않고 그 일에 매진하게 만드는 그 무수한 사람 중 한 명이라 말해주고 있었기 때문이다.

'그래, 무조건 하자. 빨리해보자. 그냥 해보자.'

순수한 아이 같은 투명함이 내게는 독이 되는 경우가 더 많았다. 쉽게 믿고, 쉽게 당하고, 쉽게 확신하다가 쉽게 포기했다. 그리고 또 언제 그랬냐는 듯이 그 일을 내팽개치기 일쑤였다. 엄청난 확신을 뿜던 나는 그것이 허무하게 사라지는 '공허함'을 드러내듯 힘없이 말을 이었다.

"아닙니다. 원래는 그렇지 않은데, 오늘 제가 좀 흥분해서 실언을 했네요. 음, 제가 좀 마음이 앞섰군요. 모르는 게 너무 많아서요. 개인 컨설팅? 뭐 이런 것도 하시나요?"

신은 나의 말을 듣고 순간, 눈가에 더 강한 불편함을 표현하듯 찡그리며 말했다.

"죄송하지만 저와 개인적으로 만나시려면 정말 큰돈을 내셔야 합니다."

"아, 그런가요?"

또 다시 정적이 흐르고, 침묵이 유지된다. 그의 차가움은 분명 내 예상 밖의 그것이다. 하지만 벼랑 끝에 선 나는 이성을 거치지 않고 그 상황의 꼬여버린 끈을 입으로 잡아 묶어버린다.

"그럼, 얼마인데요?"

그는 약간 머뭇거리며 힘겹게 말을 꺼내는 나를 보며 대답했다.

"들으시면 깜짝 놀라실 텐데요."

"아? 네…."

다시금 가난한 통장의 숫자들이 고개를 쳐 내밀어 그 얼굴을 드러낸다. 그가 말하는 '묵직한 말투' 앞에서 '가난'은 내게 그저 현실을 보라고 조언한다. 고개를 숙이며 그저 수긍할 수밖에 없다. 그렇게 신과의 첫 번째 만남은 허무하게 끝나가고 있었다. 사인을 받고 사람들의 행렬 뒷자리에 돌아서 나가려는데 문득 내가 돌아가야 할 곳이 없다는 진실이 보인다.

'아니야. 그 지옥 같은 그 통에 또 들어가고 싶지 않아.'

이대로 이 만남이 건조하게 끝나기를 바라지 않았다. 지금 집으로 돌아가는 것과 다시 신에게 걸어가는 것의 그 둘 사이의 갈림길에 서 있다. 분명한 것은 첫 번째의 만남을 끝으로 우리의 만남이 연기처럼 사라지기를 바라지 않았다. 본능적으로 그에게 내 모습을 제대로 보여주고 싶은 용기가 올라온다.

'그래, 이대로 물러서지는 말자. 다시 말을 걸어야겠어.'

다시 사인받는 사람들의 행렬 그 끝자락으로 다가갔다. 뒤에 몇 명의 사람이 더 있었다. 하지만 이 사람만이, 현재 나의 길을 알려줄 것 같다는 그 절박한 열정이 이미 내면에 가득한 상태였다. 순수하게 그의 곁에서 배우고 싶었다. 그게 전부였다.

우물쭈물 뒷단에 서서 서성거리고 있었다. 이내 사람들이 하나둘 만족스러운 대답을 얻고 밝은 얼굴로 강연장을 떠나고 있다. 하지만 한 사나이만은 그 주변을 서성거리며 점점 더 어두운 혈색을 드러내고 있었다. 그는 그런 나를 다시 보았고, 의아한 듯 질문했다.

"아직 안 가셨네요?"

"네."

짧은 음성에 틈을 주지 않는다.

"제발, 도와주세요. 열심히만 살다가 이 꼴이 되었습니다. 지금 죽을 판입니다. 어디를 가도 다 온통 자극적인 이야기뿐인지라… 저도 건강하게 사업하고 싶습니다."

어디서 나온 지도 모르는 말이 나왔다. 그런데 그의 반응은 아까의 '그것'과는 조금은 다른 기분이 들었다. 신은 나를 잠시 바라보더니, 몇 분 남지 않은 뒤에 서 있던 사람들을 힐끗 보더니 내게 말한다.

"이거 다 사인하고 나면, 시간이 조금 비는데 기다릴 수 있겠어요?"

"네, 당연히 가능합니다."

그러고 그는 똑같은 표정으로 계속해서 사람들을 응대했다.

(신은 평소에도 말이 많지 않았다. 그는 언제나 신중했고, 무언가를 늘 집요하게 관찰했으며, 세심한 성격을 소유하고 있었다. 솔직히 당시에는 그를 정확하게 잘 알지 못했다. 그가 무슨 생각을 하고 있는지가 내게는 마치 풀어야 할 숙제처럼 다가왔다. 그래서 나 역시 그를 한참이나 관찰하곤 했다. 내가 관찰한 바로는 그는 '몰입'을 잘했고, 그래서 어디에서나 일을 잘한다는 사실이었다. 내가 빤히 쳐다보고 있어도 그는 오랫동안 컴퓨터를 바라보며, 약간은 무의미한 표정을 지으며 자기 일을 꾸준히 하곤 했다. 그런 시간이 정말 많았고, 그런 그의 모습이 참 신기하게 느껴지기도 했다.)

다시금 남은 줄마저 줄어들어 갔고 이내 마지막 한 사람만이 남아 있었다. 그는 마지막으로 남은 나를 향해 말을 걸었다.

"아까 여쭤보질 못했네요. 성함이 어떻게 되시죠?"

"아, 안녕하세요. 저는 '김민수'라고 합니다."

조급한 마음에 그가 묻지도 않았던 내 꿈을 이야기했다.

"매일 꿈을 이루고 싶은 마음으로 열정적으로 스마트스토어 사업을 하는데, 정작 뭘 어떻게 해야 할 지 길을 자주 잃습니다."

"네, 대단한 분이시네요."

"예?"

"아, 아닙니다. 좋습니다. 그런데 민수 님은 왜 온라인 콘텐츠 사업을 하시려는 거예요?"

"사실은…."

10여 분. 나는 그 시간 동안 회사를 얼떨결에 그만두고, 형님을 따라 외식사업을 망한 이야기, 화려한 강사진을 좇아 돈과 시간을 써가며 배우고 적용하다 짧은 성과에 취해 무너진 이야기, 가난을 벗어나고 싶지만, 방법을 몰라 항상 열심히만 살아온 이야기, 무턱대고 시작된 온라인 사업을 시작한 이후 찾아온 슬럼프… 그 짧은 시간 안에 정말 두서없이 이런저런 이야기를 했다. 그리고 그에게 정말 구체적으로 방법을 알려만 준다면, 무엇이든 온 힘을 다해 할 수 있다는 이야기만은 더 진심을 담아 전하려고 했다.

그 이야기를 듣는 한동안 신은 내게 아무런 대답도 하지 않은 채 가만히 쳐다보며 이야기를 듣고 있었다. 그리고 얼마의 시간이 지났을까? 침묵의 틈을 보이며 신은 내게 의외의 질문을 했다.

"음, 한 가지 궁금한 게 생기긴 하네요."

"네? 궁금한 거요?"

"민수 님 이야기가 굳이 온라인 사업을 하는 것과 제대로 연결이 되지는 않는 듯해서요."

"그런가요?"

"혹시 민수 님, 최근에 자신에게 무슨 질문을 하세요?"

"질문이요?"

낯선 질문과 상황에 빠지자 내 얼굴은 그에게 고스란히 내 감정을 전달하고 있었다.

"네, 질문이요. 어떤 질문을 많이 하시나요?"

"글쎄요, 질문 잘 안 하는데요."

신은 혼란스러운 나를 바라보며 천천히 이야기했다.

"제가 질문을 드리는 이유가 있어서요. 저를 찾아오는 사람은 크게 세 부류의 사람들이 있어요."

"세 분류요?"

"네, 첫 번째는 저만 믿으려고 오는 사람, 두 번째는 저를 이용하러 오는 사람, 세 번째는 자신의 질문을 좇아온 사람. 민수 님이 오늘 제게 해준 이야기, 감동적이고 멋집니다. 하지만 기억해야 할 것은 분명하죠. 민수 님이 저를 찾아온 이유는 그 셋 중에 어떤 것일까요?"

세 부류의 사람. 그의 질문에 더 이상의 대답을 하지 못했다. 그저 그를 멀뚱히 쳐다보고 있을 뿐이었다.

"저는 민수 님을 분명 잘 모릅니다. 다만 오늘 이야기를 들으면서 이런 생각이 들었어요. 민수라는 사람이 스스로 질문을 품고 계시길 바란다는 것입니다. 저를 '답'이라고 생각하는 그 '믿음'은 우선 내려놓기를 바랍니다. 저는 그렇게 대단한 사람이 아닙니다. 그리고 언제라 그랬듯 급한 믿음은 언제나 훅하고 사라지는 법이니까요."

"급한 믿음은 사라진다."

"네, 맞아요. 대신 민수 님이 스스로 품은 '질문'은 정말 오래 가는 법이죠. 민수 님 이야기를 들으면서 민수 님이 자신의 질문을 잘 따라가기를 바라는 마음이 들어서 드리는 말씀입니다."

무언가 더는 대답할 수 없었다. 뭔가 한 대 얻어맞은 느낌이 들었기 때문이었다.

어쩌면 '신'만 믿으려는 사람은 다름 아닌 바로 나, '김민수'였는지 모른다. 그의 책 몇 권, 영상 몇 개에 꽂혀 막연하게 믿는 마음을 품었고, 어쩜 내면 깊은 곳에 그에게 의존하고 싶은 마음이 있었는지도 모른다. 그 끝 한 조각에 걸려있는 마음의 부정을 포장하기 위해 진실을 애써 외면하고 있었다. 믿음과 배신이 같은 조각에서 왔다면, 나는 어쩌면 강한 믿음을 주는 답만을 좇아 미래의 배신을 조금씩 준비하고 있었는지도 모른다.

"시스템을 만들고 자유롭게 살고 싶다고요? 그럼 결국 질문이 시작입니다. 질문을 어떻게 하고 계신가요? 어떤 질문을 하는지가 요즘의 '나'예요. 내가 어떻게 살고 있고, 진짜 구체적으로 어떤 삶을 살고 싶은지 끊임없이 질문해야 하는 이유이지요."

"네, 그런 거라면 솔직히 질문을 안 품은 것 같네요."

"아니요, 민수 님. 분명 지금 품고 계셔요. 건드려주면 쉽게 나올걸요."

"정말 그게 가능할까요?"

그는 자신에 찬 얼굴로 혼란스러워하는 나를 바라본다.

"네. 혼자 계시다 보면, 더 굳어지고 정체되는 법입니다. 저도 사업 초기에는 맹목적으로 답을 좇은 적이 있었어요. 누구를 쉽게 믿고 쉽게 확신하고요. 그런데 사실 삶을 바꾸는 마법은 정체된 답만이 아니라 끊임없는 변화를 향한 질문에 있더군요. 질문하는 자만이 오래된 행동을 품어냅니다. 민수 님이 분명 저를 찾으러 여기까지 오는 행동에는 하나의 질문이 있었기를 바라는 마음이에요. 특히 온라인 사업과 시스템을 만들어가는 일이라면 끝까지 가져야 할 질문이 필요하거든요."

"끊임없는 변화를 향한 질문…."

"네, 정말 많은 분들이 저를 찾아옵니다. 각자의 이유를 가지고, 해야 하는 많은 것을 품고 말입니다. 하지만 끝까지 가는 분들은 그렇게 많지 않아요."

"그런가요?"

"100명이 있다면 80명은 그냥 둘러보다 가시고, 그 남은 20명 중

10명은 제풀에 지쳐서 떠납니다. 그리고 남은 10명 중 8~9명은 6개월도 못 넘깁니다. 1% 딱 1%가 보통 마지노선입니다."

"1%요?"

"네, 제가 비법을 알려드려도 실제로 꾸준히 하는 사람은 1% 정도에요."

"에이, 말도 안 됩니다. 그렇게나 적다고요."

"정말인걸요. 떠나는 분들은 비슷한 말을 해요. 제가 요즘 바빠서, 이것보다 처리할 게 많아서. 각자의 이유는 정말 다른 듯 비슷하세요. 그래서 저는 모든 사람의 이야기를 처음부터 믿지 않습니다. 대신 그 사람의 '행동'을 가만히 바라볼 뿐입니다. 민수 님이 오늘 저에게 들려준 그 가슴 아픈 이야기는 충분히 공감합니다만, 저는 앞으로 민수 님이 하실 행동만을 지켜볼 뿐이죠. 제 말이 조금 냉정하게 들리실까요?"

"아닙니다. 당연하죠. 얼마나 많은 분들이 찾아 오셨겠어요. 행동이라고 하셨죠? 네, 그게 뭐든 시켜 주실 게 있다면 제가 간절히 꼭 해 보고 싶습니다."

정말 1초의 고민도 없이 대답했다. 사업이 바다를 향한 항해이고 내 자본이 배라면, 내 사업은 항해의 목적을 잃은 침몰하는 배와 같았다. 나에게 더는 뒤가 존재하지 않았다. 그때는 정말 절박한 마음이었고, 내 마음을 증명할 수 있는 것이라면 무엇이라도 하고 싶은 생각이 들었다. 그는 보이지도 않을 듯한 옅은 미소를 지으며 말했다.

"그럼 민수 님, 그 행동은 어떤 질문에서 시작된 걸까요?"

단 한 번도 제대로 고민하지 않기에 생각의 회로가 열리지 않았다. 그런데 문득 그의 질문 앞에서 입 밖으로 무언가가 불쑥 튀어나왔다."

"매일 뭔가에 쫓기고 조급하기 싫어요."

무심코 튀어나온 내 말을 어망에 잡아 포획하듯 잡아채 간 그는 그제야 표정이 조금 풀리며 말을 이었다.

"좋아요, 민수 님. 앞으로 풀어나갈 수 있는 부분이 많아지겠는걸요. 이 질문이라면 토대로 쌓을 수 있는 것들이 매우 많겠어요."

그는 신기한 분위기를 풍겼고 이상한 사람이었다. 그의 앞에서 나는 돈이나 기술에 관한 것이 아닌 단지 '쫓기는 느낌이 싫었다'는 말이 툭하고 튀어나온 것이다. 그의 표정이 한 결 더 가벼워진 것 같았지만, 실상은 지금의 내 표정이 더 편안해지고 있었음을 눈치 채고 있었다.

"민수 님, 그럼 제가 오늘 드리는 작은 미션부터 한번 해 보시겠어요?"

그의 말을 듣자 심장이 쿵쾅쿵쾅 제멋대로 뛰기 시작했다. 내 앞에 서 있는 것은 사람이 아니라 마치 기회의 신 같이 느껴졌다. 그리스 신화에서 '기회의 신'은 앞머리만 있는 존재라고 한다. 그래서 그가 지나갈 때 앞머리를 쥐지 않으면 뒤에서는 어떻게도 그를 잡을 수 없다고 했다. 그래서 인간은 삶의 뻔한 반복 속에서 찾아오는 기회를 알아보지 못해 자주 놓치곤 한다.

나 역시 그랬다. 지금껏 무엇이 '진짜 기회'인 줄도 몰랐다. 기회의 신이 내 옆을 스쳐 지나가고 있는데, 그 사실을 인지하지 못했다. 그런 미숙한 나에게 지금은 본능적으로 '신'이 다시 찾아 온 것을 알 수 있었다. 나는 그의 머리채를 다시는 놓치고 싶지 않았다. 그래서 그 것을 손아귀에 꽉 쥔 채 그를 보며 당당하게 말했다.

"네, 무엇이든 하겠습니다!"

그는 뚜렷해진 내 눈빛을 무척이나 경계하듯 말했다.

"민수 님, 너무 뜨거워지지 마세요. 그러면 정말 오래 못 갑니다. 천천히 작게 가볍게 시작해보세요."

그의 말은 내게 더 들리지 않았다. 다만 검은 뿔테의 안경을 만지는 손가락 뒤에 그의 눈동자가 선명하게 비칠 뿐이었다. 4년 뒤, 현재인 지금도 그때 품은 나의 질문을 만지작거린다. 그의 말은 정확했다. 나를 움직이게 하는 것은 누구의 '답'이 아닌 나의 '질문'이라는 그의 말이 맞았다. 그때 나에게 진짜 필요한 것은 깨끗할 정도로 나열된 정답이 아니라 우둔할 정도로 끝없어 보이는 질문이었다. 첫 번째 조각을 다듬을 때, 그때는 전혀 몰랐다. 신이 가르쳐주는 마법의 조각상이 얼마나 큰 실루엣을 품고 있었는지, 분명 난 알지 못했다.

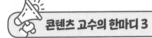

"저만 따라하시면 누구나 쉽게 돈 벌 수 있습니다."

"계좌인증부터 하겠습니다. 저처럼 되고 싶지 않으신가요?"

이런 메시지에 반응하지 않는 사람이 어디 있을까 싶습니다. 저 역시 그런 메시지를 좇던 사람이었고, 그런 메시지를 은연중에 전하였습니다. 남들이 절대 모르는 노하우를 가지고 있고, 그것만 있으면 변할 수 있다고 이야기하는 것, 시간이 지나 그것이 얼마나 오만한 생각인지 깨닫게 되었습니다.

상대방이 어떤 사람인지 전혀 고려하지 않고, 내가 쌓은 방식만 이식하면 그대로 돈 벌 수 있다고 말하는 것은 상대의 능력과 가능성을 내 방식 안에 가둬버리는 행위에 가깝습니다. 가르치는 입장에서는 내가 얼마나 대단한 것을 가졌는지, 그리고 당신이 얼마나 부족한지 카리스마 있게 전달해야 큰돈을 벌 수 있습니다. 심하게 말하면 일종의 가스라이팅을 해야 상대방의 불안감을 이용해서 오랫동안 돈을 벌어갈 수 있다고 믿는 경우도 생깁니다. 이 얼마나 비인간적인 가르침의 행태인가요?

배우러 오는 사람 안에서 가능성을 발견하는 것은 가르치는 입장에서는 위협이 됩니다. 그 사람이 나에게 의존하지 않으면 돈을 벌지 못할 수 있으니까요. 하지만 진짜 상대방의 성장을 원하고, 같이 윈-윈(Win-Win)하고 싶다면 의존하게 만들지 않고, 스스로 독립할 수 있도록 이끌어야 합니다. 그러므로 대단한 기법을 가르치거나 하는 게 아니라 스스로 질문하는 법이나 이전에 생각지 못했던 질문을 통해서 관점에 변화를 이끌어내는 방식을 사용하는 것이지요.

스승이 진짜 자신을 위하는 사람인지 알고 싶으면 그가 하는 말을 잘 들어보세요. 계속 불안하게 만들고, 자존감을 떨어뜨리는 말을 하는지, 아니면 내 안의 잠재력을 계속 끌어내고 믿어주는 말을 하는지를 말이지요.

당신은 정말로 뛰어난 콘텐츠 마케터인가

내 안의 성질 급한 토끼 한 마리가 충혈된 눈으로 거북이 주변을 서성거린다. 배움에 목마른 그 토끼는 거북이가 안내해준 느린 길을 오히려 빨리 가려고 성급하게 노력하고 있었다. 물어보고 싶은 게 산더미 같았던 토끼는 거북이와의 개인적인 만나고 싶은 마음이 한 편에서는 피어올랐지만, 생각보다 거북이의 주변에는 항상 그를 필요로하는 토끼들이 넘쳐나고 있었다.

그의 연락을 받고 그가 초대해준 그 강연장을 찾아가고 있었다. 동대문 한가운데 디자인으로 유명한 그 넓은 곳에서 오늘 그의 강연이있는 날이었다. 대한민국 최대의 콘텐츠 포럼 강연의 무대에 선 그를만나러 가는 길이었다.

강연장의 크기는 실로 압도적이었다. 안내데스크의 담당자에게그에게서 받은 초대장을 보여주고 서둘러 자리에 앉았다. 얼마나 시간이 지났을까? 이내 강연장에는 〈콘텐츠 마케팅으로 10억 원을 번 사나이〉라는 제목으로 사회자가 한 남성을 소개하고 있었다. 소개받은 사나이는 당당하게 강단 위에 올라서며 청중에게 인사를 건넸다.

"안녕하십니까!"

그는 짧고 굵게 인사를 건넸다. 그는 남색 니트에 청바지를 입고, 은색 안경을 낀 채, 평소보다 조금 더 머리를 세운 채로, 강연장 중심에 서 있었다. 그의 앞에는 이미 많은 이들이 자리하고 있었다.

"다른 강연을 들으러 가주지 않으셔서 감사해요. 저는 아마 여러분이 지금까지 들었던 강연이랑은 많이 다르실 거예요."

강연은 독특하게 두 곳에서 동시에 시작되었고, 청중은 두 강사 중에 자신이 더 원하는 곳을 선택해서 듣는 방식이었기 때문이다.

"많은 분들이 저에게 콘텐츠 제작을 왜 시작했냐고 여쭤보세요. 특별한 이유를 원하시겠죠. 그럼 저는 이렇게 대답합니다.

'저는 그저 평범한 사람입니다. 두 아이의 아버지이자 한 가족의 가장이기에 저는 아이와 시간을 많이 보내고 싶어서 시작한 게 콘텐츠 제작입니다'라고 말입니다."

'먹고 살고 싶었다. 돈을 벌고 싶어서 치열하게 콘텐츠를 만들었다!'

그의 가식적인 것 하나 없는 담백한 그 한마디에 사람들은 하나, 둘 자신의 무거운 가면을 내려놓기 시작한다. 신은 이때를 놓치지

않았다.

"저는 대단한 사람이 아닙니다. 그저 여러분에게 제가 알게 된 하나의 정보를 드리려고, 이곳에 서 있는 것뿐이에요. 그러니 편히 들어주세요. 지금이 그런 시간이 되기를 바랍니다."

그때부터였다. 그가 아닌 컴퓨터만 매섭게 바라보며 키보드를 치는 소리가 멈춘다. 사람들은 그제야 신을 흘낏 바라본다. 그리고 바로 그 순간, 그의 눈매가 달라진다. 내가 아는 그 눈매. 콘텐츠와 영상 속 익숙한 그 눈매가 나온다.

편안한 듯 날카롭고, 매서운 듯하지만 선한 그 이상한 눈빛 그 중간 어귀에 걸쳐있는 독특한 눈빛을 말이다. 그 눈빛을 통해 본능적으로 그가 이제부터 강연을 본격적으로 시작하리라는 것을 알 수 있었다. 언제나 그랬고 첫 번째로 내게 해 주었듯, 청중에게도 그는 마음속 질문으로 이야기를 시작하고 있었다.

"여러분이 콘텐츠 마케터인지 아닌지를 알 수 있는 하나의 질문을 드릴게요. 유튜브에 영상을 올리거나, 스마트 스토어에 판매 글을 올려도 지금 제가 하는 질문에 대답하지 못한다면 당신은 진짜 콘텐츠 마케터가 아닙니다. 혹시 이게 무엇인지 아시는 분 있을까요?"

청중은 그의 질문에 침묵하면서 오묘한 분위기가 되었고 질문은 상대를 멈추게 한다. 잠시 멈추는 침묵은 어색함을 품은 '침묵'과는 분명 다르다. 그것은 생산의 시간이었다. 그는 냉정히 청중의 답을 기다리고 있다. 나는 맨 끝에서 그 현장 전체를 지켜보고 있었기에 정확하게 청중의 반응을 볼 수 있었다. 청중은 그제야 그가 하는 말을 듣기 시작한 것이고, 마침내 이곳에 온 것이 맞았다. 그게 바로 질문의 힘이었다.

"네, 괜찮습니다. 편하게 이야기하시고, 들어보셔도 좋습니다."

"검색량 비교? 아니면 해시태그?"

청중 속 누군가가 수줍게 작은 목소리로 그의 말에 대답한다. 신은 그 떨리는 음성을 받아 바로 대답을 이어갔다.

"네, 중요합니다. 고객 관점에서 검색을 통해서 관리하는 것은 정말 중요합니다. 답변 정말 감사합니다."

신은 소리가 들린 쪽으로 몸을 향해 이 많은 대중 앞에서 당신의 소리를 드러낸 그 작은 용기에 경의를 표하는 듯 고개를 숙여 인사를 건넸다.

"다 맞습니다. 하지만 제가 오늘 여러분에게 드리고자 하는 핵심은 바로 '정기적'이라는 것입니다."

그의 답에 약간은 떨떠름한, 그래서 더 이해할 수 없는 듯한 표정이 된다. 신은 그 반응을 마치 예상한 것처럼 여유롭게 다음 답변을 이어간다.

"당신이 무슨 콘텐츠를 만들어도 정기적으로 고객들에게 보내는 게 없다면, 당신은 콘텐츠 마케터가 아닙니다. 콘텐츠 마케팅이 어떻게 진행되어가고 있는지, 이건 아주 쉽게 알 수 있습니다. 당신이 현재 고객들에게 보내고 있는 콘텐츠가 있다면 그 생산을 한번 멈춰보면 정확하게 압니다."

청중은 예측하지 못했던 그의 답변에 다시 또 혼란에 빠진다. 그는 말을 또 이어갔다.

"여러분 콘텐츠를 왜 만들고 계십니까? 한번 고민해 보자고요. 사람들이 '이 사람, 왜 나한테 이거 안 보내주지. 월요일에는 보내줬잖아.' 이런 강한 허전함을 끌어내지 못하고 있다면 우리가 진짜 콘텐츠 마케팅을 하고 있는 것이 맞을까요?"

그의 이야기를 들으며 문득 내 마음에 걸림이 생긴다. 그 말을 내게 중요한 사실을 하나 알려주고 있었다.

'현재 내가 콘텐츠를 지속해서 고객에게 보내고 있는가?'라는 질문에 나도 쉽게 대답할 수가 없었다. 사업을 하면서 정기적으로 하는 일은 전혀 고민해 본 적이 없었다. 그저 눈앞에 닥친 일을 처리하기 급급했기 때문이다. 콘텐츠를 만들건, 물건을 팔든 사업을 한다는 것은 당장 매출을 올리는 것에만 집중해야 한다고 생각했다. 놀랍게도 이 시점의 나는 '정보를 담은 콘텐츠'조차 한 번도 제작한 적이 없었던 것이다.

"저는 6년 동안 매일 월요일마다 같은 시간에 고객들에게 약속한 메일을 보내고 있어요. 그 메일의 반복이 고객들에게 하나의 인식으로 자리 잡았습니다. 그게 제가 이 분야에서 10억 원 이상을 벌어들일 수 있던 모든 비법입니다. 저는 오늘 이 자리에서 제 비법을 다 이야기해 드린 것과 같다고 보셔도 됩니다. 다시 말해 비결은 바로 '정기적이고 또 장기적으로 반복하기'입니다. 그런데 이 단순한 이것이 왜 저만의 비법이 되는 걸까요?"

사실이었다. 신은 매주 월요일 수천 명의 고객들에게 정기적으로 정보를 주고 있었다. 나 역시 그의 콘텐츠를 토대로 그의 메일을 꾸준히 받는 수천 명의 사람 중 한 명이었다. 그가 보낸 메일을 보면서 알게 모르게 다시 그의 콘텐츠를 클릭했고, 그 속에서 나오는 많은 정보를 지속해서 소비하고 있었다.

이는 단순한 이야기가 아니라는 걸 본능적으로 알 수 있었다. 불규칙하게 자극적인 콘텐츠를 대중에게 던져주는 것이 콘텐츠 마케팅이 아니고, 순수하게 자기에게 반응을 보여주고 행동을 한 이들에게 정기적으로 콘텐츠를 보낸다는 것. 그것이 그가 전하는 메시지의 핵심이라는 걸 나는 어렴풋이 눈치채고 있었다.

"혹시 콘텐츠라고 하면서 주변에 유튜브 구독자가 몇 명인지만 물어보시지 않습니까? 그것으로만 그 사람의 모든 것을 판단하지는 않으세요? 그런데 사람들은 왜 무턱대고 구독자를 늘리는 것만 집중을 할까요? 이런 질문을 해봅시다.

'그럼 어떤 구독자를 늘려야 하는 걸까요? 더 나아가서 왜 구독자를

늘려야 하는 걸까요?'

생각해보면 우리에게 유튜브 구독자가 많은 사람과 적은 사람이 중요한 것이 아니지요. 사실 우리에게 진짜 중요한 것은 그들의 지갑 속에 들어가는 실제 수익이지 않습니까? 그런데 콘텐츠를 토대로 한 실제 수익은 별로 관심이 없는 듯합니다. 아니 어쩌면 구독자를 곧 수익이라고 빠르게 판단하는 것일지도 모르지요."

나는 콘텐츠 마케팅에도 계급이 있다고 생각했다. 1천 명의 구독자를 지닌 크리에이터와 10만 명의 구독자를 지닌 크리에이터 사이에는 건널 수 없는 큰 강이 하나 흐르고 있다는 믿음. 하지만 지금 그는 내가 그토록 오랫동안 지닌 그 편견을 산산조각 내고 있었다.

"3년간 구독자 수가 3천 명밖에 안 되는 해외 유튜버가 있어요. 그가 얼마를 벌까요? 흔히 사람들은 이렇게 생각합니다.

'음, 구독자 3천 명? 그것도 3년 이상 영상을 만들었는데 3천 명? 돈이나 되겠어. 그 사람 힘들겠네, 고작 3천 명이면 조회 수도 엄청 낮고, 돈도 안 될 것 같은데.'

하지만 진실은 어떨까요? 사실은 전혀 다른 경우가 많아요. 그는 우리의 생각보다 훨씬 더 큰돈을 벌어들이고 있습니다. 월로 '수 억'을 법니다. 어떻게 그럴 수 있냐고요? 간단합니다. 그는 스테이크(아이템)만을 강조하여 콘텐츠를 만듭니다. 그 콘텐츠로 모인 구독자는 순수 고객이 됩니다. 그리고 이들에게 정기적이고 장기적으로 콘텐츠를 보내고 신뢰를 쌓는 선순환을 만드는 것입니다. 순수한 고객에게만 콘텐츠를 발행하고 그것으로 수익을 이끌어냅니다."

강연이 진행되면서 신은 더욱 날카로운 질문을 청중에게 던진다. 청중은 여전히 그의 질문을 좇아가기가 바쁘다. 의아한 듯이 청중의 호기심을 해결해주기 위해서라도 그는 말을 계속 이어가야 했다.

"콘텐츠 마케터가 되고 싶다면 고객을 흩뿌리면 안 됩니다. 똑똑한 게으름을 가진 현명한 판매자와 마케터는 내가 잘하지 못하는 것을 기꺼이 그들에게 먼저 이야기합니다. 애당초 기대치를 낮춰주면서 나는 이 분야에만 전문가이지 이건 아니다. 이렇게 자신의 고객의 결을 구체적으로 다듬어간다는 말이지요."

신은 청중이 동의하는 침묵의 뜻을 이해하며 계속 말을 이어갔다.

"제 이야기 한번 해볼까요? 저는 돈을 크게 쓰면서 하는 사업 분야에서는 전문가가 아니라고 분명히 말합니다. 대신 돈을 최대한 안 쓰고 사업하는 분야에 있어서는 자신 있다고 이야기합니다. 그러면 제 말에 동의하고 제 생각과 맞는 사람들만 제 채널을 구독하죠. 설령 구독자 숫자가 적어도, 이 구독자들은 정기적으로 콘텐츠를 받아보며 판매자와 점점 생각이 비슷해집니다. 이렇게 되면 실제로 구매까지 이어지는 비율이 높아지기 때문에 저는 생각보다 적지 않은 수익을 얻을 수 있습니다."

그의 이야기가 끝나자 청중의 눈에 새로운 빛이 담긴다. 그들 눈앞에 있는 한 연사의 진실하고 담백한 이야기가 우리의 마음을 녹여내고 있다. 우리의 마음 안에 오랫동안 잊고 지냈던, 그렇게 꽁꽁 숨겨 놨던 어릴 적 장난감을 만지작거리는 것만 같은 순수한 욕망이 고개를 치켜든다.

"처음 말씀드렸듯이 저는 일상을 지키기 위해 콘텐츠 분야의 일을 합니다. 그러므로 혁신을 꿈꿉니다. 그것은 대단한 게 아닙니다. 그저 더 적게 일하지만, 더 만족하고, 더 많이 버는 그런 일, 그래서 그 시간을 가족과 더 따뜻하게 보낼 수 있는 그런 작은 혁신이지요."

'참 잘 왔구나. 여기가 내가 있을 곳이 맞다.'

순간 마음 안의 뜨거운 열정이 말로 툭 뱉어 나오고 있었다. 목표를 위해 늘 나중으로 미루었던 것들, 바로 삶, 여유, 일상, 멈춤, 자유와 같은 것말이다. 그토록 바라는 그 순간은 회색빛의 머리카락을 마주할 때가 아니라 지금 바로 가능하다는 것을 그의 이야기를 통해 재차 확인하였다. 문득 미래를 열어가는 사람들만의 느껴지는 특유의 정감을 알아차린다. 그들이 뿜어내는 특별한 색채의 풍광이 내게 위압적이지 않은 따뜻함으로 보일 때가 있었다.

지금 그가 내 뿜는 후광을 그저 오랫동안 바라보고 싶었다. 그 시간이 그저 멈춰있기를 바랐다. 그것이 마냥 좋았기 때문이다. 때마침 강연을 하는 중 그가 청중에 자리 잡은 나를 지긋이 바라본다. 그는 내 눈을 선명하게 바라보며 마지막 말을 당당하게 이어갔다.

"지금 콘텐츠 마케팅을 시작하는 분이 있다면, 길을 잃지 않고, 내가 개척하는 나만의 길을 만들고 싶은 분이라면, 저는 여러분에게 한 가지 시작해볼 수 있는 미션을 이 자리를 통해 전하고 싶습니다. 30일, 딱 한 달만 매일 꾸준하게 콘텐츠를 만들어보세요. 무엇을 만들지 모르겠다면 가벼운 일기나 일상의 기록도 좋습니다. 그 과정에서 여러분은 참 많은 것을 알게 될 것입니다. 큰 목적지에 다다르기 전에 지금 한걸음이 중요한 이유, 왜 콘텐츠 제작에 힘이 빠져야 하는지, 체질 개선은 무엇인지 등, 정말 여러 가지를 느끼실 수 있습니다. 그러니 30일만 여러분의 우선순위를 콘텐츠 제작으로 시작해 보면 어떨까요?"

그랬다. 그건 그가 내게 이 자리에 초대한 이유가 맞았다. 그는 내게 분명히 해야 할 것이 무엇인지를 알려주고 있었다. 무엇 하나 꾸준히 해 본 적 없는 나에게 단 30일의 시간이 의미하는 것은 작은 이유가 결코 아니었다.

'한 달, 까짓것 그 정도는 내겐 일도 아니지. 뭐든지 해보겠어.'

강연이 끝나고 집으로 돌아가는 길. 길거리에 놓인 피아노 앞에 한 아저씨가 앉아 있다. 피아노를 치는 그의 손끝이 매우 현란하다. 그의 손끝이 만들어내는 현란한 그 음악을 들으며 생각에 잠긴다. 그의 피아노처럼 콘텐츠를 춤추듯 다루는 고수를 보니, 알 수 없는 미묘한 감정이 올라온다.

'그래, 나도 건강한 콘텐츠 마케터가 되자. 광고 없이 혁신을 전할 수 있는 뾰족한 콘텐츠를 천천히 만들어가자. 그렇다면 내가 고객들에게 정기적으로 줄 수 있는 것은 무엇일까?'

그 시작이 될 수 있는 생각의 꼬리를 잡아본다. 콘텐츠 마케터가 되는 어쩌면 깊고 무거운 고민이 내 머릿속에 담긴다. 그렇지만 이제 본능이 내게 알려준다. 고민은 쓰지만, 그 끝은 달 것이란 것을 말이다.

"그저 달다."

아직은 오지 않은 그 미래의 달콤함에 취해 내 얼굴에 작은 미소를 머금는다.

"그래, 지금처럼만."

회사를 나온 뒤, 1년 만에 처음으로 조금은 가벼워진 마음으로 집으로 향하고 있음을 깨달았다.

 콘텐츠 고수의 한마디 4

반복하는 것은 에너지를 만듭니다. 흔히 말하는 풍력 발전기, 수력 발전기의 경우도 자연에서 반복적으로 제공하는 힘을 이용해서 전기에너지를 생산하지요. 동호회를 하면서 정기적으로 만나는 사람들은 쉽게 친해지고, 마음의 문을 엽니다. 어쩌다 한 번 만나는 사람들은 몇 년이 지나도 어색함이 사라지지 않습니다. 세일즈 업계에서 유명한 '7의 공식'은 '단기간에 7번 반복해서 노출되면 고객들이 제품에 친근감을 느끼고, 구매하는 것'을 말합니다. 성공한 사람들은 이야기합니다. '7번 도전하며 실패했지만 반복해서 다시 도전해서 성공할 수 있었다'라고. 자신이 실패했다고 말하는 사람은 말합니다.

"제가 해봤는데 안 되던데요?"

"몇 번 해보셨는데요?"

"한 번 해봤습니다."

반복하지 않고 원하는 일이 생기는 경우는 없습니다. 반복할 때만 진동이 생기고, 진동이 에너지를 만들기 때문입니다. 대단한 콘텐츠 하나를 만들어서 성공하고 싶다는 욕심을 버려야 합니다. 부족한 콘텐츠라도 반복해서 정기적으로 만들면서 에너지를 만들어야 합니다. 그것은 많은 것을 끌어당깁니다. 사람을 끌어당기고, 돈을 끌어당깁니다. 또 운이 끌려옵니다. 그 과정을 통해서 부족한 콘텐츠는 어느새 대단한 콘텐츠 반열에 올라가게 됩니다.

엄청난 양의 물이 바위에 떨어진다고 해서 바위가 움푹 패이지는 않습니다. 하지만 반복해서 떨어지는 작은 물방울은 시간이 지나 바위에 구멍을 만듭니다. 정기적으로 반복하는 것의 강력함을 아는 사람은 매우 작은 노력으로도 자신이 원하는 것을 충분히 얻으면서 살 수 있습니다. 정기적으로 반복하는 것의 힘과 에너지를 느껴보고 싶지 않으신가요?

콘텐츠 창업 스텝 5
콘텐츠 마케팅의 핵심, 온라인 체질로 다시 태어나는 법

누군가 그랬다. 어른이 된다는 것은 '기본'이 얼마나 어려운지 아는 것이라고. 부모가 되어 자식에게 기본적인 것을 해준다는 게 얼마나 어려운가? 회사원이 되어 기본만 잘하는 것 또한 얼마나 어려운가 말이다. 그런 점에서 콘텐츠도 마찬가지다. 그렇게 매일 콘텐츠를 올리는 그 작은 '기본'이 나에게는 왜 이토록 어려운 일일까? 강연에서 그에게 첫 번째 미션을 받고, 나는 2주간 하루도 빠지지 않고 콘텐츠 제작을 해보는 새로운 도전을 하고 있었다. 항상 판매에 관련된 기술적인 것만 제작했는데, 처음으로 나의 이야기를 품은 콘텐츠를 풀어보는 것은 쉬운 일은 분명 아니었다.

'그래도 좀, 콘텐츠에 정성이 들어가야 하지 않겠어?'

일상을 품은 콘텐츠를 한 번도 제작해 본 적이 없던 내가 정말 많은 시간의 공을 들이고 시간을 쓰며 콘텐츠를 제작하고 또 제작하고 있었다. 글을 올려도 사람들은 반응을 해주기는커녕, 내 콘텐츠에는 그 흔한 '악플'조차 달려있지도 않았다.

아무도 관심을 주지 않는 콘텐츠.

그 누구도 알아주지 않더라도 콘텐츠를 꾸준히 올리는 것. 그렇게 매일매일 나는 텅 빈 듯 괴로운 시간을 보내고 있었다. 신은 마치 초보자인 내가 어떤 종류의 고통을 받고 있는지조차 알기라도 하는 듯 타이밍 좋게 문자를 보내셨다.

"민수 님, 콘텐츠 제작은 잘하고 있나요? 올라오신 것들은 한번 확인해 보았습니다. 혹시 괜찮으시다면, 집에서 식사라도 한번 하시면서 이야기 나누실래요?"

호기롭게 한 달 정도는 문제가 전혀 없다고 안일하게 생각했다. 그렇게 콘텐츠 제작을 시작했지만 현실은 달랐다. 글을 제작하는 것에만 거의 4시간 가까이 쓰고 있었고, 영상 콘텐츠 제작은 시작조차 엄두가 나지 않았다. 한번 콘텐츠를 만들고 나면 온몸에 힘이 쭉 빠져서 그날은 정말 아무것도 못 할 정도로 마음에 부담이 되었다. 나를 드러내야 한다는 것 혹은 그 과정에서 오는 모든 것들이 내게 말을 걸었다.

이런 과정을 통해 알게 된 것이 있다면, 나의 내면에는 나조차 풀어갈 수 없는 듯한 '조급함'이 가득 올라 차 있다는 사실이다. 그 저항감 앞에서 나는 한 발자국도 꼼짝할 수가 없었다. 그렇게 힘겹게 2주간 힘이 잔뜩 들어간 콘텐츠를 올리고 있었다. 당연히 반응은 없었다. 즉각적인 반응을 기대하고 있지는 않았지만, 막상 반응이 하나도 없는 현실을 매일 마주하니 나도 모르게 어깨가 축 늘어지고 있었던 참이었다.

다음 날 저녁, 마치 이끌리듯 그의 집에 도착한 나는 벨을 누르고 철문 앞에서 응당 나올 그를 기다리고 있었다. 이내 철문이 반쯤 열리자 두 손으로 철문을 지닌 채 웬 아이 한 명이 문 사이에 고개를 툭 내밀고 초롱초롱한 눈으로 나를 멀뚱히 쳐다보고 있다. 어깨에 닿을 듯한 긴 머리가 찰랑이던 남자아이. 그의 눈빛은 선명하다 못해 단내가 나는 것 같았다. 설탕처럼 달콤한 눈망울은 그저 예뻐 보였으며 피부는 여름을 한 번도 만나지 않은 것처럼 뽀송뽀송했다. 눈망울이 큰 곰 인형처럼 생긴 그 아이는 지금 자신의 세상에서 내가 있으면 안 되는 사람처럼 나를 지켜보고 있었다.

"안녕, 너 정말 귀엽게 생겼다. 이름이 뭐야?"

아이는 수줍은 듯이 나를 쳐다보고만 있을 뿐, 아무런 대답도 하지 않았다. 그리고 곧이어 그 아이는 문 뒤로 이내 사라져갔다. 집주인의 허락 없이 들어갈 수는 없었기에 문 앞에서 서성거리고 있자 곧 눈망울이 큰 아이를 한손으로 안고 있는 익숙한 한 사나이가 내 앞에 나타난다. 전보다 덥수룩해진 수염에 뿔테 안경을 코끝에 걸쳐 쓴 사나이, 바로 '신'이었다.

"오시느라 고생했네요. 어서 들어오세요."

집 안에 들어오는 그 짧은 입구에서 나는 그의 집 곳곳을 관찰하며 들어가고 있다. 그가 찍는 유튜브 장비가 세워진 책상 안에는 수많은 책이 책장에 꽂혀 있었다. 서재가 담긴 방을 지나 마루에 준비된 과일이 놓인 갈색 책상 앞에 앉았다. 그는 여전히 한 손으로 아이를 가슴에 품은 채, 나를 바라보며 기다림 없이 바로 내게 이야기하였다.

"민수 씨, 콘텐츠 꾸준히 만드는 것이 생각보다 힘드시죠?"

그는 이미 모든 것을 안다는 듯한 질문으로 오늘따라 내 가슴 속 깊은 곳을 무장해제 시켜준다.

"힘이요? 글쎄요."

뭐가 우물쭈물하게 말을 망설이며 내뱉지를 못하고 있자 그는 바로 대답을 이어간다.

"힘드실 거예요. 사실 오늘 뵙자고 한 것도. 이미 민수 님의 콘텐츠에 힘이 많이 들어가 있는 게 느껴졌기 때문입니다."

"아니, 신? 그런 것도 보이시나요? 아, 그런데 원래 콘텐츠 제작에 힘이 다 들어가는 거 아니에요?"

그는 잠시 나를 지그시 바라보며 말을 이었다.

"민수 님은 과연 콘텐츠를 언제까지 만들어야 할까요?"

그의 질문에 곧장 대답했다.

"한, 6개월? 그 정도면 되지 않을까요?"

"6개월이요? 하하. 저는 지금 거의 10년째 만들고 있는데요."

"네? 10년이요?"

"네, 그리고 물론 전 앞으로도 계속 '콘텐츠'를 만들 거고요."

"아…."

"만약 제 콘텐츠에 힘이 들어가 있다면 제가 이렇게 말하기 힘들겠죠. 하지만 숙달이 되고 제작 자체에 힘이 빠지면 어떻게 될까요? 나에게 콘텐츠 제작이 물을 마시고 밥을 먹는 것처럼 일상이 되었듯이 편안해진다면요?"

"음… 그럼 정말 수월하겠죠."

"그렇죠. 지금처럼 계속 제작에 힘이 들어가야 한다면 3년 이상을 매일 만들 수 있을까요?"

순간 그의 말을 들으니 마음이 조금씩 불편해진다. 나에게 콘텐츠 제작은 정말 쉽지 않았기 때문이다. 정작 내가 무엇을 해야 할지도 모르겠고, 주제와 기획을 잡는 것 또한 결코 쉬운 일은 아니었다.

"아니요. 정말 한 달도 힘들어요."

그러자 신은 미소를 지으며 나에게 말해주었다.

"맞아요. 경험하지 않은 사람들은 잘 모르지만 콘텐츠 제작을 한 달만이라도 꾸준히 하는 게 쉬운 일은 아니죠. 그런데 이 부분에서 사람들이 자신을 좀 '과대평가'하는 경향이 있어요. 남들의 콘텐츠는 쉽게 쉽게 평가하곤 하죠. 하지만 정작 자기가 콘텐츠를 제작해 보게 되면, 상황은 완전히 달라지죠."

"생산자적 측면으로 말이죠?"

"네, 맞아요. 그래서 시작이 정말 중요한 거예요."

"시작이라… 그럼 그걸 어떻게 해야 좋은 건가요?"

"제가 질문 하나 드려볼게요. 우리 인생이 여행이라고들 하잖아요. 그럼 사람이 여행을 가서 목적지까지 가려고 할 때, 지도를 쫙 펼치고 나서 가장 먼저 무엇을 봐야 하는 걸까요?"

순간 머릿속에 여행지에 가 있는 내 손바닥이 지도를 쫙 펼치고 있다. 그리고 내 시선은 자연스럽게 지도위 붉은 색 엑스자 표시를 하고 있는 즉, 내가 향할 그 목적지를 향하는 곳으로 가 있다.

"당연히 제가 가야 할 목적지 아니겠습니까?"

"네, 지도를 펼쳐서 봐야 할 것이 목적지도 있죠. 하지만 그건 좋은 시작은 아닌 것 같습니다."

"그럼 무엇이 좋은 시작이죠?"

"내가 시작을 하는 사람이라면 지금 내가 있는 곳의 위치, 즉 나의 좌표를 먼저 봐야 하는 거죠."

"내가 있는 곳이요?"

"네, 콘텐츠 마케팅을 시작할 때 많은 분들이 실수하는 부분이기도 합니다. 지금 있는 내 위치, 내 좌표를 확인해야 하는데, 그걸 간과하기 쉽죠."

"정말 그런가요?"

그는 약간의 저항감이 묻은 나의 대답에 멈춰 나를 보며 말한다.

"네, 민수 님의 채널은 지금 콘텐츠 관점에서 현재 어느 곳에 위치하고 있으십니까?"

순간 '아차' 하는 생각이 들었다. 내가 있는 곳. 구독자 15명이 안되는 채널을 운영하고 글을 10개도 못 올리고 있는 내가 있는 지금의 위치 그곳. 문득 나는 이곳을 한 번도 바라보고 있지 않았다. 순간 그의 질문으로 그 사실을 정확하게 인지하고 있었다.

"제가 첫 번째 드린 미션을 열심히 진행하고 계신 건 분명합니다. 이때 한 가지 놓치지 말아야 할 게 있죠. 콘텐츠 제작을 '짧은 기간' 안에 끝내려는 마음은 가지지 말라는 것이죠. 물론 처음에는 그런 마음이 드실 수 있어요. 멋진 콘텐츠로 한방을 보여주고 싶은 마음 말이지요. 소위 말하는 '구독자 떡상'을 한다거나, 남들이 나를 평가할 것이라는 생각 앞에서 특별한 것을 해야 한다는 압박감이 생기기도 하죠. 하지만 콘텐츠 마케팅은 지난번 제가 말씀드린 것처럼 '지속적이고 장기적'인 게 진짜 포인트입니다. 그래서 지금 있는 위치를 잘 보고 나아가셔야 마침내 목적지까지 도달하실 수 있을 거예요."

"나의 위치라…."

"정기적이고 장기적인 콘텐츠 발행은 막상 해보면 정말 쉬운 일이 아니에요. 대부분의 사람이 콘텐츠 마케팅을 알고나서 오래 하지 못하는 이유가 대부분 이게 얼마나 어려운 일인지 모르기 때문이에요. 뭔가 멋지고, 자극적이거나 힘이 들어간 완벽한 무엇을 만들면 금세 사람들이 좋아할 줄 알죠. 하지만 현실은 전혀 다른 얼굴로 우리에게 다가오죠. 생각보다 꽤 오랜 시간을 견뎌야 한다고 말하면서 말이죠."

"그 오랜 시간을 견딘다는 게 참 부담스럽게 다가오네요."

걱정 어린 시선이 담기자 그는 또 내게 말을 걸었다.

"민수 님, 처음에는 부담스럽지만, 익숙해지면 전혀 그렇지 않습니다. 그래서 이걸 특별한 무엇으로 보는 것이 아니라 일상의 작은 습관처럼 만드는 게 굉장히 중요해요. 그래서 저는 이걸 '온라인 체질'로 전환이 필요하다고 이야기해요."

"온라인 체질이요?"

"네, 쉽게 말하자면 온라인으로 콘텐츠를 올리는 행동에 에너지를 최소화하여 일상의 수준으로 체질을 바꾸는 일을 의미하는 거죠. 예를 들어볼까요? 민수 님은 지금 블로그에 올라오는 글 하나를 작성하는 데 얼마간의 시간이 걸리시나요?"

가만히 내가 지난번 올린 글을 올리는 데 얼마나 시간을 썼는지 생각해본다.

"대략 4시간 정도?"

"그 시간을 유지하면서 10년간 정기적인 콘텐츠를 제작해야 하는 건 쉽지 않겠죠?"

사실 한 달도 나에겐 쉽지 않았다. 매일 이런 글을 어떻게 찾아야 할지도, 그리고 글을 쓰고 나면 온몸에 힘이 빠져서 더 이상 아무것도 아니 컴퓨터조차 쳐다보지도 못하는 내 모습이 떠올랐다.

"민수 님은 그래도 온라인 체계를 어떤 식으로 미리 경험해본 분 이지만, 지금까지 오프라인으로만 사업들을 해 오신 분들도 많이 계 세요. 그럼 분명 오프라인 체질이 더 익숙하시겠죠. 콘텐츠 제작하 는 것보다 사람을 만나는 게 먼저이고, 상품을 일일이 기록하는 것 보다 만나서 설득하는 것이 더 편할지도 모르죠. 이런 것들이 더 쉬 운 분들을 저는 오프라인 체질이라고 말합니다. 문제는 오프라인 체 질을 기반으로 시스템을 제작하는 게 현실적으로 너무 어렵다는 것 이죠."

"왜 그런 거죠?"

"그건 하나의 일을 끝마치면 그 분(오프라인 체질)들은 또 새로운 일 을 다시 시작하는 것에만 익숙하기 때문입니다. 노동을 투입할 때만 돈을 버는 구조는 온라인 시스템의 본질이 아니거든요."

그는 목소리에 힘을 더 뺀 채, 가볍게 이야기를 이어간다.

"반면 온라인의 체질을 갖춘 사람은 전혀 다르게 일합니다. 이 사 람들은 모든 것을 기록으로 남기는 것이 습관이 되어있어요. 내가 가령 피치 못하게 사람을 만나는 것에 시간을 쓰게 되어도 온라인의 체질을 갖춘 이들은 이것을 반복하지 않고, 처리할 수 있는 방법을 고민하죠. 네, 시스템을 생각하고 준비하는 겁니다. 그래서 온라인의 체질은 가볍게 올리는 콘텐츠의 기록과 습관을 매우 중시하죠. 그것들로 소통을 이어가고, 그러면서 조금씩 피드백을 받으며 정교하게 시스템을 만들어가는 기틀을 마련하기 때문입니다. 민수 님은 분명 '후자'의 이야기가 궁금해서 저를 찾아온 게 맞으시겠죠?"

"네, 분명 그게 제가 이곳을 찾아온 이유가 맞습니다."

"그렇다면 민수 님, 더욱이 힘을 빼셔야 합니다."

"그런데 신, 사실 힘을 뺀다는 것이 뭘 의미하는지 모르겠어요. 콘텐츠라는 것이 결국은 사람을 설득하기 위해서 제작하는 건데요. 더 힘을 줘야 하는 것 아닌가요?"

신은 특유의 버릇처럼 입가를 만지면서 내게 말을 건넸다.

"꼭 힘을 뺀다는 것을 목표로 잡을 필요는 없어요. 그러면 또 힘을 빼는 것이 또 하나의 목표가 되어버리죠. 시간이 지나면 자연스럽게 차차 아시게 되실 거라 생각합니다. 그것보다 일단은 아주 '가볍게' 콘텐츠를 올리는 것이 좋아요. 일기를 올리는 것도 좋고, 내가 쉽게 접근할 수 있는 것도 좋아요. 책 속 한 줄을 정리해 보는 것도 좋은 방법이 되지요. 물리적으로 시간을 30분 정도로 한다는 데드라인을 설정하는 것도 추천합니다. 그렇게 꾸준히 하는 나만의 규칙을 만들어가는 것이 좋습니다."

"30분이요? 와우, 그게 정말 가능할까요?"

"민수 님, 제가 처음에 영상을 올릴 때, 제작에 얼마나 시간이 걸렸을까요?"

문득 그를 처음 보았던 영상이 떠올랐다. 짧게 포인트를 짚어주는 나름 괜찮은 수준의 5분 남짓한 영상이었다.

"음, 그래도. 영상은 아무래도 3~4시간은 걸리지 않으셨나요?"

"아니요. 그거. 집에서 휴대폰으로 15분 만에 작업해서 올린 겁니다."

"네? 15분이요?"

그의 말이 확 믿기지는 않았다. 글만 쓰더라도 기본 3~4시간이 넘게 걸리는데, 어떻게 영상이 15분 만에 가능하다는 건가? 나의 의심이 그에게 다시 묻기를 재촉했다.

"어떻게 15분 만에 그게 가능하죠?"

신은 내 반응이 익숙하다는 듯 편안하게 말을 이어갔다.

"편집을 안 하니까요."

"그래도 사람들이 보는 온라인의 기록이라는 건데. 편집을 안 하면 수준이 낮은 콘텐츠만 만드는 것 아닌가요? 그런 저 자신도 사람들이 낮게 볼 거 아니에요?"

"수준이 낮다? 글쎄요. 그럼 민수 님은 질 낮은 콘텐츠를 보고 저를 찾아오신 것이 되는군요."

"아니, 그건… 아니지만요."

"분명 편집도 중요합니다. 시간이 지나면 더 편집해야 할 부분도 많이 생길 것이고, 시간이 조금 더 걸릴 수도 있겠죠. 수준을 올려야 할 타이밍은 올 겁니다. 하지만 시작하는 지금의 우리가 해야 할 것은 '일단 올리는 것에 익숙해지는 것'입니다. 사람들이 자신을 수준 낮게 보면 어떻게 하냐고 말씀하셨죠? 걱정하지 마세요. 사람들은 당신의 콘텐츠를 인식조차 못할 테니까요."

"인식을 못 한다고요?"

"시장의 반응이라는 것은 그것이 긍정적이든 부정적이든, 인식이 되는 것에서만 오는 법이죠. 그 또한 꾸준히 올릴 때만 그제야 사람들은 아주 조금씩 나에 대해서 인식하기 시작합니다. 그런데 콘텐츠를 올리는 습관도 안 잡혔으면서 지레 겁을 먹고 벌써 그들의 판단을 고민하는 것이죠."

신은 흐름을 이어가듯 같은 톤을 유지하며 말했다.

"높은 수준의 콘텐츠를 끊임없이 만드는 분들도 분명히 계십니다. 하지만 그것을 마치 콘텐츠 제작의 일반적인 수준으로 접근하는 것은 소비자의 시선일 뿐이에요. 뛰어난 실력의 팀원들이 있거나 자금 여유롭다면 물론 가능하겠죠. 그렇지만 혼자서 모든 것을 다 해야 하는 것이 많은 분들의 현실이에요. 더불어 콘텐츠 제작만이 업무의 전부는 아니죠? 4시간씩 콘텐츠를 매일 만들어야하면, 그 이후 작업으로 해야 할 더 중요한 많은 것들은 어떻게 처리해야 할까요?"

그는 '콘텐츠를 올리는 것에 더욱 힘을 빼야 한다'라고 힘주어 말했고, 이는 콘텐츠 작업 외에도 다른 더 중요한 일을 할 수 있는 힘이 남아 있어야 하기 때문이었다. 그 중요한 일이 무엇인지는 지금으로서는 도무지 알 길이 없었지만, 그의 말이 부담스럽지는 않았다.

"그렇군요. 분명 콘텐츠 제작이 전부는 아니죠."

"콘텐츠의 수준은 꾸준히 만들어가다 보면 능숙해지면서 점점 더 속도가 나게 됩니다. 만약 민수 님이 시스템을 만들고 온라인에 건물을 하나 세운다는 장대한 꿈을 꾸신다면, 지금부터 '30분 안에 콘텐츠를 만든다'는 마인드를 배우셔야 합니다. 가능한 방법은 얼마든지 있습니다. 불가능한 일도 아니고요."

"온라인 건물주라… 가슴이 뛰는 단어이군요."

듣기에도 뿌듯한 단어에 잠시 기분이 좋아진다. 그러다 이내 지금 내 눈 앞의 현실을 풀어갈 질문이 마구 떠오른다.

"그런데요. 만약 제가 무슨 콘텐츠를 올려야 하는지 모르겠으면 어떻게 해야 하는 건가요?

"네, 그럴 수 있죠. 하지만 민수 님이 살아오시면서 배운 것들이나 경험한 것들은 반드시 있을 거예요."

"별거 아니지만… 조그마한 뷰티 관련 제품 회사에서 일한 경험이 있어요."

"네, 그곳에서 배운 것들이 있지 않을까요?"

"음, 네에 이것저것 관리해 보면서 조금씩 화장품이나 샴푸관련 제품을 다룬 적은 있습니다."

"오, 좋은데요. 그럼 그거야 말로 민수 님만의 특별한 경험 아닌가요?"

"이런 게 정말 특별하다고 느껴지시나요?"

정말 그의 반응이 신기해서 물어보았다. 신은 평소보다 2톤은 높이는 듯한 어조로 아드레날린이 가득 담긴 음성을 내게 전해주었다.

"네, 그럼요. 이미 민수 님이 경험하셨고, 그동안 느끼고 배운 것이 있으시잖아요. 그거야말로 진짜 좋은 콘텐츠의 원재료가 되어줄 겁니다. 아니 오히려 작은 경험일수록 저는 더 좋다고 생각합니다."

"저는 이게 대단하다는 생각은 해보지 않았습니다만, 듣고 보니 그런 생각도 드네요. 전 회사에서 여러 제품을 분석한 경험도 있고요."

"네, 좋습니다. 바로 그런 것들이 구독하시는 분들에게 큰 도움을 줄 수 있는 부분이죠. 대단한 걸 주려고 하지 마시고, 계속 작은 것이라도 콘텐츠로 풀어보려고 하면 됩니다."

"네, 뭔가 마음속에 얽힌 것들이 풀리는 기분이 드네요. 저는 그럼 시간을 줄여가면서 '일기'라도 한번 올려 봐야겠어요. 뭔가 콘텐츠를 올리면서 '이게 맞나?' 하는 의심이 수없이 많이 들었는데, 모두가 이렇게 시작되었다는 말이 참 위로가 되네요. 꼭 시도해 볼게요."

그의 집에서 나와 아파트 단지 내 잘 조성이 된 인공의 공원길을 걷

는다. 그리고 오늘 들은 이야기를 하나도 놓치고 싶지 않아 있었던 일들을 서둘러 복기해 본다. 하지만 뭔가가 떠오르지는 않고, 투명한 이미지 하나만이 눈앞을 가로막는다. 바로 그의 눈빛이었다. 그의 맑은 눈에는 언제나 강렬한 진실이 담겨 있다.

생각해보면 우리의 여정은 항해하는 배와 같다. 한 치 앞도 모르는 변수 앞에서 생각만으로 과거의 기준 앞에서 자기 자신을 속이고 있었는지도 모른다. 하지만 내가 그 꿈을 이루기 위해서라면 지금은 두 팔과 두 다리가 진실의 전부였다.

그렇다. 지금 나는 '완벽함'을 추구하며 배를 만드는 '장인'이 되어서는 안 된다. 대신 그 지도 안으로 끊임없이 파고, 현장으로 바로 뛰어들어야 하는 구릿빛 피부를 온몸에 두른 뱃사람이 되어야 했다.

신이 내게 허락해준 제작 시간은 30분.

쉽지는 않을 것이다. 그러나 그것이 내가 배를 만들면서 파할 수 없는 조건이라면, 기꺼이 그 파도 한번 맞아보겠다는 용기가 생겼다. 그리고 이내 그것들이 마음을 타고 온몸으로 흐른다. 집에 돌아가자마자 잠들기 전에 나는 그 파도를 맞아보고 싶었다. 한 번도 생각하지 못했던 방식을 실험해보면서 말이다.

더 자극적이고, 더 특별한 콘텐츠를 만들어서 차별화시키자는 말은 얼핏 봐서 틀린 부분이 전혀 없습니다. 남들이 안 하는 것을 하면서 차별화하면 당연히 더 눈에 띌 것이고, 브랜딩 되기도 좋은 게 사실이기 때문입니다. 하지만 이제 콘텐츠 제작에 관심을 가지는 사람 입장에서 과연 남들과 차별화된 수준 높은 콘텐츠를 만들어내는 게 쉬울까요? 또 그런 콘텐츠 아이디어를 떠올리는 게 쉬울까요?

저는 사람이 가지고 있는 가능성에 대해서 무한한 믿음이 있습니다. 다만 그 가능성이 터져 나오기 위해서는 일단 자기 자신에 대한 믿음이 필요합니다. 차별화된 콘텐츠를 만들어야 한다고 생각하면서, 이미 유명해진 사람들의 높은 수준의 콘텐츠를 보면서 벤치마킹하고, 그런 분들이 중요하다고 이야기하는 것을 다 갖추려고 노력하다 보면 어떤 생각이 들까요?

'내가 과연 이것을 할 수 있을까?' 이런 생각만 듭니다. 이렇게 자기 의심만 가득한 상태에서 내 안의 가능성을 깨우는 것은 쉽지 않지요. 한 영어유치원에 다녔던 아이의 실제 이야기를 들은 적이 있습니다. 영어유치원에서는 부모님에게 아이가 영어 잘하는 것처럼 보여야 하므로 아이를 외국인처럼 옷을 입히고, 영어를 달달 외우게 했습니다. 아이는 무슨 말인지도 모르지만 영어를 외워서 말했고, 부모님은 아이가 신통하다고 좋아했습니다. 하지만 아이는 영어를 무서워했고, 스스로 영어가 부족하다는 스트레스에 항상 시달렸으며, 결국 정신과 치료까지 받게 되었습니다. 아이는 일상에서 놀면서 자연스럽게 영어를 습득할 수 있는 단계를 뛰어넘어서 잘하는 것처럼 보이는 것에 신경을 쓰느라 자존감도 낮아지고, 영어거부감도 생겨버렸습니다.

일상 경험을 정리하는 것도 즐기면서 못하는데 남들이 못하는 차별화된 콘텐츠를

만들 수 있을 것이라 생각하는 게 과연 자연스러운 걸까요? 일상 경험을 정리하는
게 정말 그렇게 가치가 없는 일일까요? 그렇다면 일상 경험을 녹여서 순위권에 진
입하는 수많은 에세이집은 과연 어떻게 설명할 수 있을까요?

지금 부족해 보이는 습작을 남기지 않으면, 미래의 걸작은 절대 탄생하지 않습니다.
처음부터 걸작 만드는 것에 집착하면서 자신을 괴롭히지 마세요.

SNS를 콘텐츠 마케팅의 도구로 제대로 활용하는 것이란

"거참 이상하네."

그와의 만남 이후 만든 콘텐츠는 예전보다 더 가볍게 느껴졌다. 물론 그게 오래 가지 않을 수도 있다는 불안함도 어렴풋이 느껴지고 있었다. 명쾌한 솔루션을 받았을 때 느껴지는 잠깐의 황홀한 기분처럼 말이다. 아직 내 것이라고 말할 수 없는 방법이었지만 쉽고 가볍게 콘텐츠를 제작하니, 초반의 암담한 느낌보다는 훨씬 마음이 가벼워졌다. 그보다 더 놀라운 것은 콘텐츠를 본 고객들의 반응이었다.

엄청 힘을 주고 써 올린 블로그 글에는 '좋아요'가 5개(그걸 보는 일은 정말 힘든 일이 아닐 수 없다). 정말 가볍게 '쓱' 올린 블로그에는 '좋아요'가 8개(이 역시도 역시 반응이 없다는 것). 그제야 신이 왜 내게 가볍게 올리라고 했는지 알 수 있었다.

신과의 만남 후 몇 주의 시간이 흘렀다. 콘텐츠를 가볍게 올리는 날도 있었지만 어느 날은 욕심이 굴뚝같이 올라와 하나의 콘텐츠를 만드느라 며칠을 쓰기도 했다. 공들여 만든 콘텐츠나, 그렇지 않은 콘텐츠나 반응에 별 차이가 없다는 것을 두 눈으로 몇 번이나 확인하고 난 뒤에야 신이 한 말을 논리적으로도, 감정적으로도 이해할 수 있었다. 콘텐츠는 가볍게 만드는 게 중요하다는 생각이 들자 이제는 진짜 내가 온라인 체질이 되었다고 느껴졌다. 하지만 그것은 어디까지나 착각일 뿐, 내가 여전히 오프라인 체질을 그대로 끌고 와서 SNS를 하고 있었다는 게 얼마 가지 않아서 드러났다.

SNS

평가 가득한 곳에서 유독 더 사람들의 시선에 민감한 반응을 보이는 나를 발견한다. 그곳에서의 '좋아요'와 '클릭률'이라는 지표는 단순히 숫자가 아니었다. 마치 나라는 존재가 현재 얼마나 쓸모가 있는지에 대한 구체적인 지표, 체계화된 계급이고, 나열된 서열을 의미하고 있었다.

SNS의 빠른 평가는 내 마음속 깊은 곳에 쉽게 도달한다. 왜냐하면 이건 곧 나의 퍼스널 브랜딩과 직결되는 공신력을 갖춘 성적표라는 강한 믿음이 있기 때문일 것이다. 쉽게 부서지지 않는 굳건한 믿음은 'SNS만큼은 잘하고 싶다'는 욕구로 나타난다. 그렇지만 막상 잘하려고 마음만 성급하게 올라서니, 무엇부터 시작해야 할지 막막할 따름이었다. 막다른 골목에 다다르자 다른 사람들의 SNS를 기웃거리며 그들을 관찰하기 시작했다. 팔로워 30만 명에 육박하는 근육질의 잘생긴 청년의 SNS를 본다.

'쳇, 나도 뭐 운동을 꽤 했었는데. 뭐 오래 가겠어?'

미적 재능이 다분한 어떤 이의 SNS는 포스팅 30개가 채 안되는데 팔로워는 10만 명이 넘어선다.

'이런 애들은 타고난 거지 뭐….'

인플루언서가 되기 위해 10만은 기본인 세상

인플루언서들의 말 한마디에 상품의 판매의 기류가 흔들거리는 세상이었다. 하지만 나는 그들처럼 멋진 몸을 갖고 있지도, 잘생기지도, 심지어 젊거나 매력적이지도 않았다. 그런 SNS를 계속 보고 있다 보니 속으로는 이런 부정적인 생각마저 든다.

'SNS를 나 같은 사람이 해봐야 진짜 먹히기나 할까?'

내 눈에 그들의 SNS는 비슷한 맥락을 지니고 있는 것만 같았다. 기막힌 곡선을 자랑하는 술잔을 채워주는 풍미 가득한 와인, 나는 맛보기도 힘든 고급 식자재로 만든 요리들, 환상적으로 펼쳐진 배경에서 찍은 사진들이 가득했다. 흔히들 '끼리끼리' 논다고 하지 않던가? 인플루언서, 또는 유명한 마케터, 소위 잘나가는 예술가 등 그들만의 리그가 있는 것처럼 보였다. 자기들끼리 만나고, 자기들끼리만 친분을

만들어가는 그런 리그. 그 밑에 달린 수많은 댓글들은 '역시 대단한 분들끼리 만나네요'라는 이야기로 가득했다.

'이 정도는 올려줘야 사람들이 관심을 주는 건가? 역시 SNS는 화려함이 필수 중의 필수구나.'

수많은 사람들 중 내가 가장 닮고 싶은 사람을 한 명 골랐다. SNS 속 그는 밝은 성격에 알고 지내는 사람도 많았고, 자신의 영역을 잘 개척해나가고 있었다. 상당한 수의 팔로워도 있었다. 이 사람처럼 되면 좋겠다 싶은 마음이 올라왔다. 재빠르게 피드를 넘기던 나의 눈에 신이 올린 게시물이 들어왔다.

'신은 SNS를 어떻게 바라보고 있을까?'

문득 이 부분이 궁금해지기 시작했다. 사실 그의 SNS는 다른 인플루언서의 느낌과는 매우 달랐다. 프로필에는 자신을 소개하는 화려한 미사여구가 없었다. 그가 올리는 게시물은 대부분 가족과의 일상이었고, 간혹 자기 생각을 담은 글을 올리기는 했으나 눈 돌아가게 현란한 다른 사람의 게시물에 비해 조촐한 편이었다. 좀 더 솔직하게 이야기하자면 그다지 매력적으로 보이지는 않았다. 궁금증이 점점 커지자 머리가 터질 것 같은 혼동이 밀려온다. 방향키를 잃어버린 나는 간만에 다시 그를 만나기 위한 약속을 걸기 위해 그에게 전화를 걸었고, 그는 흔쾌히 자신의 시간을 내게 내어준다.

"민수 님, 잘 오셨어요."

"네, 신. 제가 진짜 궁금한 게 있어서 이렇게 찾아왔어요."

"뭐가 그렇게 궁금하셨는데요?"

주섬주섬 휴대폰을 주머니에서 꺼내 그의 앞에 내민다.

"SNS를 시작해보려고 하는데, 제가 벤치마킹하는 분의 SNS거든요. 이런 식으로 하면 되는 건가요?"

그는 조용히 그 SNS를 바라본다.

"네, 좋아 보여요."

그의 대답은 매우 짧고 굵게 끝났다. 그 대답은 분명 포근하지 않았다. 이내 가만히 휴대폰을 바라보는 그의 손짓이 선명하게 다가온다. 잠시 후 그는 고개를 들어 내 쪽을 바라본다.

"그런데 민수 님, 좀 궁금함이 생기네요. 민수 님은 SNS를 왜 하시는 거예요? 혹시 인플루언서가 되고 싶으신 건가요?"

신은 어디선가 알 수 없는 뾰족 솟은 특유의 날카로운 기운을 풍긴다. 하지만 지금의 나는 애써 그것을 외면하면서 말하고자 그의 눈을 피해 가지런히 잡혀있는 인중을 보며 대답한다.

"아, 아니, 인플루언서요? 그렇게 생각해본 적은 없는데 그래도 상품을 팔려면 팔로워가 최소 1,000명은 있어야 한다는 말도 있고…, 어떤 분은 1만 명을 목표로 해야 한다고 말씀하시더라고요."

"그렇군요. 좋습니다. 그럼 SNS를 위해서 하셔야 하는 일들이 점점 많아지겠군요."

"그렇긴 하죠. 혹시 그러면 안 되는 걸까요?"

"안 되는 건 없지요. 다만 이런 질문은 스스로 한번 해보시라고 이 야기 드리고 싶어요. 민수 님은 인플루언서가 되고 싶으신 건가요, 아니면 상품을 팔고 싶으신 건가요?"

갑작스러운 질문에 내가 당황한 사이 신은 본격적으로 자신의 의 견을 말하기 시작했다.

"인플루언서가 나쁘다, 좋다, 이런 이야기가 아닙니다. '인플루언서 가 되어야만 상품을 팔 수 있다'라고 생각하면 우리의 행동에 제약이 많아진다는 거죠."

내가 찾아본 거의 모든 SNS 교육에서는 비슷한 이야기를 했다. 팔 로워가 일정 수 이상은 되어야 의미가 있다, 몇 명을 목표로 계속 팔 로워를 늘려라 등등. 나 역시 그게 정답이라고 생각했던 터라 전혀 다른 의미를 품은 신의 이야기는 일견 당황스럽기까지 했다.

"민수 님, 혹시 이분의 게시물을 보면서 너무 멋져보여서 마냥 좋 으셨나요? 조금이라도 질투심 같은 게 생기지는 않으셨나요?"

나는 마치 마음속을 들킨 것 같아 움찔거렸다. '이렇게 되고 싶다' 는 생각의 이면에는 초라한 나의 현재 모습이 있었다. 화려한 조명 아래 수많은 사람과 만나는 그의 모습은 왠지 모르게 소외감을 불러 일으키기도 했다.

"민수 님, 팔로워가 많다는 것이 무엇을 의미할까요?"

"인기가 많다는 것 아닐까요?"

"민수 님도 보셔서 아시겠지만 SNS에서 빠르게 팔로워를 늘리고 싶다면 빛나는 사람이 되면 됩니다. 화려하고, 재미있고, 잘난 모습을 많이 보여주면 돼요. 제 주변에도 그런 분들이 정말 많았거든요. 한결같이 SNS에 성공을 이야기했던 사람들이고, 멋진 사람들과 보내는 시간만을 SNS에 공유하곤 했어요. 그런데 그들이 잘 몰랐던 게 한 가지 있었습니다."

"그게 뭔데요?"

"빛이 있으면 어둠도 생긴다는 원리요. SNS도 마찬가지거든요. 화려한 모습을 보여줄수록 나를 따르는 사람도 생기지만 그만큼 내가 잘 안되기를 바라는 사람도 많아져요. 비싼 차, 비싼 음식, 비싼 장소를 보여줄수록 그것을 가지지 못한 사람들은 소외감과 위축감을 느끼지요. 그래서 한번 생각해볼 필요가 있는 거예요. 민수 님은 SNS를 왜 하시는 건가요? 과시를 위해서인가요, 아니면 소통을 위해서인가요?"

"…."

과시와 소통

생각 안에 두 개의 추가 곡선을 그리며 이쪽저쪽으로 반복해서 움직인다. 그렇지만 그 추는 어디에도 멈출 마음이 없는 듯 날카로운 질문 앞에서 계속해서 움직이고 있다. 그러다 문득 내가 지금껏 추구해온 SNS의 모습에 소통하려는 노력이 하나도 담겨져 있지 않다는 걸 깨달았고 그제야 그 추는 '소통' 앞에 멈췄다.

"민수 님, 제가 이야기해 드린 것 기억하시나요? 가야 할 곳을 보기 전에 지금의 위치를 보라는 말이에요. SNS도 마찬가지에요. 인플루언서를 벤치마킹하기 전에 지금 민수 님이 SNS를 어떻게 하는지 한번 보셔야 해요."

할 말이 없었다. 근래의 나는 SNS를 마치 숙제하듯이 진행하고 있었다. '누가 봐주겠지' 하는 마음만 하나 가지고, 남의 것은 보는 둥 마는 둥 하면서 계속해서 더 좋은 사진, 예쁜 것들만 마치 존재하지도 않는 누군가와 치열한 경쟁을 하듯이 채널을 관리하고 있었다.

"민수 님, 근래 민수 님 피드에 댓글이 몇 개 정도 달리고 있나요?"

"한두 개 정도는 달리는 것 같아요."

"그럼 그 사람들이 예전 사람들입니까? 최근에 만난 사람들입니까?"

"대부분이 최근에 만난 이들인 것 같습니다."

"그럼 예전에 민수 님을 만난 사람들은 지금 민수 님과 왜 소통이 되지 않는 것일까요?"

"글쎄요. 각자 열심히 사느라 그런 게 아닐까요?"

"네, 그럴 수도 있지만… 어쩌면 그들은 이런 생각을 할 수도 있지요. '내 것은 잘 봐주지도 않고, 자기 것만 신경 쓰네, 이분하고는 소통은 안 되는구나.' 하고 말이죠. 심지어 계속 빛나는 모습만 올리면 이런 생각을 하는 분도 생겨요. '이분이 올리는 거 보고 있으니까 기분이 별로 안 좋아지네. 팔로워 끊을까?'라고 말이에요."

나는 더 이상 말을 이어 갈 수 없었다. 신은 나의 당황함 속에 깊게 자리 잡고 있는 허황한 마음을 정확하게 꿰뚫어 보고 있었다. 짧은 침묵이 이어지는 동안 정말 다양한 생각이 들었다. 그리고 이런 질문이 나왔다.

'신은 어떻게 SNS를 하고 있었지?'

기억을 더듬어본다. 신의 주변에는 정말 대단한 사람들이 많았다. 수백 억 원의 자산가부터, 숨은 경영 고수, 콘텐츠 전문가, 외식 사업가 등, 그는 엄청난 커리어를 가진 사람들을 많이 알고 있었지만 SNS에 그들을 공개하는 일은 거의 없었다. 단지 솔직하게 자신의 일상을 공유할 따름이었다.

그뿐만이 아니었다. 새로운 사람과 만나는 것보다 기존에 알고 지내던 사람과 만나는 걸 더 중요하게 여겼다. 다른 사람들이 자신을 알리는 정보를 올리면 기꺼이 자신의 피드에 공유를 해주기도 했다. 팔로워를 늘리더라도 기존에 알고 지내는 사람들에게 댓글을 다는 걸 소홀히 한 적이 없었다. 자신이 올린 사진이나 글 때문에 위압감을 느끼는 사람이 생길까 봐 그럴 필요 없다는 걸 섬세하게 설명해주곤 했다. 또 스스로 얼마나 부족한 부분이 많은 지 기꺼이 먼저 보여줘서 사람들이 부담감을 덜 느끼도록 배려하는 모습을 보여주기도 했다.

신은 계속 말을 이어갔다.

"누구나 나를 좋아할 수는 없고, 누구나 내 편이 될 수는 없겠죠. 세상의 모든 사람을 전부 신경을 써가면서 콘텐츠를 올릴 수도 없고요. 그래서 균형이 중요한 것 같아요. 기존의 사람들과 소통을 이어가는 것과 새로운 사람들을 만나는 것에 대한 균형, 내가 깨달은 것을 보여주는 것과 나의 부족함을 드러내는 것에 대한 중용, 내가 가진 확신을 이야기하는 것과 나의 실수를 기꺼이 인정하는 중심을 잘 잡으셔야 합니다. 한쪽으로 치우치는 순간 SNS가 좋은 도구가 아닌, 저주가 되어 돌아올 수 있다는 걸 꼭 기억해주셨으면 좋겠어요.

"…."

그의 말이 제대로 이해가 되지 않았다. 물론 그의 말도 일리가 있지만, 여전히 SNS에는 빛나는 사람들이 넘쳐나기 때문이었다. 내가 더 이상 답하지 않자, 그는 나를 충분히 타이르듯 천천히 말을 해주었다.

"민수 님, 급할 필요가 없어요. 이것도 '온라인 체질'로 가는 과정 중 하나라고 생각합니다. 자꾸 과거의 습이 올라오는 게 정상이에요. 단번에 변하지 않습니다. 하지만 기억하자고요. 콘텐츠 마케팅은 결국 사람을 얻기 위함입니다. SNS는 나를 과시하는 공간이 아니라 사람을 얻기 위한 하나의 소통 창구입니다. 그것만 오늘 기억해주셔도 충분합니다."

"소통 창구라…."

잘 이해가 되지 않았지만 뭐라도 하나 얻어가야 한다는 마음으로 애써 '소통'이라는 단어를 되새김질했다. 그런 나의 심정을 알기라도 하는 듯, 그는 현재의 나도 이해할 수 있는 적합한 가이드를 하나 건네준다.

"네, 민수 님, 콘텐츠 마케팅 관점에서 SNS에 적합한 미션을 하나 드리겠습니다."

"그게 뭔가요? 알려주세요. 신."

"진정성 있는 댓글을 달아보세요."

"댓글이요? 게시물 수가 아니네요?"

"네, 게시물이 아니고 댓글이요. 민수 님은 평소에 하루 몇 개의 댓글을 달고 계시나요?"

"글쎄요…."

사실 신의 콘텐츠 말고는 댓글을 거의 달고 있지 않았다. 콘텐츠를 만들어 올리고 나면 한 손으로 '좋아요'나 쓱쓱 누르는 게 내 소통방식이었다. 내심 이건 제대로 된 소통이 아니라는 걸 알고 있었지만, 누군가의 콘텐츠를 시간을 들여 보고 댓글까지 달기엔 내 마음의 여유가 너무 없었다.

"하루에 다섯 개만 해보셔도 됩니다."

"다섯 개요? 고작 다섯 개로 뭐가 변하긴 할까요?"

"꾸준히만 하신다면 고작 다섯 개가 결국에 큰 마법을 부릴 겁니다. 이건 연습이니까요. 대신 댓글을 달 때 기계처럼 복사 붙여넣기로 다는 게 아니라 진짜 그 사람의 콘텐츠를 잘 보고 '진정성 있는 댓글'을 달아주셔야 합니다. 이걸 한번 꾸준히 해보세요."

"진정성 있는 댓글⋯."

"네, 아직 전해야 할 이야기가 참 많지만, 일단은 부디 천천히 반복해보세요. 점점 더 흐름이 머리가 아닌 가슴으로 이해가 되는 순간이 올 겁니다."

한 번도 생각하지 않았던 부위에 생긴 스크래치가 아직 욱신거리고 있었지만, 그가 떠난 뒤, 그의 댓글을 좇아가 본다. 그의 댓글에는 한 사람 한 사람의 콘텐츠를 읽어주고, 깊은 공감을 해주는 말을 잊지 않는다. 그것을 보면서 문득 이런 생각이 스쳐 간다.

'효율적인 콘텐츠 시스템을 이룬 그는 남은 시간에 대부분 무엇을 할까?'

그렇다. 그는 시작하는 누군가의 콘텐츠를 꾸준히 봐주고, 진정성 있게 소통하며 대화를 이끌어가고 있었다. 그 시간이 1년, 3년, 5년 점차 쌓여 갈수록 그의 주변에는 그를 믿고 신뢰하는 사람이 늘어가고 있었다. 나 같은 초보의 눈에는 보이지 않았지만, 분명 SNS의 본질은 바로 이런 것을 향하고 있었다.

나는 컴퓨터 앞에서 열려있는 SNS의 창을 바라보고 있다. 화려한 사진과 웃음기 잃지 않는 나의 얼굴, 늘 새롭고 낯선 것에만 목말라 하는 나의 열망이 그 작은 공간에서 내게 속삭이는 듯 말하는 것처럼 느껴졌다. 그 진실의 속삭임 앞에서 그 어떤 변명도 하고 싶지 않아졌다. SNS라는 영문 글자를 한글자판으로 치면 '눈'이 된다.

그렇다. SNS는 한편으론 누군가의 눈이며, 평가이고, 시선이다. 나는 그 수많은 눈앞에서 내가 가진 허울을 벗고 진짜 소통할 수 있을까? 생각은 복잡하지만, 일단은 그를 믿어보는 수밖에. 나에게는 어디에도 갈 곳은 없는 상황이 불편하지 않은 지금의 이 묘한 기분이 달게 느껴졌다.

콘텐츠 고수의 한마디 6

SNS에서 빛나는 피드보다, 넘치는 팔로워보다 훨씬 중요한 게 있습니다. 무엇일까요? 본문에서도 나왔듯이 소통입니다. 저도 소통을 중요하게 생각합니다. 하지만 댓글에 매번 '소통해요'라고 메시지를 남기지는 않습니다.

소통은 소통이라는 단어를 통해서 이뤄질 수 없다고 생각합니다. 일방적으로 소통하자는 메시지는 아이러니하게도 불통의 대표적인 모습으로 비춰집니다. 만약 SNS를 하면서 '소통'이라는 단어 하나만이라도 제대로 이해한다면 여러 권의 책 한 권의 내용보다 훨씬 더 많은 것을 깨달은 것이라 생각합니다.

소통하는 것처럼 보이도록 만드는 가짜 계정과 자동 댓글 프로그램이 인기리에 팔립니다. 사람들은 소통의 중요성을 알지만 정작 소통과 정반대 방식으로 소통을 하려고 합니다. 하루에 50명씩 팔로우를 하고, 50군데에 같은 댓글을 남기는 것보다 하루에 5명에게 진정성 있는 댓글 5개를 남기는 게 SNS를 통해서 영향력을 키우는 가장 빠르고 바람직한 접근입니다.

상대방이 올린 피드를 보고, 마음에서 우러나오는 대로 쓰는 연습을 하면 점점 이런 댓글을 쓰는 게 쉬워집니다. 상대방도 나를 더 잘 기억해주고, 내가 하는 일을 응원해주고 같이 알려주는 경우도 생깁니다.

가짜로 소통하는데 아무리 시간을 오래 들여도, 진짜 응원받기는 어렵습니다. 빈껍데기뿐인 소통은 시간이 갈수록 공허함만 크게 만들 뿐이지요. 부지런히 시간을 오래 들이면서도 답답함은 줄어들지 않고 스트레스를 받으면서 SNS를 하고 싶진 않으실 겁니다. 그보다 더 적게 시간을 들이면서도 진짜 사람사이에서만 느낄 수 있는 교감을 통해서 충만해질 수 있습니다. 그리고 그 시작은 당신이 먼저 하실 수 있습니다. 그동안 가짜 소통에 시간을 혹시 많이 들이고 있었다면, 오늘은 딱 1명 만에게라도 진정성 있는 댓글을 한번 달아보세요. 마음이 따뜻해지는 것을 느낄 수 있을 테니까요.

CHAPTER 2

게으른 고수의
콘텐츠 마케팅
비법을 파헤친다

게으르지만 세련되게 준다

콘텐츠 제작 시간의 흐름은 생체의 리듬감과 비슷한 것 같다. 어떤 때는 뚜렷한 몸의 작용을 알리는 것처럼 민감하게 나를 알리다가도, 또 어떤 순간에는 어떻게 시간이 지나가는지조차 인지조차 할 수 없을만큼의 침묵을 드러냈다. 피할 수 없는 생체의 리듬감을 지닌 듯, 그렇게 신을 만나기로 마음먹은 지 어느덧 반년 가까운 시간이 흘렀다. 그러나 6개월의 시간은 결코 긴 시간이 아니었다.

유튜브에서 남발되기에 우리에게 정말 익숙한 '그럴지도 모릅니다' 식의 가벼운 추측성 정보, 쉽게 휘발되고 마는 그런 정보에 익숙한 내 귀도 묵직하게 한 마디를 내뱉는 '신' 앞에서는 자신의 본분을 잊은 것처럼 더는 펄럭이지는 않았다. 하지만 콘텐츠라는 것이 물질처럼 내 두 눈에 보이고, 만지며 설명할 수 있는 종류가 아니기에 나는 이 방향이 더 불안하게 느껴지기도 했다. 편안함과 불안함이 난무한 내 마음속에는 풀리지 않는 의문들이 자꾸 솟구쳐 오르려 했다.

'이렇게 하는 것이 진짜 최선일까? 더 효과적인 방법이 있지는 않을까?'

내가 그렇게 생각하는 이유는 분명했다. 온라인에 맞게 체질 개선이 되고 있다는 것은 분명 느껴지기는 했다. 조금씩 콘텐츠 제작이 쉬워지고 있었고, 제작 시간은 점점 짧아지고 있었다. 온라인에서 사람들에게 다가가는 방법이 세련되어지는 것 또한 명확하게 표현하기는 어려웠지만 그 변화를 충분히 느낄 수 있었다.

동시에 차가운 현실 또한 마주해야 했다. 주머니 사정은 점점 더 여유가 없어져 갔다. 이것저것 하며 모아둔 돈은 어느새 바닥에 가까워지고 있었다. 계좌에 찍힌 몇 자리 숫자는 손가락으로 내 얼굴을 가리키며 '이봐, 지금 너는 그럴 만한 여유가 없는 인간 아니냐?' 하며 끊임없이 재촉해댔다.

바쁘지만 여유롭고, 조급하지만 침착한 지금의 이 아이러니함. 무의식적으로는 성급한 무언가가 끊임없이 밖으로 끄집어 나오려고 하는 그 힘을 느끼고 있었다. 그도 그럴 것이 나는 보이지 않는 노력은 끊임없이 진행하고 있지만, 손에 잡히지 않는 결과물로 인해서 자꾸 마음속에 급한 불이 끓어오르는 것을 느끼고 있었다. 이런 생각에 사로잡힌 바로 그때. 한 통의 전화가 울린다.

"여보세요."

"민수 님, 잘 지내셨죠? 이번에 제가 강의를 하나 여는데 시간 괜찮으시면 한번 들으러 오시겠어요?"

묵직한 리듬감을 주는 그의 목소리의 주인공은 바로 '신'이었다. 뜻밖의 그의 제안에 마치 속마음이 들킨 듯 약간의 창피함과 비슷한 감정이 올라오자 당황한 듯 말을 더듬으며 말했다.

"강의? 아, 강의. 네, 저는 정말 좋은데, 지난번과는 다른 강의인가 봐요?"

"아니요, 민수 님. 그 강의가 맞아요."

"아, 정말 좋습니다. 그런데, 혹시 같은 강의를 또 들어보라고 권하시는 이유가 있을까요?"

"하하, 민수 님. 이번에는 한번 제 '감'을 믿고, 그냥 찾아와 보시겠어요?"

"아, 네."

묘하게 그는 잘 보여주지 않던 확신이 담긴 선물은 솔직히 지금의 내게는 확 와 닿지는 않는다. 들었던 강의를 다시 들으라는 이야기가 왠지 내가 현재 올바른 길을 걸어가지 못하고 있다는 것을 말해주는 것 같은 기분이 들었다. 묵직하게 불편한 감정이 달아오른다.

그러한 마음을 지닌 채 그의 강연장에 참석한다. 약속된 시간, 그곳에 가자마자 조금 신묘한 기분을 느낀다. 감각이 열리듯 무언가를 느끼기 시작했기 때문이다.

강연장에 도착하자 단번에 그가 왜 이 강연장에 다시 찾아와보라고 했는지 알 수 있었다. 현장에 들어서니 그곳에서는 예전 나와 꼭 닮아 보이는 비슷한 풍의 상황을 가진 사람들이 보이기 시작했다.

오래된 노트북, 영락없이 어색해 보이는 표정, 딱딱하게 올라 서 있는 어깨, 어디론가 또 다시 급히 떠나야 할 것 같아 경계를 풀지 못 하는 눈매. 마치 유리막을 씌워 자기 몸을 보호하는 것처럼 어디부터 인지 모를 정도로 닫힌 사람들처럼 보였다. 분명 예전이라면 '나' 자신 외에는 전혀 생각지도, 혹은 보려고도 하지 않았던 작은 포인트.

그들이 신에게 하는 질문만 들었을 뿐인데, 그들의 상태가 어떤지 그 상황을 대략 짐작할 수 있었다. 잔뜩 들고 온 것 같은 성급함의 실체가 조금씩 느껴졌다. 하지만 더 놀라운 것은 그의 강연이 시작된 뒤에 비로소 알게 되었다. 그의 강의 중간마다 처음과는 전혀 다른 포인트들이 계속해서 내 머릿속을 채워주고 있었기 때문이다.

'아니, 신이 이런 내용을 강의했었나?'

'왜 그땐 전혀 안 들렸지? 너무 생소한데….'

채워지지 않는 퍼즐 조각이 맞아떨어지는 것은 그토록 잘 맞지 않았던 그것이 머리로는 죽어도 해결되지 않기 때문임을 느낀다. 경험은 결코 헛된 것이 아니었다. 퍼즐을 맞춰 나가는 나의 손길에 자신감이 생긴 것도, 그리고 그것이 어디에서부터 잘 못 맞춰진 것인지를 아는 것도 분명 처음과는 많은 부분이 그때와 다르게 들리는 이유라는 것을 알게 된다.

'생각보다 내가 참 많이 성장한 거였구나….'

'이래서 무엇이든 경험을 직접 해 보는 게 참 중요하다는 거였어….'

새로운 감정을 경험함과 동시에 한편에서는 과연 오늘 신이 이 자리에 나를 부른 이유가 무엇인지를 추측해 본다. 그는 나에게 올라갈 길만이 아닌 올라왔던 길을 보여주려는 것이 아니었을까? 이런저런 질문을 스스로에게 던져보지만, 잘 맞아떨어지지는 않아 보인다.

하지만 그 진짜 이유의 실루엣은 우연히 강의에 참석한 어떤 분의 투명한 질문이 어둠 속에서 그 모습을 조심스럽게 드러내고 있었다.

"강의 정말 잘 들었습니다. 저 질문이 하나 있는데 해도 될까요?"

"네, 좋아요. 콘텐츠 관련된 어떤 질문이든 해주셔도 됩니다."

눈이 작고, 이마 선이 좁은 반 곱슬머리를 가진 중년의 사나이가 검은 뿔테를 손가락으로 만지며 말을 한다.

"저는 사람들의 마음을 건강하게 해주는 강의를 팔고 있습니다. 사실 제가 콘텐츠를 오랫동안 올리고만 있는데요. 제가 콘텐츠 제작하고 판매하는 데 있어서 무료와 유료의 경계가 모호합니다. 어떤 정도까지 유료로 주고 어떤 범위까지를 무료로 줘야 할까요?"

한 사나이의 긴장 어린 목소리에 강연장에 있는 많은 이들이 그의 질문에 깊게 공감하는 듯한 분위기가 느껴졌다. 콘텐츠를 만들다 보면 상품이 기획되어 나와도 어디까지 풀어야 하는지에 대한 낯선 상황을 분명 경험하게 된다. 문득 질문을 받은 게 만약 나였으면 어땠을까. 상상해보다가 아마 나는 한마디조차 할 수 없는 그런 좋은 질문이라는 생각이 들었다.

"네, 좋습니다. 정말 좋은 질문을 해주셔서 감사합니다."

그는 항상 질문 한 사람의 마음을 배려해서 편안한 표정으로 대답을 해주었다.

"결론을 먼저 말씀드리자면 사실 '무엇'을 주서도 상관은 없어요. 개인적으로는 주실 수 있을 때까지 성실하게 계속 주세요. 그리고 '아, 이렇게 주니까 아무런 반응이 없구나.' 이렇게 느끼시는 게 시작이 되었으면 합니다."

그의 예상치 못한 싱거운 대답에 질문한 이에게 약간의 당혹감이 느껴진다. 하지만 신은 계속해서 이 긴장의 끈을 잡아당기듯 이야기를 계속 이어가고 있었다.

"네, 맞아요. 그렇게 또 더 주서요. 그리고 또 느끼셔야 해요. 이렇게 주니까 내가 좀 과하게 주는 것이구나."

그의 의도를 아직도 파악하지 못한 청중은 멍하니 그를 바라보고만 있었다. 알 수 없는 침묵이 강연장을 뒤덮고 있었다. 하지만 그는 그런 분위기에 하나도 휘둘리지 않을 것이라는 듯 천천히 자신의 의견을 붙여 말하고 있었다.

"그러면 이런 경험들이 여러분에게 어떤 균형점을 알려줄 거예요.

그럼 여러분은 적당히 '게으르게' 주는 법을 배우게 되는 겁니다."

"게으르게요?"

질문자가 대화하듯 그에게 묻는다.

"네, 콘텐츠에도 건강한 '균형의 끈'이 필요하죠. 무엇이 무료이고 유료인지의 경계선이 중요한 것은 아니라 이 미묘한 균형 감각을 통해서 나만의 선을 아는 것이 더 중요하다는 것을 알게 될 겁니다. 그래서 내가 성실하게 줘보는 것을 경험하면서 조금씩 얻어낸 나만의 적당한 기준이 정말 중요하죠. 핵심은 거기에 담겨있는 것입니다. 그리고 무엇보다 그것이 주는 선물은 자신을 더 '게으르게' 만들어주는 비결이 되어준다는 것입니다."

다시 청중 속 누군가가 용기를 내어 신에게 묻는다.

"하지만 무료와 유료라는 게 퀄리티 자체에서 너무 다른 문제가 아닌가요?"

신은 그에게 약간은 반문하듯이 말한다.

"네, 좋습니다. 퀄리티 차이를 생각하시는군요. 그런데 무료와 유료의 수준에 정말 차이라는 게 있습니까? 이미 온라인 시장에 가서 한번 잘 보세요. 무료와 유료의 경계는 사실상 의미가 없어지지 않았나요? 서로 더 좋은 콘텐츠를 무료로 풀지 못해 안달난 것처럼 콘텐츠가 마구 쏟아져 나오고 있는 것이 현실이 아닌가요? 그리고 이 추세가 정말 잠깐의 유행처럼 지나갈까요? 저는 그 반대라고 생각합니다. 앞으로는 정보 자체에 관한 희소성은 점점 더 사라져 갈 겁니다.

그렇다면 어떻게 될까요? 콘텐츠의 가격은 상품의 퀄리티로 결정하는 것이 아니라 이제는 콘텐츠 공급자 스스로가 결정하는 시대가 오게 되지 않을까요? 한번 보세요. 무료와 유료라고 하지만 실제로는 방대한 무료를 깔끔하게 정리해서 판매하는 것이 유료가 되는 시대가 온 것이죠. 정보의 존재보다는 정보의 우선순위를 큐레이션 해주는 것이 유료 판매의 명분이 되어가는 것입니다."

무료와 유료의 경계가 사라져간다. 청중은 침묵을 유지하지만 그 속에서는 그들의 작은 깨달음이 깨어져 나옴을 느낄 수 있다. 신은 청중 앞에서 자신의 이야기를 계속해서 풀어나간다.

"무료로 주더라도 상관없습니다. 다만 핵심은 유료인지 무료인지가 아닙니다. 무엇을 주느냐가 아니라 그것을 어떻게 줄 것이냐가 핵심인 것이죠. 저는 그래서 그들에게 조금 더 비틀어서 주라고 말하는 것입니다. 어떤 무료는 너무 막 풀어줘서 가치 있는 정보라고 해도 그런 가치를 느끼지 못하게 되고, 또 어떤 정보는 무료로 전혀 풀 시도조차 하지 않아서 사람들이 인식조차 하지도 못하게 되기도 하죠. 둘 다 가치가 떨어지는 겁니다. 결국은 그 경계가 문제가 아니라 우리가 주는 방법이 문제라는 것입니다."

"그럼 어떻게 줘야 가치 있게 주는 건데요?"

그는 집요할 정도로 질문을 이어갔다. 하지만 그의 끈기 어린 집착이 내게는 참 무척이나 감사하게 느껴졌다. 질문을 던지는 맹목적인 용기에 감탄이 올라온다.

'이 정보가 가치가 있다'라고 내가 백 번 이야기 해봤자 큰 의미가 없어요. 사람들은 어차피 이 정보를 귀하게 보지도 않을 겁니다. 대신 이 정보를 아무에게나 줘서는 안 됩니다. 적당한 수준의 참여를 그들에게 유도하고, 그것을 따라온 사람에게만 정보를 얻을 수 있게 해야 합니다. 스스로 정보에 대한 가치가 높다는 인식을 주는 것이 중요하죠."

"결국 경계가 핵심이 아니라 더 세련되게 주는 방법이 핵심이라는 거군요."

"그렇죠. 무료로 주든지 유로로 주든지 고민하지 않으셔도 됩니다. 어떤 것을 하셔도 좋아요. 그 대신 그들에게는 조금 더 느긋하게 다가가 보세요. 주는 자보다 받는 자가 더 안달 나게끔 만드는 상황이 핵심인 거죠."

"아, 혹시 그럼 무형의 판매 말고, 제품을 판매하는 것은 또 어떻게 보시나요? 유료, 무료 경계가 없어지는 것이 흐름이라면 이것이 미치는 영향 또한 있지 않을까요?"

또 다른 청중의 누군가로부터 질문이 이어 나왔다. 그래, 이게 바로 내가 궁금했던 부분이기도 했다. 그렇다면, 제품을 판매하는 이들에게 유, 무료의 경계가 사라지는 것이 무엇을 의미하는 것일까?

"네, 질문 정말 좋습니다. 분명 제품 판매하시는 부분에 대한 변화가 오겠죠. 제품 하나 팔더라도, 그냥 유료의 제품을 결제하는 것과 무료를 충분히 준 뒤에 그들이 스스로 선택해서 유료 제품을 구매하는 것은 하늘과 땅만큼, 차이가 큰 것이에요. 생각해보세요. 큰 기업들이 마케팅 목적에서 가장 중요하게 이야기하는 것이 무엇인가요?"

"매출"

"혁신? 아닌가요?"

"성과?"

"전략이라 생각합니다."

곳곳에서 소리가 나온다. 그건 지금의 분위기가 얼마나 편안한지를 알려주는 지표 같았다. 신은 한 분, 한 분의 고마운 음성에 응대하였다.

"물론 성과도 맞고 모두 맞는 말입니다. 그런데 제 시선에서는요. '고객의 꾸준한 선택을 받는 것'이라 생각합니다. 이걸 콘텐츠 마케팅에서는 팬덤이라고 하죠. 한번 구매한 사람이 다시 또 구매를 결정하는 것, 이것은 지금 기업에게 정말 중요한 것이 되었죠."

그는 계속 그의 생각을 이어 말했다.

"그래서 기업이 고객에게 다가가는 소통의 노력이 더 중요해진 겁니다. 고객의 피드백은 점점 더 빨라지고 정보량의 피로도가 급증하기 때문에 무엇을 주는 것이 아니라 누가 주는지, 그리고 어떻게 주는

지가 중요해진 겁니다. 결국 더 세련되게 주는 것이 핵심이 된 것 입니다."

그와의 대화 이후에도 끊임없는 질문이 이어졌다. 강의 시간 보다 더 길게 느껴지는 질문의 시간이 서서히 끝을 맺자 모두 각자는 자신의 잊어버린 임무를 기억한 사람처럼 처음보다 훨씬 더 편안해진 얼굴을 하고 있었다. 강의가 끝나고 편안해진 그 얼굴 '하나' '둘'이 점점 사라져간다. 이내 강연장 안에는 나와 신만이 남는다.

"신, 오늘 정말 고생 많으셨습니다."

"네, 민수 님도 고생하셨어요. 강의를 두 번 들었는데, 어떠신가요?"

"처음 들은 것처럼 안 들리던 내용이 많이 들리던데요."

"다행이네요. 그건 그만큼 민수 님이 몇 개월간 고생을 제대로 하셨다는 증거이기도 하죠."

"아, 그런 거군요. 그런데 신, 저는 그 세련되게 주는 것을 구축하는 구체적인 '법칙'에 대해서 사실 정말 많이 궁금해요. 신의 책을 보면서도 늘 궁금했던 내용이었어요. 조금 더 빨리 배우고 싶은 생각이 들었거든요."

어설픈 진심이 성급하게 나온다. 본성 어린 곳에 초원을 뛰어다니던 토끼의 습성은 자신의 존재를 그에게 알리고 싶어 안달이 나 있었다. 순간 내 이야기를 듣고, 미묘한 신의 표정 변화를 느낄 수 있었다.

"민수 님, 혹시 '방귀대장 뿡뿡이'를 아시나요?"

"네, 잘 압니다만, 갑자기 방귀대장 뿡뿡이는 왜 물어보시죠?"

"그게 아이들이 좋아하는 캐릭터라는 것 아시죠?"

"네, 한때 유명했죠. 그 캐릭터."

"창피한 이야기이지만, 제가 예전에 어린이 보험 상품을 팔기 위해서 방귀대장 뿡뿡이 옷을 입고 거리를 다닌 적이 있었습니다. 수백 명의 아이들을 만나서 뿡뿡이 탈을 쓰고, 엄마와 함께 있는 아이들에게 접근했지요. 아이들은 너무나도 좋아했고, 아이들과 어머님들의 반응을 보면서 나름 기가 막힌 기획이라고 생각했습니다. 제가 아이들에게 다가가서 어떻게 이야기했을까요?"

"글쎄요?"

그는 전단을 건네주는 흉내를 내며 말했다.

"이거 엄마 가져다줘라. 애들아, 알았지?"

"신도 그런 적이 있었군요."

"네, 그 당시는 정말 절박했으니까요. 영업 방식에서 배운 법칙대로 그대로 적용했지요. 무턱대고 사무실에 들어가서 '사장님, 제 상품을 지금 구매하시죠.' 이렇게 상품을 손으로 가리키며 저보다 스무 살은 더 많아 보이는 사장님들에게 배운 대로 이야기를 꺼내기도 했죠."

"아, 그래서 좀 파셨나요?"

"아니요. 문전박대만 당했죠. 지금 생각해보면 '운'이 좋은 거죠. 멀쩡하게 쫓겨나기만 했으니 말입니다. 그중에 '뿡뿡이'는 그래도 야심

차게 준비한 프로젝트 중 하나였어요. 저는 아이들이 저에게 시작부터 '호감'이 있다고 생각한 거예요. 그런데 민수 님 그 결과가 어떻게 되었는지 아시나요?"

"글쎄요, 그래도 애들이 좋아하는 캐릭터니까, 그래도 성과가 좀 있지 않았을까요?"

"하하. 그때 만난 수천 명의 아이들 중에서 단 한 건도, 정말 단 한 건도. 상담 전화가 오지 않더군요. 대신 길거리에는 아이들이 길거리에 버리고 간 제 전단 쓰레기만이 산더미처럼 쌓여 있었습니다."

신은 잠시 과거의 자신을 돌아보는 듯 보였다. 그의 눈은 조금은 쓸쓸한 아니 약간의 비참함에 빠져버린 듯 보였다. 그는 두 눈의 간격만큼 잠깐 고개를 옆으로 흔들거린다. 그러자 이내 다시 맑아진 지금의 눈으로 되돌아왔다.

"과정이란 말이죠. 결코 아름다운 모습으로 오는 것이 아니에요. 특히 '때'를 모르는 과정은 … 무료로 주는 것에 대한 의미를 있는 그대로 글자로만 이해하면 누군가는 또 방귀대장 뿡뿡이의 행동을 온라인에서 반복하겠죠."

그의 솔직하고 담백한 말 앞에서 나는 더는 반박의 말을 붙이지는 못 했다.

"그러니 열심히만 그냥 주는 게 아니라 어쩌면 세련되게 더 잘 주는 경험을 터득해야 합니다. 정확히 말하면, 균형을 맞춰주는 거에요. 그럼 받는 사람 입장에서 정말 필요해서 받아간다, 감사하게 받아 간다는 느낌을 줄 수 있게끔 우선 내 것을 더 가치 있게 만들라는 것이죠."

"그래서 계속 힘을 빼라고 말씀하시는 거군요."

"네, 힘을 빼야 속도가 느려지고, 내 콘텐츠로 덕을 보는 사람들이 점점 더 자연스럽게 나를 더 찾아오게 됩니다. 놀랍게도 그때는 고객들이 먼저 유료로 더 팔아달라는 이야기가 나오기도 합니다."

"신의 이야기를 듣다 보니, 게으르면 더 효율적이라는 것이 점점 더 맞아떨어지는 기분이 드네요."

"네, 민수 님, 그렇게 느껴지시나요? 좋아요. 그러니 우리 더 천천히 하지만 단단하게 가보자고요."

그의 또렷한 눈망울을 보며 나에게는 정말 좋은 멘토가 있어서 다행이라는 평온한 생각과 동시에 그 멘토 없이 콘텐츠를 제작했다면, 또 얼마나 많은 시행착오를 겪었을지…. 일어나지도 않은 일을 생각하는 것만으로도 온 몸에 소름이 돋을 정도다.

하늘에는 지금의 내 모습처럼 목표만이 뚜렷한 새 한 마리가 날고 있었다. 그리고 새가 지나간 그곳의 흔적을 따뜻한 구름이 덮어주는 것처럼 보였다. 구름은 새의 날개짓에 따라 흩뿌려졌고, 또 이내 사라진다. 그 작은 광경이 오늘은 내 눈에 더 깊게 들어온다. 나는 몰랐다. 날아가야 할 그곳에 다가오는 거대한 폭풍의 존재에 대해서 말이다. 그저 나는 지금 피어나온 날개에 만족하는 새끼 새처럼 아무런 준비도 되지 않은 채로 둥지에서 튀어나오고 있었다.

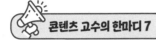

도쿄올림픽에서 대한민국 선수들의 활약을 보며 응원하셨던 기억이 있을 텐데요. 저도 그런 사람 중 한 명이었고, 특히 양궁 경기를 보면서 역시나 감탄의 시간을 보냈습니다. 양궁 선수들의 목표는 정 가운데 10점 맞추는 게 목표입니다. 그곳을 맞추기 위해서 사시사철 연습하지요. 그러면 화살을 겨눌 때, 항상 10점짜리 과녁만 겨누면 좋은 성적을 얻을까요? 그렇지 않습니다. 왜 그럴까요?

비나 바람의 영향 같은 게 존재하기 때문입니다. 그렇기 때문에 그런 환경에 반응해서 10점 과녁이 아닌 8점을 겨누기도 해야 하고, 어떤 경우는 4점을 겨눠야 할 수도 있습니다. 일부러 오조준해야 원하는 목표를 맞추는 상황도 있습니다.

돈을 벌기 위해서 공부하는 분들 중 항상 10점 과녁을 겨누는 법만 배우러 다니고, 실제로는 화살을 쏘지는 않는 일이 많습니다. 아무리 10점 과녁이 어디인지 알고, 그것을 겨누는 방법을 배운다고 해도 실전에서 10점 과녁을 맞히는 것은 또 다른 이야기입니다.

실제로 경험해보면, 반드시 조정이라는 것을 통해서 균형을 맞춰야 하는 상황에 놓입니다. 각자가 놓여있는 환경이 다 다르며, 제품도 다르고, 만나는 고객도 다르기 때문입니다. 만약 10점 과녁을 조준하는 것을 열심히 공부하고, 그것에 집착하게 되면 어떨까요? 현실에서 균형 잡는 것을 타협이라 생각하고, 등한시하게 됩니다. 공부한 것을 증명하기 위해서 사업하는 게 아니라 사업하는데 필요한 공부를 하는 것인데, 주객이 전도되는 상황이 되는 것이지요.

돈을 많이 벌어야 한다는 목표는 같아도 겨눠야 할 방향은 사람마다 다를 수 있습니다. 그리고 그 방향은 계속 조정하고 균형을 맞출 때만 알 수 있습니다. 지금 균형 맞추는 노력을 하고 계신가요?

콘텐츠 마케팅 고수 비법 2
전문성이 아니라
솔직함으로 승부한다

토끼는 언제나 빨랐고 거북이는 언제나 느렸다. 빠른 토끼는 자신 감이 넘쳤지만 거북이는 크게 말하는 법이 없었다. 모든 사람들은 빠르고 자신감이 넘치는 토끼를 좋아했다. 그러나 거북이는 별다른 표현을 하지 않았다. 토끼는 그런 거북이가 항상 마음에 차지 않았다.

속도도 느린 주제에…, 자신에게 기죽지 않는 그 모습이 마음에 들지 않았다. 가장 빠른 내 앞에서 당당하게 걸어가는 그의 모습이 무척이나 성가시게 느껴졌다. 토끼는 어느 날 거북이를 향해 외쳤다.

"이봐 거북이, 나랑 달리기 시합을 한번 해볼까?"

거북이는 그의 말에 별다른 응대를 하지 않는다. 토끼는 아랑곳하지 않고 자신의 말만을 이어간다.

"네가 만약 이번 시합에 이기면 내가 이 마을을 떠나지… 어때?"

거북이는 토끼의 무례한 질문에 역시 대답하지 않았다. 그러나 토끼는 거북이의 대답을 원한 것이 아니었다. 그저 그 자신의 속도를 사람들에게 뽐내고 싶을 뿐이기 때문이다.

"좋아, 그럼 하는 걸로 알겠어."

일방적으로 시작된 토끼와 거북이의 경주. 그 소식은 마을에 금세 퍼지기 시작했다. 마을 사람들은 소문을 듣고 속으로 거북이를 향해 비웃고 있었다.

"거북이가 이걸 받아들였다고? 하하, 둘이 경주를 한단 말이지? 이게 가당키나 한 이야기야?"

사람들은 거북이의 패배를 마치 당연하게 여기는 듯 이야기했다.

"거기 구경 가서 거북이나 실컷 놀려주자고."

출발선에 사람들이 모여들자 기회를 놓치지 않고 구경하는 사람들 앞에 토끼는 큰 소리로 외친다.

"저 언덕마을까지 먼저 도착하는 사람이 이기는 겁니다. 지는 사람은 진짜 이 마을을 떠나겠습니다."

토끼는 계속 침묵하는 거북이를 쳐다보지도 않고 재빠르게 먼저 출발을 감행한다. 거북이는 그저 천천히 자기의 속도로 기어가기 시작했다. 거북이가 엉금엉금 기어가기 시작하자 사람들은 황당한 광경을 보며 소리 내어 웃기 시작한다.

"쟤는 왜 이렇게 당당한 거지? 하하하."

거북이는 시끄러운 그곳에서 그저 계속해서 천천히 걸어갈 뿐이었다.

그의 강의를 듣고 오랜 시간이 지나지 않았다.

나는 잊고 살아온 한 가지 사실을 어렵지 않게 기억할 수 있었다. 그것은 바로 나라는 사람이 '거북이'가 아닌 '토끼'에 더 가까웠다는 사실이다. 경주에 달리고 있는 토끼의 붉은 눈매는 내 눈과 똑 닮아 있었다. 거북이 같은 종족들은 결코 나를 이길 수 없다는 그 당연한 자신감, 오만함이 담겨 있는 그 눈빛이 말이다.

'글쎄…'

지속해서 만들라고 한 콘텐츠들을 점검하는 손이 빠르게 움직인다. 나는 여태껏 만들어 놓은 콘텐츠를 보면서 문득 답답한 기분이 든다. 변화가 보이지 않고 들쭉날쭉하게 펼쳐진 콘텐츠들이 어쩐지 궤를 그리고 있지 못하는 느낌이 들었다. 감정 담긴 찌꺼기들만 쌓여가는 것만 같고, 중요하지 않은 기록들만 쌓여 있는 기분. 그런 기분이 차오르자 어느덧 가려진 성급한 마음들이 휘몰아치려고 준비를 한다.

'이런 쓰레기 같은 콘텐츠가 정말 그의 말처럼 '의미'가 있는 것일까? 내가 뭔가 잘하지 못하고 있는 거 아냐? 이렇게 허접한 것들이 정말로 돈이 될 수 있을까?'

마른 장작 옆 마음 안에 심어 놓은 불씨 하나가 활활 타오른다. 생각의 불씨는 점점 커져 이제는 나의 통제를 벗어나게 만들고 있다.

토끼는 점점 더 그 불씨를 집어삼키기를 희망한다.

'예전에 내가 배웠던 조금 더 자극적인 콘텐츠가 필요한 것이 아닐까?'

'그래도 이제는 얼핏 반복적인 것도 꽤 된 거 아닌가? 좀 더 '세게' 정보를 주면, 바로 먹히지 않을까?'

한 번 마음이 급해지자, 콘텐츠도 그 마음을 따라가려 한다. 그렇게 제작된 콘텐츠 안에는 자극적인 정보 외에는 다른 어떤 것도 들어 있지 않았다. 매력도는 높을지언정, 지금까지 내가 작성한 콘텐츠의 스타일과는 몹시 다르다. 표면상으로는 정보의 형태이지만 결국 판매 페이지와 같은 콘텐츠를 발행한다.

성급하게 업로드를 마치고, 몇 시간이 지나갔다. 나는 수시로 스마트폰을 뒤적이며 방금 올린 콘텐츠의 반응을 점검한다. 이상하다. 평소보다 못한 조회 수였다. 오히려 평소 달리는 댓글조차 이번에는 반응조차 보이지 않는다.

'뭐지, 그래도 이렇게 매력적이고 꽤 자극적으로 만들었는데, 왜 아무 반응이 없는 거야.'

이유를 알 수 없는 이 허무함 속에 허덕일 때, 등 뒤에 갑자기 익숙한 목소리가 들린다.

"민수 님, 오늘 콘텐츠 잘 보았어요."

신이었다. 문득 신이 내 콘텐츠를 봤다는 말을 듣는데, 오늘따라 더 민망하고 창피한 기분마저 들었다. 하지만 내가 왜 지금 그런 기분이 드는지에 대해서는 잘 알지 못한 채 말이다.

"아니, … 그게 아니고요."

핑계를 대려는 듯한 내 제스처 앞에 그는 서둘러 말을 이었다.

"아, 괜찮아요. 저는 지금이 자연스러운 과정이라 생각해요."

그 말은 그저 현재의 나를 안심시키려고 하는 말이라는 것을 바로 알 수 있었다. 나는 돌아서지 않고 바로 그에게 질문을 던졌다.

"신, 솔직하게 이런 기록의 흔적들이 정말 도움이 되는 걸까요? 이게 어떻게 판매가 빨리 일어나게 하는지 이해가 잘 안 됩니다!"

급한 성미가 계속해서 그 모습을 드러내고 있었다.

"음, 빨리 팔고 싶다라…."

조급한 내 마음을 충분히 이해한다는 표정을 읽을 수 있었다.

"민수 님, 이런 질문 한번 드려볼게요. 민수 님이 지금껏 만든 콘텐츠만으로 전자책을 만들어서 지나가는 사람들에게 지금 바로 사 달라고 이야기할 수 있을까요?"

본질로 '훅' 들어오는 물음 앞에 나는 당황하며 말한다.

"그렇게 말하면 솔직히 못 할 것 같네요. 사실 이게 정말 팔릴까 싶은 마음도 들고, 정말 보잘것없이 평범한 것이라 자신이 없네요. 만들어 놓은 콘텐츠만 봐도 다 쓰레기만 생산한 것 같고."

"좋아요. 지금 콘텐츠 제작하면서 확신이 서지 않을 때인 것 분명

하군요."

"신도 그러셨나요?"

그는 당연하다는 듯 조용히 고개를 끄덕이며 더 편안해진 얼굴을 한 채 말을 이었다.

"작품과 초안을 잘 구분하셔야 합니다."

"작품과 초안이요?"

"사람들은 처음 콘텐츠를 만들 때 하나의 작품을 만들려고 하죠. 하지만 처음부터 완성된 작품을 만들려고 고집하는 사람들은 자세히 관찰해보면 어렸을 때부터 부모님의 이야기를 너무 많이 들은 사람인 경우가 많지요."

"부모님의 이야기요?"

"네, 부모님의 이야기에는 '실패하기'가 없잖아요. 그런 이야기만 계속 듣다 보면 실패하는 것을 두려워하게 됩니다. 그 때문에 우리는 초안을 업로드하는 것을 두려워하죠. 학력이 높거나 계속해서 사업에서 상승 선을 그려 본 분들일수록 이런 콘텐츠를 올리면 큰일 날 것 같다는 생각을 많이 하십니다."

"맞는 말인 것 같아요. 저도 제가 만든 콘텐츠가 유독 더 초라해 보이더라고요. 반응도 없고 하니."

"네, 맞아요. 우린 항상 원하는 것을 찾을 때 부모님, 선생님, 친구들과 같은 타인의 기대에 부응하는 선택을 합니다. 실제로는 나를 위한 선택을 못 하죠. 하지만 큰 무엇을 성취하는 과정에서는 우리는 누군가에게 반드시 실망을 줄 수밖에 없게 됨을 알아야 합니다. 누군가에게 실망감을 준다는 것은 오로지 나만을 위한 행동을 하고 있다는 방증이기 때문입니다."

"그런 쪽으로는 생각해 보진 않았네요."

"네, 타인의 기대에 맞추려는 사람들의 흔한 반응이 내가 지금 만들고 있는 콘텐츠가 자꾸 보잘것없고 작게만 보이는 것이죠."

"으… 인정하고 싶지 않지만 딱 제 이야기군요. 그럼 신, 저는 어떻게 해야 할까요?"

"실패를 낳아야죠."

"실패요?"

"네, 우리의 초안을 막 던져봐야 합니다. 초안을 던지고 습작이 많이 나오면 나올수록 명작의 탄생이 가까워진다는 것을 기억하면서 말이죠."

"습작을 던져라."

"훈련이 필요하죠. 아직 못 해본 경험을 글로 남기는 거예요. '남들이 뭐라 하는 거 아냐? 남들이 이건 안 봐주겠지?' 이런 마음이 든다면 지금 충분히 잘하고 계신 거예요. 만족스럽지 못한 콘텐츠를 계속 생산해보세요. 타인에게 약간은 실망을 줘도 좋다는 그런 자신감을 담은 채 말입니다."

"신도 그렇게 습작을 쌓아가며 명작을 만들어가신 거군요."

그는 고개를 가만히 끄덕인다.

"그럼 습작을 만들 때 가장 중요한 건 무엇일까요?"

"내 경험에 대해 솔직함이 우선입니다."

"솔직함이요?"

"네, 민수 님. 어때요? 타인의 실망이 두렵지 않다면, 민수 님도 사람들에게 조금 더 솔직하게 전해 줄 경험들이 있지 않을까요?"

"음… 경험이라."

그의 질문을 듣고, 가만히 지나온 과거의 기억을 떠올려 본다. 그런 관점이라면 실패가 유독 많았던 내 삶은 '소재거리'가 꽤 많았다는 생각이 들었다. 그중에서도 내 인생에서 가장 아픈 기억이 또 하나 스쳐 지나갔다. 지금 그것을 그에게 말해보고 싶어졌다.

"이게, 맞는지는 모르겠지만 저는 사실 제가 과거에 학업 스트레스로 인해서 머리가 엄청 많이 빠졌던 적이 있어요. 이것저것 스트레스를 받아서 그런지 20대의 젊은 나이에 탈모가 온 적이 있었습니다. 물론 제 아버지도 '탈모'가 있으셨고요. 지금이야 좀 편하게 말을 꺼내지만… 진짜 그때는 상상도 못 할 만큼 많이 괴로운 시절을 보냈어요. 생각해보면 그 시절 지나고 나서 저도 '뷰티'라는 분야에 대한 관심을 가진 것 같아요. 화장품이나 샴푸 같은 제품을 관심 있게 본 것도 사실은 그런 아픈 기억이 있었습니다."

"민수 님, 지금까지 이런 것들을 콘텐츠로 제작하진 않으셨지요?"

"네? 정보가 되는 것만 올렸죠. 뭐 이런 거는 그냥 온라인에 '쓰레기'를 양성하는 거라 생각해서…."

급작스러운 내 반응 앞에서 신은 차분하게 말을 이었다.

"네, 좋아요. 탈모로 고생하셨다 했지요? 그리고 그걸 잘 극복하셨고요. 제 생각에는 이것이야말로 지금껏 민수 님의 콘텐츠 중에서 가장 '진정성' 있는 스토리라는 생각이 드네요."

"그렇지만, 이런 게 뭐 고객들에게 어떻게 어필이 되기는 할까요? 저는 전문가도 아닐뿐더러 탈모를 극복하신 분들도 많지 않나요?"

신의 반응에 약간 놀란 듯 말을 꺼냈고, 그는 내 말을 받고 역으로 질문을 던진다.

"전문가가 아니다?"

신은 그 말이 걸렸는지 약간은 씁쓸한 표정을 지으며 말을 한다.

"민수 님이 생각하는 '전문가'는 그럼 무엇인데요?"

"글쎄요. 뭐 학위가 있거나. 오랫동안 그 분야에서 일하는 사람? 뭐 이런 게 전문가 아닐까요?"

"그럼 민수 님, 그런 전문가분들만 콘텐츠를 제작해야 한다고 생각하는 것은 아니지요?"

"네, 물론 그건 아니지만…."

"전문성을 지닌다는 것은 훌륭한 조건이죠. 그런데 전부는 아닙니다. 더 중요한 것은 그 정보를 어떻게 전달하느냐는 것이에요."

"정보를 전달하는 방법이요?"

"네, 지식을 주는 것은 다양한 방법들이 있잖아요. 배운 것을 줄 수도 있고, 연구한 것을 나눌 수도 있어요. 하지만 민수 님, 그거 아시나요? 많은 고객들이 가장 선호하는 정보 전달 방식이 무엇인지?"

"가장 선호하는 방식이요? 그게 뭔데요?"

"그건 바로 내가 실패하고 경험한 이야기를 정보에 담아주는 것입니다."

"아, 타인의 실패 이야기… 생각해보니 그러네요. 이건 인간의 타고난 본성일까요?"

"본성이라기보다는 타인의 실패가 귀감이 되기 때문이겠죠. 우린각자의 자리에서 모두 다른 경험을 했습니다. 때로는 부모님의 죽음, 가족의 붕괴, 이혼, 배신, 소외 등 어렵고 다양한 경험을 하며 살아왔어요. 그리고 이런 힘든 경험들은 오히려 콘텐츠에서 더 빛을 주는경우가 많습니다."

"빛을 준다고요?"

"네, 온 집안에 물이 가득 찬 곰팡이가 피어난 집에서 3년을 살면서경험한 이야기를 소설로 쓴 작가. 5년을 만난 여자 친구를 궁핍해진가정환경 때문에 헤어질 수밖에 없었던 이야기를 만화로 그린 제작자. 우리 주변에는 이런 성공 사례를 많이 보게 됩니다. 사실 사람들은 이 사람이 살아온 과거의 경험 그중에서도 실패를 담은 이야기에 유독 더 귀 기울이기 때문입니다."

"그건 확실히 전문성의 영역이 아니군요."

"네, '전문가'라서가 아니에요. 그 사람의 스토리와 그 사람의 모든 이야기가 콘텐츠에 묻어날 수밖에 없기 때문이죠. 이런 것이 정말 쓰레기 정보일까요? 제 생각은 그렇지 않아요. 이건 내 브랜드에 엄청난 '토대'가 되는 것들이죠."

그의 이야기를 들으며 삶을 돌아본다. '정말 나의 탈모 경험이 고객들에게 도움이 되는 것일까? 정말 그런 것일까?' 이런 생각의 끝에 확실한 것이 하나 있었다. 누구보다 고통스러운 경험을 가지고 있다는 것. 그땐 분명 설명하기조차 싫고 어려운 일이지만, 지금의 나라면 조금 더 객관적으로 그리고 자연스럽게 이야기를 이어갈 수 있을 것 같다는 생각이 들었다.

"신이랑 대화를 해보면서 생각해보니, 저도 그때 당시에 정말 다양한 정보를 찾으면서 '이런 것을 알려주는 곳이 있으면 어떨까?' 하는 생각을 문득 해봤던 것 같아요."

"그러면 지금도 알고 계시는 관리 습관 같은 게 있으신가요?"

"네, 아주 사소하지만 지금도 꾸준히 실천하는 것들도 있지요."

"너무 좋은데요. 그럼 이것들도 전부 콘텐츠로 기록하실 수 있겠군요."

"그런데 한 가지 궁금한 것이 있어요. 과연 이런 행동들이 제대로 된 차별화를 만들어낼 수 있을까요? 어쩌면 시간 낭비를 하는 것은 아닐지. 약간 불안감이 드는 것이 사실이긴 합니다."

"바로 이해가 잘 안되시죠. 예를 하나 들어볼까요? 두 개의 녹즙에 대한 스마트스토어 제품이 있다고 해보자고요. 가격도 비슷하고, 제품에 대한 차별점이 없다고 생각해보죠. 그런데 한쪽에서는 지속해서 콘텐츠 마케팅을 한다고 가정해보면 어떨까요? 좋은 건강 상식에 대한 정보, 비타민과 채식 습관에 대한 정보를 정기적으로 고객들에게 먼저 주고 있다고 생각해 볼까요?"

"녹즙이라. 안 그래도 요즘 녹즙을 먹고 있는데. 하하!"

"오. 더 좋은데요? 그럼 만약 두 곳에서 같은 가격에 녹즙을 판매한다고 판매를 개시하면 어떨까요?"

"제가 만약 고객이라면 저는 정보를 많이 얻었던 익숙한 곳을 찾아가 제품을 구매할 것 같은데요. 신도 그렇지 않나요?"

"네, 저도 당연히 정보를 받았던 곳이라면 더 선호하게 될 것이라고 생각해요. 그런데…."

"그런데요?"

"만약 그런데 그 녹즙을 판매하는 사람의 가족이 암에 걸렸다가 녹즙을 마시면서 암을 이겨 낸 경험까지 있었다면요? 이번에 그건 어떻게 다가오실까요?"

"오, 그렇다면 저는 그런 스토리가 있는 업체를 훨씬 더 믿을 것 같은데요. 더 신뢰성이 있다는 생각이 드네요."

"그렇죠? 우리 주변에는 어떻게 하면 더 자극적인 광고를 할 수 있는지에 대해서 이야기하는 사람들이 정말 많습니다. 더 자극적인 것을 배우고 다시 그것을 강요한다는 것. 저는 이런 태도에 물들기 시작하면 결국 그 끝은 가격경쟁밖에는 답이 없는 상황이 된다고 생각합니다."

"가격 경쟁, 진짜 치열한 싸움이죠."

"맞아요. 그래서 저는 먼저 '순서'를 바꾸는 게 중요하다고 생각해요. 고객에게 좋은 정보를 먼저 주고 그 속에 나만의 스토리를 담아보는 것입니다. 그렇게 판매로 다가가지 마시고, 진실한 정보로 먼저 다가가세요. 저는 이것이야말로 마케팅의 본질에 가까운 순서라 생각합니다."

"신의 말을 줄곧 들어보니, 그럼 예를 들어 제가 탈모를 겪었던 과정의 스토리를 올려보고 그 안에 정보를 담아주는 것 자체가 굉장히 좋은 방식이 되겠군요. '나만 한 경험' 그것만으로도 강력한 콘텐츠의 차별화가 되는 거군요."

"네, 탈모로 고생하시면서 받은 스트레스, 그것을 극복하기 위해서 지금도 실천하고 있는 습관을 올려보세요. 그리고 가능하시다면, 탈모에 대해서 조금 더 공부를 해보면서 좋은 정보를 나눠보는 것도 좋을 것 같아요.

첫 단계의 콘텐츠는 콘텐츠 자체에 대한 정보의 가치가 담겨 있어야 합니다. 그제야 사람들은 그 안에서 소통하기 시작합니다. 가장 좋은 방법은 내가 경험한 이야기를 풀어보는 것이죠. 차별화는 덤이고, 반복되면 신뢰성을 얻으며 점점 빛을 발할 겁니다."

신의 이야기를 들으면서 정말 많은 질문이 내 머릿속을 스쳐 지나간다. 확실히 머리로만 아는 법칙이 뒤죽박죽 해지는 기분을 감출 수 없었다. 무엇을 해야 할 지에 대한 고민은 한 결 덜어낸 기분이 들었다.

'그래, 경험을 기록한다. 내가 겪은 경험을 기록하는 것은 쓰레기를 양성하는 것이 아니구나.'

정보라는 문턱이 조금씩 낮아짐을 느끼니 기분이 한결 가벼워진다. 이제는 한 번 더 용기 내어 콘텐츠를 제작해보겠다는 욕구가 솟아난다.

초안은 누구에게나 불만족스러운 결과물이다. 그 결과물을 사람들에게 드러낸다는 것은 어쩌면 큰 용기가 필요한 일일지도 모른다. 그렇지만, 콘텐츠의 업로드는 사업의 결과물이 아니다. 그것을 동일시한다면, 우리는 또 기류가 주는 강력함에 속아 숨을 곳을 찾는 겁쟁이가 될 뿐이다. 콘텐츠의 업로드는 사업의 과정이다. 우리는 사소한 현재를 기록하며 이미 다가올 미래를 다듬어가는 것이다. 그러므로 지금의 기록은 오직 지금만이 할 수 있는 것이다. 그 어떤 콘텐츠도 쓰레기가 아니다. 당신의 소중한 순간을 머금고 있는 황금의 나침반이다. 그 나침반의 방향을 믿고 나아가길. 그게 콘텐츠 모형의 올바른 시작일 테니까.

콘텐츠 고수의 한마디 8

"아직 전문가가 아니라서요.",

"전문가가 제 콘텐츠를 보면 비웃을까 봐 걱정돼요."

이런 말씀하시는 분들에게 전문가는 과연 어떤 사람인가요? 막상 물어보면 딱히 정해진 기준이 없는 경우도 많습니다. 보이지 않는 유령과 같은 인물 때문에 스트레스 받고 계신 거지요. 또 전문가 소리 듣는 사람이 있다고 해도 그분들이 정말로 돈을 잘버는지는 별개의 문제입니다. 전문가라고 불려도 돈을 벌지 못하는 사람들을 저는 정말 많이 만나봤습니다.

자, 그렇다면, 지금 전문가처럼 보이는 것에 너무 집착할 필요가 없다는 것은 전달되었을 텐데요. 이는 전문가가 되지 말라는 말은 아닙니다. 헷갈리실까 봐 빨리 말씀드리겠습니다. 돈 버는 데 적합한 전문가가 되기로 결심하시면 됩니다.

그렇다면 돈 버는 데 적합한 전문가는 어떤 사람일까요? 혼자 많이 알고 있다고 자랑하는 사람이 아닙니다. 나에게 돈을 내는 사람들에게 관심을 가지고 그들의 불편함을 잘 알아차리고, 딱 그 불편함을 쉽게 해결할 수 있는 방법을 아는 사람입니다.

그 방법이 정말 학위를 따거나 또 자격증을 따는 법밖에 없을까요? 학위를 따서 해결하려는 분은 그다음 학위에 연연합니다. 자격증을 따서 해결하려는 분은 또다른 자격증에 연연합니다. 그 안에서 나에게 돈을 주는 사람, 즉 고객에 대한 고려는 없습니다. 그저 자신이 전문가처럼 보이는 데 초점이 맞춰져 있을 뿐이지요.

그렇게 전문가처럼 보이는데 집착하게 되면 돈 못 버는 전문가가 되기 쉽습니다. 자존감은 높고, 상대의 말을 경청하지 못하는 돈 못 버는 전문가가 될지 모릅니다. 지금 이 책을 보시는 분은 어떤 전문가가 되고 싶으신가요?

보이지 않는 전문가라는 유령 때문에 스트레스 받지 마세요. 돈 벌지 못하는 전문가 타이틀을 얻기 위한 허상에 집착하지도 마세요. 고객이 공감할 수 있는 이야기를 솔직하고 진정성 있게 하다 보면 자연스럽게 진짜 전문가로 성장하게 됩니다.

콘텐츠 마케팅 고수 비법 3
잘한 것만이 아니라
못한 것도 공개한다

　성급한 토끼는 오늘도 열심히 달리는 것에만 익숙하다. 누구보다 빠르게 앞길을 드러내며 선두를 지켜내고 있다. 뒤편에 보이는 거북이는 이미 눈앞에 사라진 지 오래다. 그러나 이 마음 급한 토끼는 자신의 발길을 잠시도 돌릴 마음이 없다. 그에게는 현재 치명적인 문제가 있었다. 토끼는 달릴 줄만 알았지 지도를 보지는 못했다는 것이다.

　한참을 한 길로 달리던 토끼는 자신이 지금 이상한 길로 오고 있다는 사실을 뒤늦게 인지한다. 그러다 뒤를 돌아보니 그 느릿한 거북이가 지도가 따르는 올바른 길을 따라 묵묵히 걸어가고 있음을 보게 된다. 토끼의 마음이 점점 더 급해진다. 다시 그 거북이를 좇아 그의 뒤를 급하게 밟아 간다. 그에 삶에서 패배는 있을 수 없는 일이다. 마음이 더 급해진다.

　'탈모관련 콘텐츠'를 제작하기 시작하고, 간단하게 탈모에 대한 진짜 전문가로 성장하게 된다. 스토리를 담은 이야기를 시작으로 블로그에 조금씩 콘텐츠를 게재하는 것이다. '20대'에 탈모에 걸렸던 이유부터 그것을 어떻게 관리해야 하는지에 대해서 조금씩 작성을 이어 갔다. 신의 말이 맞았다. 사람들은 나의 스토리에 솔직함이라는 소스가 담기자 내 콘텐츠에 공감해주는 사람들이 조금씩 늘어나고 있었다. 그런데 문제가 있었다. 내 콘텐츠의 방문자를 어떻게 해야 할 지 방법을 알 도리가 없었다.

모니터에 앉은 채, 블로그 관리 페이지를 토대로 하루 방문자 수를 확인해 본다. 구독자 646명. 블로그 지속시간 3분 24초. 노출 클릭율 13.2%. 3~40여 개의 콘텐츠를 제작하면서 조금씩 반응이 오는 것은 분명 기분이 좋다. 하지만 동시에 내 사업에서 오랫동안 함께 동업을 해 온 '토끼의 조급함'은 지금 내게 무언가를 계속해서 더 입증하라고 이야기 하는 것만 같았다.

'그저 그들에게 내가 잘하는 것을 더 드러내야 한다는 것.'

그것만이 유일한 나의 길이라는 생각이 스쳐 간다. 내 스토리가 담긴 콘텐츠에 반응을 보이며 댓글을 달기 시작한 사람들이 아주 조금씩 늘어나는 이 시점에는 필히 더 그것이 맞다는 확신이 선다.

'이 분야에 내가 잘 알고, 잘하는 사람임을 계속 어필하자. 그것만이 내가 살 길이다.'

이들이 나에게서 떨어져서는 안 될 것만 같은 불안감이 들기 시작했다. 그런 불안감은 나에게 과한 행동을 유발하게 했고, 그 과한 행동의 결과는 다방면의 콘텐츠를 제작하게 하는 일이었다.

애당초 생각지도 않았던 다양한 콘텐츠 분야를 건드리기 시작한다. 탈모의 과학적인 정보 지식부터 나조차 해 본 적도 없는 두피 문신의 영역, 전혀 알지 못하는 여성들의 탈모 관리까지. 조금이라도 더 많은 부분에 잘해야 하는 모습을 보이는 것이 지금 나에게는 가장 중요한 것처럼 느껴진다.

그렇게 콘텐츠가 점점 더 다방면으로 나아간다. 하지만 속으로는 뭔가 그들을 속이고 있다는 불편한 기분이 든다. 그것만은 분명 속일 수가 없었다. 찜찜한 마음을 품고 있던 그때 그 시점에서 신과 만나고 있었다. 그리고 역시 신은 나의 미묘한 변화를 감지하는 듯 날카로운 질문을 이어갔다.

"민수 님은 구독자를 늘려야 하면, 어떻게 늘리는 게 맞다고 생각해요?"

"음, 구독자를 늘리는 일이라면, 우선 맞팔 신청을 꾸준히 하고, 서로이웃을 좀 더 공격적으로 신청해야 하지 않을까요? 구독자나 팔로워는 많으면 좋다고 들었습니다."

"오, 그렇게 생각하시는군요."

"아닌가요?"

대답이 성에 차지 않다고 느껴지자 나는 그에게 조심히 의중을 물어본다.

"저라면 반대로 하시는 것을 추천해 드리고 싶어요."

"반대라고요?"

"네, 반대요. 우리의 구독자는 정말로 탈모를 고민하는 사람. 더 정확하게 말하면, 민수 님처럼 20대에 탈모를 겪은 그런 남성분들만 이진짜 우리의 고객이 될 확률이 높은 사람 아닌가요?"

"네, 그게 맞죠."

"지금 그런데 민수 님이 올리는 콘텐츠는 마치 탈모를 걱정하는 모든 유형의 사람들에게 도움을 줄 수 있는 채널이라는 느낌을 주고 있어요. 그렇지 않나요?"

"그건, 그냥 구독자를 늘리고 반응을 끌어오는 것이 필요하다고 생각했습니다."

"콘텐츠 채널을 설계한 초보분들이 흔히 하는 실수가 무엇인 줄 아세요?"

"그게 뭔데요?"

"자신의 카테고리와 관련도 없는 단체 톡방에 자신의 채널과 콘텐츠를 소통 없이 올리고, 심지어 구독 좀 해달라고 요청하는 일이죠."

"아니, 저도 그렇게 많이 했는데. 채널을 그렇게라도 알리는 것은 중요하지 않나요?"

"중요하죠. 그런데 방향과 순서를 먼저 생각하고 해야 하죠."

"방향과 순서요?"

"네, 무턱대고 아무 곳에서나 내 콘텐츠를 올리는 것은 두 가지 실수를 하는 것입니다. 구독을 요청하는 그분들이 진짜 내 분야에 관심이 있는 분인지 생각하지 않았으니 일단 방향이 틀어진 실수를 했고, 게다가 원만한 소통이 되지 않은 상태에서 그분들이 광고처럼 느낄수 있는 내 콘텐츠를 보냈으니 순서도 틀린 실수를 하게 되는 거죠."

"그래도 어쩌다 얻어걸릴 수도 있지 않을까요? 뭐, 초반에는 구독자로 지인을 동원할 수도 있잖아요."

"지인이라…."

"왜죠? 처음에는 지인들이 많이 구독도 해주면 좀 든든하지 않아요?"

"민수 님, 마지못해 구독을 눌러주는 분이 쌓인다고 생각해 보세요. 과연 이분들이 자발적으로 내 채널에 와서 영상을 계속 시청해줄까요?"

"음… 그렇지 않나요?"

"그럼 민수 님은 그렇게 구독한 채널을 주기적으로 봐주시나요?"

"아, 아니네요. 그냥 구독만 하고 말죠."

"네, 다른 사람도 마찬가지예요. 저는 이걸 그래서 가짜 구독자라고 하죠. 이런 분들이 늘면, 구독한 사람들이 안 보는 콘텐츠를 올리는 셈이 됩니다. 특히 초반에는 전체 구독자 비율 대비 가짜 구독자가 늘어날수록, 플랫폼의 알고리즘은 이 콘텐츠가 반응이 없는 콘텐츠라고 판단하죠. 그래서 처음 채널을 만들었다면, 무턱대고 지인들에게 구독부터 해달라는 이야기를 하지 않을 거예요. 대신 천천히 내 가치를 알아봐 주는 고객들이 쌓여가고 찾아가는 이러한 시기를 견디는 선택을 하겠죠."

"정말 제가 반대로 생각하고 있었군요."

"그럼 이제 민수 님도 반대로 하셔야 합니다."

"반대로요?"

"네, 구독자에게 잘하는 것만이 아니라 못하는 부분도 정확하게 무엇인지 자주 알려주셔야죠."

"못 하는 부분을요? 그건 왜죠?"

순간 말을 꺼내자마자, 문득 신이 지난번에 내게 해 준 이야기가 떠올랐다. 습관의 힘이란 참 무서웠다. 누군가를 실망하게 하고 싶지 않은 그 완벽한 마음, 도대체 어디에서부터 시작되었는지조차 모르는 그 기준이 나를 다시 한번 뒤 덮고 있었다.

"더 잘하는 부분을 어필하기 위해서죠."

"예?"

"못 하는 부분을 말하면, 역설적이게 더 잘하는 것이 돋보이게 됩니다. 이것은 일종의 '핀포인트'라고도 해요. 만약 혼잡한 지하철에서 어떤 사람의 등에 손바닥을 대면 아마 그 사람은 뒤를 돌아보지는 않을 겁니다. 그죠? 뭉툭한 것에는 반응하지 않겠지요. 그런데 만약 그 사람의 등에 날카로운 '핀'을 푹 하고 찌르면 어떻게 될까요?"

"깜짝 놀라면서 뒤를 바로 보겠죠."

"네, 그게 지금 우리에게 가장 필요한 부분인 거죠."

"그럼… 신, 이게 맞는지는 모르겠지만, 저 같은 경우를 예를 들어 보면 '탈모약 관련 내용은 취급하지 않는다' 이런 걸 이야기하면 되는 건가요?"

"네, 그것도 비슷한 맥락이죠. 못하는 것을 이야기하는 것만으로 보는 사람에게 충분히 배려해주시는 겁니다. 또 내가 하는 분야를 더 날카롭게 만들어주는 효과도 있고요."

"음, 그렇게는 생각하지 못 했는데. 듣다 보니, 조금 이해가 되는군요."

"민수 님, 아시겠지만 우리는 현재 블로그에 별도의 광고 작업을 하고 있지 않지요."

"네, 그건 안 하고 있죠."

"초반에는 그래서 더 어렵게 느껴질 수 있어요. 하지만 조금만 참고 채널을 유지한다면 그런 과정을 거쳐 가기에 민수 님의 스토리 그 자체가 블로그에 잘 전달되고 있었을 거예요. 이건 엄청난 차별화를 만들어가는 거예요. 자연스러운 공유가 일어나거나 반응을 찾아보면 그들은 키워드 검색으로 경쟁해서 들어오는 것이 아니기에 고객들은 순수하게 콘텐츠 자체만을 소비하면서 이것을 제작한 사람이 가진 특별함을 궁금하게 되는 것입니다. 당연히 더 쉽게 구독 버튼을 누르거나 호감을 가지게 되는 것이지요."

"결국 누가 나의 고객인지 명확하게 배려하며 알려주는 것이군요."

"네, 핵심은 끝까지 그들이 스스로 선택할 수 있게 해주는 것입니다. 그 안에서 진정한 팬덤이 생깁니다."

"아, 책으로 볼 때와 직접 해보니 완전 다르게 느껴지네요."

"네, 민수 님. 경험으로 실수로 해보면서 이제 콘텐츠 모형을 구체화시켜보는 거죠. 실제로 해 보는 과정을 토대로 할 때 콘텐츠 비즈니스의 모델을 더 선명하게 느낄 수 있을 거예요."

"해야 할 일이 분명해지네요. 바로 제가 할 수 있는 것과 없는 것에 대해서 구체적으로 정리를 해봐야겠습니다."

"네, 다음 단계를 위한 과정이고, 당연히 계속해서 기초라 할 수 있는 꾸준한 콘텐츠도 역시 잊지 마시길 바랍니다."

"신, 알겠어요. 감사합니다."

토끼는 잃어버린 길을 다시 돌아오며 생각한다. 자신이 성급하게 움직이느라 정작 어디로 가고 있는지조차 보지 않았음을 말이다. 빠른 속도와 목표만을 추구한 그는 나머지 모든 것들을 보지 못했다. 찬찬히 나의 콘텐츠를 살펴본다. '내 고객은 어디에 있을까? 그리고 그들에게 어떤 콘텐츠를 제작하여 실질적인 도움을 줄 것인가? 지금 나의 강점과 또 뚜렷한 나의 단점은 무엇일까?' 한 번도 고민하지 않는 관점. 그렇게 진짜 나의 콘텐츠를 객관적으로 보는 시간을 가져본다.

다음의 단계가 벌써부터 기다려진다. 하지만 그러기 위해서 지금 해야 할 것들을 충실히 해 나가야 한다. 그런 생각에 다다르자 문득 콘텐츠의 제작이 '수행하는 수행자와 비슷하다'는 생각이 들었다. 매일 산속에 물을 기르고, 도를 익히는 도인들의 삶과 사업이 무척이나 비슷하다는 독특한 생각이 이르자, 지금의 한 걸음 한 걸음조차 귀하게 여겨진다. 그런 진실한 마음을 조금 엿볼 수 있어서 기분이 좋아진다.

'좋아, 내 진짜 고객들을 한번 찾아볼까?'

오늘따라 구독자 646명이 문득 감사하게 여겨진다. 순수하게 내 콘텐츠를 보고 선택해 준 그들의 자발적인 그 힘에 깊이 감사함을 느껴본다.

콘텐츠 고수의 한마디 9

어떤 채널이든 구독자를 빠르게 늘리기 위한 전략들은 사람들의 관심을 얻습니다. 많은 구독자가 돈으로 연결된다는 믿음에 전반적으로 사람들이 동의하고 있다는 것을 보여주는 현실 같습니다. 그리고 사실이기도 합니다. 구독자 수는 마치 그 안에서는 계급처럼 느껴지기도 하고, 상품성으로 평가되기도 하니까요. 인플루언서 마케팅을 집행해보면 흔히 생기는 일인데, 10만 명,100만 명 구독자를 가진 인플루언서 통해서 광고했지만 효과가 없는 경우가 있습니다.

구독자 수에 맞게 돈은 많이 지불했지만 광고효과는 없으니 답답할 따름이지요. 이에는 여러 가지 요인이 있을 텐데요. 가짜 팔로워를 가지고 있는 인플루언서일 수도 있고요. 혹은 그 팔로워분들이 제품 구매 자체에 관심이 없거나 거부감을 가진 경우도 있습니다.

팔로워 숫자는 강력해보이지만 막상 돈으로 전환되기 위해서는 복잡한 과정이 존재하는 것입니다. 그 가운데서 가장 강력한 것은 팔로워들과의 교감입니다. 그런 교감이 바탕이 되지 않은 팔로워 숫자는 보기보다 강력하지 않습니다. 또한 교감하고 있는 인플루언서의 결과 맞지 않는 뜬금없는 상품들은 판매로 전환이 되지도 않습니다. 오히려 무리한 상업적 활동 때문에 기존에 좋은 관계를 유지하던 팔로워들과 거리가 멀어지고 다툼을 할 수도 있습니다. 허수라도 빠르게 팔로워 숫자를 늘려가는 노력을 하는 게 그렇게 중요할까요? 그게 정말 안정적으로 수익을 벌어준다고 믿으시나요? 적은 숫자의 팔로워들과도 교감하지 못하고, 소통하지 못하는데 많은 팔로워들과 어떻게 교감해서 돈까지 벌 수 있다고 믿을 수 있는지 모르겠습니다.

속도는 중요하지 않습니다. 진정성 있고, 솔직하게 나를 드러내고, 결이 맞는 팔로워들과 소통하면서 천천히 커진 채널만이 시간이 지나도 가치를 만들고, 오래 키울 수 있는 채널이 됩니다. 가짜 채널을 크게 키우는데 너무 많은 에너지를 들이지 마세요.

콘텐츠 마케팅 고수 비법 4
한 방의 훅이 아니라
여러 번의 잽을 날린다

한참을 달려 앞선 거북이의 실체가 보인다. 이제 느리게 걸어가는 저 거북이를 따라잡는 일이 점점 쉽게만 느껴진다. 무심코 앞서 있는 그의 행동을 바라본다. 저 느려터진 생명체는 가는 길바닥에서 자라나는 버섯을 보고 말을 걸고, 기어가는 잡벌레 따위에게 인사나 건네고 있는 꼴이다. 경주 중에 저런 여유를 보고 있자니 토끼는 황당함에 그저 어이가 없을 뿐이다. 그는 분명 자신의 달리기 능력을 무시하고 있는 것이 분명해 보인다. 기분이 더 안 좋아진 토끼는 가소로운 듯 그를 가볍게 추월하며 생각한다.

'바보 같은 녀석. 저러니 매일 지며 살지….'

토끼의 오른 근육에 힘이 차오른다.

신의 비법을 만나고 난 뒤, 확실히 나의 채널은 그 색채가 분명해지고 있음을 느낀다. '탈모'라는 큰 주제를 잡고, 조금씩 내가 할 수 있는 것과 없는 것을 분명하게 알리는 글과 영상의 콘텐츠들을 채워 나가며 조금 더 뾰족하고, 날카로운 채널의 톤을 맞춰가고 있었다.

방문자 수는 지속해서 늘고 있었고, 댓글의 수도 예전과 달리 점점 반응이 선명하게 보인다. 신이 내게 알려준 대로 그들을 관찰하며 그들이 평소 궁금해하는 이야기들을 테스트로 작업한다. 꽤 오랜 시간이 걸렸지만, 양질의 정보를 취합한 내용은 꽤나 괜찮은 모습을 갖춰 간다.

'이 정도면 돈 5만 원은 받아도 무리 없는 정보인데.'

가슴 깊이 자신감이 차오른다. 내 채널에 정보를 구독하는 사람들. 약 700여 명이 넘는 사람이 있었다.

'좋아 이 중에서 딱 10%만 반응이 와도 70명이구나. 샴푸를 하나 팔아도 마진이 꽤 되겠군.'

흡족한 미소가 차오른다. 지금껏 고생하며 수개월을 쌓아 올린 채널에 콘텐츠 하나하나가 눈에 선하게 보인다. 업데이트를 마치고, 의자에 몸을 기댄 채 온몸이 지쳐 모니터를 바라보던 순간들. 사람들이 내 글과 콘텐츠에 어떤 반응을 보일지 마냥 관찰하며 일희일비하던 셀 수조차 없는 힘든 시간이 지나간다. 다만 나에게는 경험하지 않았기에 생길 수밖에 없는 태초의 질문 하나가 남아 있다.

'도대체 내가 가진 이 DB는 언제 활용해야 하는 것일까?'

문득 예전에 낚시를 좋아하는 사람에게서 고기를 잡으려면 낚싯대를 딱 한 번만 휘두르는 것이 좋다는 말을 얼핏 들은 적이 있었다. 향이 짙은 떡밥을 뿌리며 모인 고기를 낚아채는 일은 한 번의 행동으로 끝을 맺어야 한다는 것이다.

성공, 실패. 그것은 명과 암처럼 한순간의 움직임으로 결정되는 것처럼 느껴졌다. 문득 나는 낚시를 채는 그 짜릿한 순간의 마음이 되어 본다.

'언제가 최고의 한방을 노릴 수 있을까?'

욕망이 차오르자 행동이 급해진다. 곧바로 나는 700여 명의 구독자에게 무료로 고급 정보를 담은 테스트와 정보지를 뿌렸다. 주면 정당하게 돌아오는 것이라는 사실을 믿었다. 소위 '기브 앤 테이크'라고 하지 않는가? 내 판단에는 현재 이 행동은 신이 가르쳐 준 대로 그들에게 먼저 다가갔고, 기꺼이 정보가 되는 것을 주었다. 타깃도 명확했고 정보도 분명했다. 모든 것은 완벽했다. 그런데 공동구매 판매를 개시하자 샴푸 구매 결괏값은 내게 감정을 소용돌이치게 했다.

'총구매자 3명.'

믿기지 않는다. 700명이 넘는 이들이 정보를 받았는데, 반응은 딱 3명. 나는 순간 기계의 오류가 있었을 것이란 확신에 찬 의심을 한다. 그러나 그들이 준 DB를 찾아보고, 구매 내역은 내게 정확한 수치를 다시 알려준다.

'반응률 0.4%'

더 뚜렷한 숫자가 올라서자 칼날처럼 일치한 상황에 당혹감이 차오른다.

반응률이 고작 0.4%라고. 이게 뭐지?

순간 머릿속에 복잡한 기분이 올라온다. 지금까지 내가 한 모든 것들이 의미가 없는 것은 아닌지, 불길하고 안 좋은 기분이 든다. 당장 그를 만나고 싶은 마음이 들자마자, 급한 마음으로 신에게 전화를 걸어 그를 찾아간다. 풀릴 것 같지 않은 매듭을 보고 신은 그저 내 이야기를 들어준다. 그러나 감정의 소용돌이는 점점 차오른다. 주체할 수 없는 실망감이 내 온몸을 감싼다. 그렇게 나의 고민을 듣던 신이 이야기를 해주기 전까지는 말이다.

"판매의 시기를 잡고 있으시다고요. 그럼 무료로 먼저 주시면서 고객의 반응을 알아보셨다니 잘하신 거네요."

신은 또박또박, 당연한 원칙을 준수하는 사람처럼 안정적으로 말한다.

"그런데 신, 3명이라고요. 그 많은 사람 중에 3명이요. 어떻게 이렇게 판매가 안 될 수 있죠?"

따지듯 묻는 나의 대답에 그는 편안한 투로 반응한다.

"민수 님, 지금은 오히려 첫 판매로 축하해야 하는 것 아닐까요?"

"저는 지금 이 상황이 마음에 들지 않습니다."

성미 급한 사나이는 계속 그의 공격성을 말로 표현하고 있다.

"저는 분명히 가르침을 주신대로 무료로 다 뿌려 보았습니다. 탈모 테스트도 뿌리고, 심지어 탈모 성능 분석표를 만든 것까지도. 그게 정말 말이 쉽지 2주일이 넘게 시간과 에너지를 투여하면서 만든 겁니다. 그걸 뿌려주는데도 반응조차 없단 말이에요. 이게 정말 맞는 걸까요? 분명 결도 맞는 사람들이라 생각했는데. 어떻게 700명 중에 한 명도 구매를 안 할 수 있을까요?"

"민수 님, 지금 오해가 조금 있으신 것 같은데요."

"오해라고요? 아니 어떤 부분이 오해라는 거죠?"

"'잽'을 날리라고 말씀드렸는데, 시작부터 '훅'을 날리셨잖아요."

"아니, 그게 뭔 소리죠?"

"지금 고객은 어떤 생각을 할까요? 아, 이렇게 좋은 것을 줬으니 이건 무조건 사야지. 설마 이렇게 생각하시는 건 아니시겠죠?"

"뭐, 좋은 정보라면. 그런 분도 있지 않을까요?"

"그러니까요. 3분이 있으셨다고요. 대단한 거예요. 노력하신 거고요."

"아니… 제 말은."

이상하게 말을 더 이어가기가 어려웠다. 그는 더 말을 잇지 못하는 내 순간을 잡아채듯 말했다.

"민수 님, 권투에서는 리듬이 정말 중요해요. 시작부터 훅이나 스트레이트를 던지는 프로를 보신 적이 있나요? 그렇죠. 먼저 충분히 잽을 날리는 겁니다. 그리고 나면 1번의 '훅'을 날리는 각이 슬슬 나오는 거 예요. 이렇게 리듬을 타면서 하는 겁니다. 리듬을요. 아시겠어요?"

"훅이 아니라 잽…."

손으로 잽을 날리는 몸짓을 취한 채, 허공의 주먹 짓을 멈추고 그는 내게 말했다.

"민수 님, 잽 날리고 힘들어하세요? 잽 날리고 상대가 기절하길 바라세요?"

"그건 아니죠."

"그런데 왜 시작부터 훅을 날리시죠. 그건 무료가 아니죠. 사실상 무료를 가장한 노골적인 '판매'일 뿐입니다."

"…."

정확히 맞았다. 그리고 순간 신의 표정을 묘하게 읽을 수 있었다. 그는 어디선가 흐름이 끊긴 듯한 맥락을 잡지 못하고 칼을 쥔 채, 성급해진 나를 보며 이야기하고 있다는 사실을 말이다.

"민수 님, '자극'이 그들의 '호감'이라 할 수 있을까요?"

"하지만, 무료로 잘 주면 잘 팔린다고…."

"기브 앤 테이크라는 말이죠? 글쎄요."

신은 잠시 생각에 잠긴 듯, 창밖에 비친 풍경 저 끝을 바라본다. 그리고 시선을 내 쪽으로 두지 않은 채로 내게 조용한 어조로 자신의 생각을 이어가기 시작한다.

"우리 한번 생각해보자고요. 정말 기브 앤 테이크일까요?"

"네?"

"정확하게 보자고요. 어설프게 알면 안 하는 것만 못해요."

"그럼? 기브 앤 테이크가 아니란 말씀인가요?"

"아니요. 정확히 말하자는 거죠."

"'정확히'가 무슨 의미인데요?"

"기브 앤 테이크가 아니라, 음… 기브기브기브, 앤 테이크 정도 아닐까요?"

"기브기브기브 앤 테이크요?"

"민수 님, 예전에 왜 '뒷광고' 사태라는 것 기억하세요?"

"'뒷광고' 사태요?"

"왜 콘텐츠에서는 모두 내 돈으로 제작한 것이라 이야기해 놓고, 노골적인 광고를 콘텐츠로 포장한 유튜버들이 소비자들에게 뭇매를 맞았던 적 있잖아요."

"그거 기억나요. 그 일로 진짜 많은 크리에이터들이 물갈이되었죠."

"네, 민수 님. 자극적인 것으로는 이제 더는 그들에게 호감이 되지 않아요. 건강한 호감은 일시적인 자극이 아니라, 반복적 '진실'에서만 나오기 때문이죠.

"반복적인 진실."

"네, 진실. 그러니 마음이 급하다고 자극적인 것을 기반으로만 혹

을 던지지 마시고요. 무료로 좋은 것이라면 최소 3번 이상은 꾸준히 나눠 줄 만큼 작게 작게 계속 줘 보세요. 휙휙(잽 포즈를 취한다)."

"하, 제가 알던 생각이랑 전혀 달랐군요."

"이렇게 말이에요. 따라해 보세요(권투의 기본 자세를 따라 하는 시늉을 취한다). 민수 님, 갑자기 불안감이 오면 그들에게 작게 주세요(잽을 날린다). 잘 안될 때는 그들에게 한 번 더 작게 주세요(잽을 날린다). 민수 님은 사람들에게 점점 더 신뢰를 얻을 것이고, 단단한 성과를 얻게 되실 겁니다. 그럼 명분과 확신이 있는 그때(그는 허공에 크게 훅을 날린다)!"

"음, 그럼 신, 왜 작게 주는 게 호감이 되는 것일까요?"

"그건 말이죠. 콘텐츠 마케팅의 핵심은 '자극'이 아니라 '감화'이기 때문이에요. 고객 호감에 필요한 것은 자극이 아닌 감화와 선별, 이거예요."

"감화와 선별이요?"

"네, 자극적인 말에 대한 반응이 아닌 호감에 의해 일어나는 자기 자신의 감화. 그래서 제가 말하는 콘텐츠 모형의 3번째 단계가 바로 호감이 되는 것이죠."

"호감이라. 신은 그럼 그것들은 어떤 방법들로 활용하고 계시는데요?"

"일종의 콘텐츠로 제공되는 메일, 뉴스레터 등 자동화 다이렉트 접촉을 통해 스스로의 감화를 줄 수 있겠지요. 기업 체질 개선을 자문

할 때에도 저는 이 기업이 고객들에게 어떤 것을 주면서 접근하고 있는 지를 점검합니다.

무턱대고 공격적인 광고에 투입되는 비용을 최소화하면서 장기적으로 선순환을 그릴 수 있는 고객 감화 모형을 통해서 만족도, 필터링, 바이럴 등을 상승시키는 원리가 되는 선순환을 그리는 겁니다."

"아, 그러니까 그들이 메일이나 정보를 받고, 조금씩 그것에 참여하면서 어느 정도의 감화가 되면 스스로 선택을 통해서 강연을 들으러 온다거나 제품을 구매하게 된다? 이런 것이 맞나요?"

"네, 민수 님. 그들이 스스로 생각할 여지를 주는 과정은 온라인에서 반드시 필요합니다. '내가 세미나를 연다. 좋은 것을 주니까 너는 무조건 와야 한다'라고 해서 사람들이 쉽게 모이는 시대는 끝을 향해 가고 있지요. 자극이 아닌 감화로 세련되게 먼저 주지 않으면, 모집에 계속 원치 않은 사람들을 만나야 할 것입니다."

순간 머릿속으로 그림이 조금 그려지고 있었다. 예전에는 어떻게든 반응을 보기 위해서 다양하고 새로운 것을 꾸준히 하는 것만이 내가 할 수 있는 유일한 것이라고 생각하였다. 그런데 지금 내 머릿속에는 조금은 다른 관점의 그것이 조금씩 아주 조금씩 튀어 오르려 준비를 하는 것만 같았다. 순간, 입가에 미소가 머금어짐은 당연한 수순이었다.

왜 이런 중요한 것들을 애초 생각하지 못했을까? 그를 만나고 분명 나는 새롭게 눈을 뜬, 이 관점의 알 수 없는 정체의 본질을 결코 놓치고 싶지 않은 생각이 들었다. 이는 그를 처음 만났을 때도 그가 내게 해주던 이야기가 맞았다. 하지만 그때에는 그가 내게 해준 본질을 바라보지 못하고 있었던 것이 분명했다.

오프라인의 원리는 간단했다. 사람을 만나고, 그들에게 당당하게 세일즈를 권한다. 말을 잘하면 더 좋다. 제품이 좋음을 더 강조하고 더 세게 말하여 그것을 팔면 되었다. 그러나 온라인은 전혀 다른 이야기였다. 내가 더 거칠게 당당하게 내 이야기를 할 수록, 그렇게 내 콘텐츠는 사람들의 미움 어린 상처만 쌓이는 스팸이 되어간다.

"잽을 날리듯이 다가가는 것이었어."

나도 모르게 속마음의 리듬은 말이 되어 입 밖으로 튀어나온다.

온라인 감화의 힘은 생각보다 크다. 콘텐츠 마케팅의 원리는 판매자와 소비자 간의 1:1에서 나오는 것이 아니기 때문이었다. 고객이 돈을 주면, 그땐 내가 당신에게 정보를 준다는 따위의 것은 온라인에 통용되는 원리가 아니었다. 온라인의 체질은 10:1, 100:1 아니 무한:1의 법칙에 오히려 가까웠다.

이렇게까지 판매자가 먼저 다 줄 수 있는 사람이 되는 것. 그렇게 내 콘텐츠로 그들이 큰 도움을 먼저 받으며, 그들 스스로 내 과정에 감화를 선택할 때, 자연스럽게 선별된 고객을 만나는 축복을 누릴 수 있게 되는 것이었다. 그것이 바로 세련된 고수의 마케팅 비법이었다.

'뿌린 대로 거둔다'는 말이 있습니다. 누군가에게는 위로가 되는 말이고, 누군가에게는 두려움으로 다가오는 말입니다. 그런데 정말 뿌린 대로 거두는 경우가 많던가요? 생각보다 뿌린 대로 오지 않는 것 같다고 생각하는 사람이 많습니다. 왜 그럴까요? 뿌릴 때마다 거둘 것을 항상 기대하기 때문입니다.

뿌리는 것에 의미를 두기보다는 거두는 것에 의미를 많이 두기 때문에 계속 조급함이 생기고, 항상 뿌린 것보다 덜 받는 것을 답답해하며 살게 됩니다. '무엇을 뿌리고, 어떻게 뿌리며, 왜 뿌리는지'에 대한 고민 없이 그냥 '뿌리는 대로 거둔다'는 말만 믿고, 거둘 것에 대한 기대감만 않고, 뿌리는 척만 하고 있지는 않나요?

좋아하는 사람에게 사랑을 표현하고 베푸는 것은 아름다운 일입니다. 하지만 그것이 과해지면 스토킹이 되고 오히려 상대를 괴롭히게 될 수 있습니다. 내가 주려고 하는 것이 과연 상대 입장에서도 받는다고 느끼는 것일지가 중요한 것이지, 내가 더 받기 위해서 일단 많이 주자는 접근으로는 어떤 누구도 행복해질 수 없습니다.

주는 것 자체에서 의미를 발견하고, 받는 것은 그다음에 오는 소중한 선물입니다. 설령 받는 게 없다고 해도 줄 때 이미 뿌듯함을 느낄 수 있는 사람이 지속해서 줄 것을 만들 수 있고, 받는 입장에서도 진정성을 느끼고 감화가 됩니다.

'왜 내가 이렇게 주는데 너는 아무것도 주지 않는 거니?'라는 티를 팍팍 내면서 주는 것을 즐겁게 받을 수 있는 사람은 없습니다. 어떤 기버(giver, 주는 사람)가 되어야 할지 이미지가 좀 떠오르시나요? 그렇다면 나는 앞으로 사람들에게 어떤 마음으로, 어떤 것을 줄 것인지 한번 가볍게 적어보세요. 나에게 무언가를 받을 사람들의 행복한 모습이 떠오르면서 입가에 미소가 지어진다면, 제대로 떠올리고 계신 겁니다.

콘텐츠 마케팅 고수 비법 5
꽃길이 아니라
활주로를 만든다

토끼는 거북이를 뒤따른다. 역시 예상대로 토끼의 압도적인 속도에 거북이는 그저 속수무책이다. 이번에는 길도 잘 점검했다. 곧 목적지에 다다를 것으로 예상된다. 토끼의 빠른 걸음에 더 힘이 붙는다. 그러다 예정지 앞에서 토끼는 가던 길을 멈춘다. 그의 앞에는 깊은 연못이 하나 흐르고 있다.

'다른 길을 돌아가야 하나?'

'뭐지… 난 헤엄을 칠 줄 모르는데?'

이러지도 저러지도 못한다. 그저 당황스러울 뿐. 그렇게 얼마간의 시간이 흐른다. 뒤늦게 걸어오던 거북이는 깊은 연못 물 앞에서 길을 잃고 당황하는 토끼를 바라본다. 그리고 그는 말했다.

'내 등에 올라탈래?'

토끼는 그의 어처구니없는 제안에 당황한다.

"너 지금 나를 무시하는 거냐?"

"아니, 일단 연못을 건너고 갈 길 가면 되는 거 아냐?"

"음…."

토끼는 다른 수가 없음을 알고 있다. 더는 말하지 않는다. 그리고 그저 그의 등에 올라타 연못을 건널 뿐이다. 창피하게도 토끼는 지금 거북이의 도움을 받고 연못을 지나가고 있다.

"자, 이제 판매만큼은 혼신의 힘을 다해서 해보자."

신의 말처럼 잽을 날렸다. 날린 '잽'은 보이지 않았을 뿐, 분명히 그들에게 지속적 상흔을 남기고 있었다. 눈에만 보이지 않았을 뿐, 상흔의 자국은 생각보다 진하고 강력했다. 그것은 마치 끊임없이 움직이는 배의 평행 추와 같은 역할을 해 주었다. 작게 날린 잽이 쌓이면 사소로운 이벤트를 토대로 그들과 세련되게 소통의 양을 조절해 갔다.

그런 방법이 조금씩 익숙해지자, 신의 말처럼 '스트레이트'를 날리는 각이 점점 선명해지는 것이 느껴진다. 콘텐츠 마케팅의 꽃은 무엇일까? 바로 판매가 아니겠는가?

'판매'야말로 후킹의 놀이터 아니겠어?'

꽃이 그저 화려하듯 판매 페이지는 시선을 빼앗는 다채로움이 중요하다고 믿었다. 팔지 못하는 사업은 의미가 없지 않은가? 자극적인 문구, 화려한 수사어구가 가득한 세일즈 페이지를 구성한다. 제품에 사진에 유독 더 신경쓰고, 제품에 좋은 후기들만 가득 쌓아 올린다.

이것은 스마트 스토어를 관리해보며 세워진 노하우가 또 빛을 발하는 순간이다. 그렇게 내 상품을 화려하게 더 드러내는 문구들로 페이지를 가득 채워가고 있을 때였다.

"이곳이 비행기가 안착할 곳인가요?"

"네?"

순간, 깜짝 놀라 소리가 나는 등 뒤를 돌아보니 신이 내가 하는 작업을 바라보고 있었다.

"지금 활주로를 닦고 계시는 중인 거 맞죠?"

"활주로요?"

"지금까지 고객을 태우고 도착지에 내리는 곳이 지금 바로 요기 맞잖아요."

그의 손끝에는 내가 작업하고 있는 세일즈 페이지의 끝을 향해 가리키고 있다.

"와, 아주 화려한대요. 길에 다양한 꽃을 깔아놓으셨네요. 진짜 꽃길이군요."

"뭐, 판매에 이 정도의 화려함은 필수라고 기억하고 있습니다."

약간 의기양양해지자 무의식적으로 턱을 세워 올렸다. 그러나 신의 목소리는 차분하게 아니 냉철한 톤으로 이야기를 이었다.

"그런데, 그 꽃 때문에, 어디에 비행기를 세워야 할지를 모르는 게 문제겠군요."

"모른다고요?"

"민수 님, 비행기를 공항에 세우고 싶을 때는 우선 활주로부터 안정적으로 만드셔야 합니다. 전 이걸 랜딩 페이지라고 합니다만…."

처음 듣는 듯한 낯선 단어 앞에 절로 질문이 나왔다.

"안정적이라는 건 무슨 소리예요?"

"그러니까 비행기가 땅에 잘 안착해야 하듯, 온라인 항해를 하는 고객을 받아주는 나의 활주로가 바로 랜딩 페이지입니다. 당연히 이곳에 우선순위는 '안정적인' 공간이 되어야 한다는 것이죠."

랜딩 페이지, 그 말을 듣는 순간 꽤 오래전의 작은 기억이 떠올랐다. 신은 자신의 컴퓨터에서 몇 가지 툴을 토대로 내 아이디의 흔적을 추적하는 과정을 보여 준 적이 있었다. 신은 내가 자신의 홈페이지에서 무엇을 클릭했고, 어떤 것을 가장 오랫동안 보았는지, 세밀한 모든 흔적을 보여주었다.

그때 그것을 보면서 큰 충격에 빠졌었다. 마치 홀로 홀딱 벗어버린 채 신 앞에 내 모든 몸을 보여주고 있는 창피한 기분이었다. 그리고 이제 와서야 그 숨겨진 정체를 제대로 엿보는 것 같았다. 홀딱 벗은 내 몸이 착륙하고 있는 그곳이 랜딩 페이지 임을 말이다.

"무엇을 바꿔야 더 판매가 일어날까요?"

그에게 약간의 높은 톤의 감정이 담긴 소리를 내며 물어보았다.

"좋습니다. 민수 님, 비행기가 활주로에 들어서는 순서를 기억해보세요. 우선은 관제탑이 꼭 필요하겠죠?"

"뭐, 당연히 그렇죠."

"랜딩 페이지의 관제탑이라 하면 사람들에게 공감적으로 방향을 잘 끌어내는 것이 우선입니다."

"공감적인 방향이요?"

"네. 예를 들어 제 랜딩 페이지의 경우, "절대 실패하지 않으려는 마음이 실패를 만들어요." 이렇게 시작합니다."

"아, 그거 홈페이지 상단에서 본 글이네요."

"그러셨지요. 창업이나 콘텐츠 시장에서는 누구나 실패하지 않으려고 마음을 먹기 마련입니다. 그러니 그들이 힘이 들어가고 무리하게 도전하는 심리가 숨겨져 있죠. 저는 고객들이 인지하지 못하지만 모두 공감할 수 있는 문제점에 대해 제안하는 걸로 랜딩 페이지를 시작합니다. 그게 마치 관제탑처럼 비행기에 정확한 신호를 주는 역할을 하는 것입니다."

"일리가 있네요. 과거의 저도 이전에 신의 홈페이지를 보면서 무척 공감하며 글을 읽었습니다."

"이 활주로가 내가 잠시 정차해도 되겠다는 안정적인 마음이 들어야 됩니다. 그래야 고객이 계속 글을 읽겠죠."

"그렇군요. 좋습니다. 그러면 그다음에는 무엇을 해야 합니까?"

"관제탑에 신호를 받았으면 이제 활주로의 전체 모양을 시뮬레이

선처럼 보여주는 겁니다."

"활주로의 모양을 보여준다?"

"다른 곳과 내가 차별화가 되는 구체적인 포인트를 적어보는 거에요. 내가 가장 잘하는 것은 무엇인지를 분명히 하고, 또 고객에게 해주지 못하는 부분도 무엇인지를 상세히 적어보는 거예요."

"아, 그렇군요."

그의 대답을 들으며 문득 한 가지 아이디어가 떠오른다.

"그럼 제 제품 같은 경우에는 "우리는 유명 제품은 팔지 않습니다. 우리는 두피 타입 별에 맞는 제품만을 팝니다. 중요한 것은 모두에게 좋은 것이 아닌 당신에게 좋은 제품이기 때문입니다." 이런 느낌 인가요?"

"오, 좋은데요. 조금만 수정하면 바로 쓸 수도 있겠어요."

"그렇군요. 직접 제 것을 생각해보니 더 와 닿는 것 같아요. 내가 하지 못하는 것들도 기꺼이 끄집어낸다면, 확실히 사람들은 조금 더 신뢰성도 가질 것 같네요. 좋은데요. 그럼 그다음은 어떻게 해야 할까요?"

"이제 비행기 조종사는 고객들에게 도착하는 곳의 날씨와 활주로의 상황을 친절하게 안내해줘야 할 순서입니다."

"보통 언제 도착하는 지, 기내에서 음성으로 기장이 말해주는 것처럼요?"

"네, 그게 바로 고객이 내 상품을 구매하고 난 뒤 어떻게 변화를 얻을 수 있는지를 생생하게 적어 주고 알려주는 겁니다."

"그들이 제품(상품)을 통해 얻게 되는 변화를 알려준다는 거죠?"

"네 맞아요. 변화를요. 아주 사소한 상황이라도 좋아요. 당신이 어떤 마음을 성취하고 어떤 기분을 느끼게 될지를 나열하는 것, 그것만으로도 고객은 간접적으로 랜딩 페이지에서 자신의 미래의 모습을 상상하게 되지요."

"그러면 아무래도 고객입장에서는 상품구매 이후, 자신의 좋아진 모습을 더 기대하게 되겠군요."

"맞아요. 사람은 말이죠. 자신을 더 나아지게 만들어주는 것을 위해서 돈을 쓰는 법입니다. 콘텐츠의 소비 뒷면에는 자신이 더 강해지고 싶은 욕망이 숨겨져 있어요. 그래서 그 부분을 적절하게 이야기해주는 것만으로도 그들에게 소비 근거를 줄 수 있지요."

"그럼 저 같은 경우에는 두피 타입별 사용 사진의 차이점을 보여주고, 추천 제품을 통해 그들이 얻게 되는 두피 개선 모습이나 모발이 형성된 기존 고객들의 모습도 도움이 되겠군요."

"네, 직접적으로 제품 사용 후 이미지를 보여주는 것이 굉장히 중요하겠죠. 물론 카테고리가 어떤 것이냐에 따라서 세부적인 랜딩 페이지는 변화해요. 제품이 어떤 것인지에 따라서도 고객 성향이 조금 다르기 때문입니다. 식품과 화장품이 같은 원리는 아니겠죠. 다만 본질적인 '결'은 비슷합니다. 이 제품을 사용한 뒤의 모습은 랜딩 페이지에서 핵심적인 부분이 맞다는 것이죠."

"생각해보니, 과거의 저도 신의 랜딩 페이지를 보면서 제 미래의 모습을 어렴풋이 상상했던 적이 있었던 것 같습니다. 이런 게 다 이유가 있었군요. 계속 이야기해 주시겠어요?"

"이제 활주로에 비행기가 들어설 차례입니다."

"땅에 닿는 '순간'이군요."

"네, 그 지점이 이제 고객에게 실용적이고 매우 구체적인 이야기를 해줘야 합니다. 본격적으로 고객에게 민수 님이 줄 수 있는 것들이 무엇인지를 명확하게 하는 것이죠. 이걸 '불릿포인트'라고 이야기합니다."

"흠, 이건 분명히 기억이 나요. 제가 신의 홈페이지에서 수많은 혜택을 보면서 정말 구매욕이 더 커졌던 것 같군요."

"네, 우리 제품에 진실한 제안을 상세하게 적어 주는 것입니다. 상품이 없다면, 무형의 제공되는 것들은 모두 작성해 넣는 것이 중요해요. 고객들이 읽지 않는다고 해도 내가 그들에게 이 제품을 추천하는 구체적인 이유와 조건을 적어보는 것입니다."

"음, 생각해보니 탈모에 들어간 제품군의 선정 이유에 대한 부분들을 상세하게 설명해주고, 왜 두피 타입별로 추천해 주는 제품인지, 그리고 추가적인 서비스 등을 상세하게 설명하는 것도 필요하겠군요?"

"그렇죠. 역시 활주하신 경험이 있으셔서 그런지 바로 잘 따라오시는군요."

"정말 지금 저에게 '딱' 필요한 이야기라 그런 것 같아요."

살아나는 내 표정의 변화를 보며 신도 덩달아 신이 나 보였다.

"네, 반복적으로 업그레이드하면서 그런 세세한 내용이 '랜딩 페이지'에 잘 안착해 줘야 합니다. 분야를 막론하고 모든 것을 다 만족하게 하는 제품은 없는 것이 진실이기 때문입니다. 어떤 분에게 특정이 되는지, 또 어떤 분은 효과가 없을 수 있다는 사실을 분명히 해주는 것이 필요합니다.

다시 한번 말씀드리지만 랜딩 페이지는 단순히 아무나 사람들을 모으려는 행위가 아닙니다. 그러면 반드시 '결이 맞지 않는 사람들이 끼게 되어있어요. 판매자의 철학과 결이 맞는 사람들을 잘 모으는 게 시간이 갈수록 그 힘이 엄청나다는 것을 잘 알게 될 것입니다."

"지금까지의 내용 참 재밌네요. 제가 신의 상품을 왜 고민 없이 구매했는 지를 알아가는 것 같아요. 계속 알려주세요. 이제 그다음은 무엇입니까?"

신은 갑자기 알 수 없는 작은 미소를 내게 머금으며 이야기를 이어 갔다.

"이제 공항에 나서는 이들에게 따뜻한 문구가 적힌 표지판을 들고 서 있으면 됩니다."

"따뜻한 표지판이요?"

"네, 그 표지판이 바로 민수 님이 가진 '쌓인 콘텐츠' 그리고 '후기'입니다. 민수 님이 지금까지 적었던 글, 영상, 본인의 생각들을 기고하면서 자유롭게 그들이 콘텐츠를 소비할 수 있도록 한 번 더 풀어주는 것이지요."

신의 말을 듣는데, 속으로 이상한 감탄이 흘러나온다. 그의 얼굴은 세밀한 조각상을 다듬고 있는 한 늙은 조공의 얼굴을 보는 듯 했다. 온라인 시장이 만들어 낸 콘텐츠라는 디지털 활자에도 분명 '격'이라는 것이 존재하고 있었다. 양상형을 꿈꾸는 사람들이 대부분인 이곳에서 분명 누군가는 디지털 콘텐츠에 예술을 가미하는 것만 같았다. 섬세한 그의 생각에 작게나마 소름이 돋았다.

"그럼 탈모 제품에 지금까지 저의 근거들을 보여주는 것이군요. 콘텐츠로 잘 정리해 놓은 글이나 영상 매체 등을 포괄적으로 담아주는 방식이군요."

신은 나를 보며 따뜻하게 고개를 끄덕이며 계속 자신의 생각을 이어갔다.

"앞 단의 과정에서 내 콘텐츠에 '감화'된 상태가 있기에 가능한 설계입니다. 민수 님의 콘텐츠에 이어 고객들의 자발적인 후기를 넣는다면, 이제 공항은 더욱 따뜻하게 여겨질 겁니다. 기존 고객들이 사용하던 후기를 반복적으로 보면서 진실한 후기들을 채워 갑니다. 그런 작업은 고객들의 반응이 올 때까지 반복적으로 업그레이드가 되어야 하는 것이죠."

문득 궁금해졌다. 이 사람은 어떻게 이런 과정을 몸으로 체득할 수 있었을까? 자연의 신비라는 것이 선천적으로 다른 능력이라고는 하지만, 나에게는 너무나도 생경하기만 한 이 콘텐츠 분야에서 신의 전략은 방송에서 흘러나오는 국가대표의 명경기를 바라보는 것과 같았다. 신은 멈추지 않았다. 그는 나에게서 끝끝내 화룡점정을 찍기 위한 마지막 준비를 마쳤다. 그리고 이내 나를 보며 그 점을 찍어갔다.

"민수 님, 콘텐츠는 누군가의 문제를 해결해 주기 위해 만드는 것이 대부분입니다. 그래서 정보성의 콘텐츠나 흥미 위주의 콘텐츠는 가볍게 보면 그 누구도 세일즈의 포인트를 만들어가지 못하는 것 같지요.

그런데 말이죠. 그것들이 쌓여 갈 때는 이야기가 전혀 달라집니다. 이것은 하나의 증명이 되기 시작하는 것이지요. 아무리 랜딩페이지를 그림같이 잘 만들어 내도, 내가 만들어낸 지속적인 콘텐츠가 뒷받침되지 못하면 아무런 효과가 없습니다."

정말 그랬다. 처음 그의 홈페이지를 뒤적거리다가 그가 만들어낸 다음 정보가 너무나도 궁금했었다. 신이 적어 놓은 모든 글을 찾아 읽어야만 했고, 그다음이 너무나도 궁금해서 기다리며 참을 수가 없을 정도였다. 그러나 그 어디에서도 판매자의 조급함은 느껴지지 않았다. 그리고 급하지 않은 판매자의 일괄된 태도가 보이자 오히려 고객이었던 당시의 내가 지금 이 물건만은 반드시 사야 한다며 스스로를 설득하고 있었다. 바로 이것이 그가 말한 안정감의 중요성이었다.

'나에게는 활주로가 있는가? 하늘에 활주하는 저 무수한 비행기가 안착 할 안정적인 착륙지를 나는 제대로 준비하고 있었는가?'

이 질문이 내 머릿속에 떠나지를 않고 있다. 비행기가 저 하늘을 높이 날아오른다. 분명 저 비행기도 어딘가에는 안착할 것이다. 그곳이 어디인지는 몰라도 모두의 염원이 담긴 편안한 곳은 틀림이 없을 것이다. 나도 내 고객들에게 그런 곳이 되기를 바라는 마음이 하늘위로 올라선다.

콘텐츠 고수의 한마디 11

구매전환률을 높이는 상세페이지 만드는 법을 궁금해하는 분들이 많습니다. 그런 수요에 걸맞게 그런 방법을 알려준다는 강의들도 정말 많습니다. 어떤 말로 설득해야 하는지 카피라이팅에 대한 부분에 집중해서 강의하는 사람이 있고, 어떤 식으로 디자인해야 하는지 알려주는 사람이 있습니다. 상세페이지에 방문한 고객들의 행동 데이터를 분석해서 조금 더 페이지 끝까지 읽게 만드는 테스트법을 공부해야 한다는 사람도 있습니다.

보는 관점에 따라 강조하는 게 조금씩 다르다보니, 배워야 할 게 또 한참 늘어나는 기분이 듭니다.

 이런 가이드들은 모두 일리가 있고, 성과를 봤던 부분일 것입니다. 하지만 이 모든 것을 다 배워서 상세 페이지, 즉 랜딩 페이지를 구축한다는 것은 너무 어렵게만 느껴집니다.

부모가 육아하기 위해서, 유아교육과에 가서 공부하는 사람은 없을 것입니다. 아이와 접촉을 하고 나면 그때 알맞게 반응하게 되고, 그에 맞는 준비를 하게 되지요. 고객의 구매 전환률을 높이기 위해서, 상세 페이지 잘 만드는 기술을 먼저 배울 게 아니라, 고객이 어떤 사람들인지 알고 느끼는 게 먼저입니다.

'고객이 왜 내 제품에 관심을 가졌을까? 그들이 원하는 것은 무엇일까? 고객의 입장에서 제일 궁금한 것은 무엇일까? 불만족스러운 경험은 무엇일까?' 고객을 떠올리고, 그의 입장에서 고민하고, 그 고민을 차근차근 해결해주며, 말을 건네는 장면을 먼저 떠올려보세요.

사람에게 써야 할 말과 그렇지 않아야 하는 말이 있습니다. 공포감과 불안감으로 가스라이팅 하듯이 결제를 유도하는 게 효과가 있어서 그 방식을 쓰라는 경우도 있습니다. 그 방식이 아무리 매출을 많이 올렸다고 해도, 이런 방식이 마치 성공 방정식처럼 전파되는 것은 위험하다고 생각합니다. 상세 페이지에 기술보다 마음을 먼저 담으세요. 시간이 갈수록 더 탄탄한 팬층을 만들게 되고, 더 오래 살아남는 기업이 될 수 있습니다.

무사히 연못을 건넌 뒤, 땅에 다다르자 토끼는 또다시 빠른 걸음으로 그것을 벗어나려고 했다. 하지만 그 옆에는 육지에 다다르자 어슬렁거리며 땅을 겨우 기고 있는 거북이가 눈에 밟히고 있었다. 그는 그런 모습이 약간 짜증이 나는 듯 거북이에게 따지듯 묻는다.

"이봐, 넌 지금 나랑 경쟁하는 중이라고. 잘난 척 하지 말란 말이야. 쳇."

거북이는 토끼의 성급하고 공격적인 어투에 더 대답하지 않는다. 그저 자신의 걸음 하나하나를 고쳐가며 자신의 속도로만 걸어갈 뿐이었다.

토끼는 그런 거북이를 보고 성질을 내듯 말을 이었다.

"네가 나를 한번 도와줬다고 해서 건방 떨지 마. 그냥 한번 도와준 것뿐이니까."

으름장을 놓고 토끼는 또 서둘러서 자기 길을 간다.

'넛지'

그래, 그것은 넛지다. 판매의 강요가 없어지자, 그들의 생각과 선택이 그 자리를 채워간다는 것. 그렇게 편안한 과정으로 나의 제품을 선택한다는 것. 이것이 콘텐츠 마케팅의 '백미'라는 생각이 들자 이런 과정들이 앞으로 민수에게 반복된 '노동'을 줄여갈 것 같다는 확실한 믿음이 생긴다.

'좋아, 흐름이⋯ 참 좋은걸.'

아직은 작은 매출이지만 그것이 일어나는 것을 보니 흐뭇한 미소가 지어진다. 그 과정을 견뎌온 자신에게 보상을 주고 싶은 마음이 생기는 것은 어쩌면 당연한지도 모른다.

'오늘은 근교로 드라이브나 갈까?'

서울에서 1시간 내외 교외에 있는 자주 가던 그 카페로 드라이브를 나선다. 차량을 몰고 교외로 빠져나간다. 다른 이들은 한참 출근을 마친 그 시간에 그들과는 정반대의 선로에 서 있다.

간만에 내게 느껴지는 이 선선한 바람은 지금 내가 가진 여유의 깊이를 한층 더 풍성하게 만들어 주는 것 같다. 이 한가로운 일상의 단면이 주고 있는 삶의 평온한 지평선의 선물을 그저 즐기고 있다. 그때. 휴대폰에 메시지 알림이 온다.

지이잉~

"뭐지? 카톡이 왔나?"

그곳에는 고객에게 온 메시지가 보인다.

"이거 방금 구매했는데, 제품 사용을 2번씩 하는 건가요? 아님 한 번만 하면 되나요?"

게시글 알람 설정으로 휴대폰이 울린다.

'순서를 헷갈려 하시는구나. 친절하게 답변해드리면 되겠지.'

지금의 이 여유와 풍요로움을 깨고 싶지 않아 침착하게 대응한다. 그러나 그때를 놓치지 않고, 또 다시 휴대폰이 울리기 시작한다.

지이잉~

"보내주신 제품을 받았는데, 사용 방법이 헷갈려서 질문이 많이 생기네요. 이런 건 어디에 올려야 되나요? 여기에 물어봐도 괜찮은 건가요?"

'이런 부분을 질문할지는 생각치도 못 했네. 괜찮아, 좋아 하나하나 안내하면 된다. 괜찮아, 민수야.'

침착하게 다시 대응한다. 그것이 내가 할 일의 전부이다. 그렇게 두 번째 그 고객에게 보낼 메시지를 작성하고 있었다.

지이잉~

또다시 날카로운 휴대폰의 음성이 울리기 시작한다.

"혹시 탈모와 관련된 개인 상담을 하고 싶은데 이건 어떻게 해야 할까요?"

순간 내 몸은 교외로 나왔지만, 내 마음과 정신은 현재 그곳에서 조차 편히 떠난 것이 아닌 단순한 사실을 깨닫는다. 그 뒤로 휴대폰으로 오는 메시지를 확인하느라 몇 시간을 정신 차리지 못한다. 그때 신에게서 전화가 온다.

"어디십니까? 민수 님."

"저 미사리에 있는 카페입니다."

"그렇군요. 민수 님. 잠깐 얼굴 좀 볼 수 있을까요?"

지이잉~~

그와 통화를 나누는 와중에도 또 문자메시지가 울린다. 끊임없이 울려 퍼지는 메시지로 도저히 그와의 대화에 더 집중할 수가 없음을 알았다. 혹자는 내게 그만큼의 반응이 오는 것은 당신의 제품에 판매가 활발하게 일어나는 것이고 그것은 불평할 일이 아니라 서둘러 그 감사한 고객들에게 응대하는 시간이라고 말할 지도 모른다. 그러나 지금의 나의 상황은 조금 달랐다. 내가 수많은 방법 중에서 굳이 콘텐츠 마케팅을 선택한 이유는 '고객의 닦달'이 아닌 '풍요로운 햇살을 만끽할 의자와 커피 한 잔의 시간'을 원했기 때문이었다.

"이거 구매했는데요. 배송이 도착하지 않는 것 같습니다. 빨리 해결해 주시겠어요?"

약간은 예민하게 신경질이 담긴 문자 앞에 내 마음의 모서리도 더 날카로워짐을 느낀다. 겨우 수화기를 잡아 그에게 지금의 나의 상황을 목소리로 전하려 한다.

"아 신, 죄송합니다. 오늘은 아무래도 안 될 것 같습니다. 제가 처리해야 할 것이 갑자기 많아져서 정신이 하나도 없네요."

신에게 만남을 거절한 것은 이번이 처음인 것 같았다. 하지만 어쩔 수 없는 상황이었다. 계속 문자가 들어오고 있었고, 이것들로 인해 내 마음은 순간 지옥 불이 일어나는 것 같은 기분이 들었기 때문이다 (그런 상황에는 외부의 정보는 전혀 들리지도 않는 상태가 된다는 것을 잘 아는 것도 한 몫 했다).

무응답 메시지 13개.

판매가 조금 일어나니 이런 예상치 못한 일들이 생기고 있었다. 갑자기 내 물건을 산 고객들이 마치 모두 자기 의사 표현도 정확하게 전달하지 못하는 4살짜리 아이처럼 보였다.

이것 해 달라. 저것 해 달라.

가끔 그들의 막연한 요청 앞에서 그 '아이'가 투정 부리는 것을 참고 듣는 것처럼 답답한 기운이 올라올 때가 있다. 마음속에서 바쁘게 일어나고 있는 그 불편함의 조각을 애써 가리며 고객 한 명, 한 명에게 똑같은 톤의 응대를 하고 있을 뿐이었다.

지이잉.

하지만 휴대폰은 나의 간절함과 다르게도 쉬고 싶은 생각이 전혀 없어 보인다. 교외로 '몸'만 옮길 뿐 실상은 사무실에 앉아 있어야만 했던 그 청년은 예전 온라인 마케팅을 처음 배웠을 때와 별반 다를 것 없는 지금의 상태가 두렵기까지 했다. 문득 그때의 기억이 떠오른다.

화장품을 팔던 그 첫 번째 순간 말이다. 일처리를 하면서도 그 상황과 유독 비슷한 색채 앞에서 등줄기의 땀이 흘러감을 느끼고 있었다.

'이 응대를 언제까지 해야 하는 거지?'

한참을 정신없이 답변을 보내고 그들의 요청에 응답하고 있을 때였다. 갑자기 내 어깨에 누군가의 손길이 느껴진다. 갑작스러운 둔탁한 손길을 느껴 놀란 나는 감각의 느낌을 따라 그 곳을 쳐다봤다.

신이었다. 그는 둔탁한 뿔테 너머에 따뜻한 눈매로 그저 나를 바라보고 있었다.

"아니, 신?"

정말 예상치 못한 그의 등장에 깜짝 놀라 두 눈이 사슴처럼 커졌다.

"민수 님, 엄청 놀라시는군요?"

"아니… 여긴 어떻게 알고 오셨어요?"

"바쁘신 것 같아 조용히 왔어요. 근교 카페는 주로 이 쪽을 찾으실 거라 생각했죠."

"감동이네요. 근데, 지금 제가 고객들에게 응대해주느라 정신이 없네요."

"고객에게 응대라… 매우 바쁘겠군요."

"네, 구매가 일어나니 정말 정신이 없어지네요."

"민수 님, 어떠세요? C/S 업무를 해보니, 혹시 지금의 일이 앞으로도 계속 반복될 것 같다는 생각이 들지는 않으세요?"

그는 분명 가볍게 질문을 던졌지만, 내게는 가벼운 질문이 아니었다.

"아, 정말 이게 작은 매출에도 이 정도인데… 나중에 목표 매출을 달성하면. 이런 일만 처리하다가 하루가 다 갈까 걱정이 되네요."

"콘텐츠, 설계의 과정에서 민수 님이 겪는 이런 일은 처음에는 매우 흔한 일이긴 합니다만…."

그는 말끝을 흐리면서, 동시에 무언가 자신감이 담긴 눈매를 취한다.

동시에 그는 의자에 앉으면서 가방 안에 담긴 은색의 노트북을 꺼내며 그는 내 쪽으로 몸을 향해 틀며 계속 대화를 이어간다.

"이 또한 분명 방법이 있겠지요."

나는 노트북을 향해 시선을 돌리며 그에게 묻는다.

"이것도 더 게으른 방법이 있을까요?"

"물론 있죠."

그는 자신 있게 말한다.

"민수 님, 고객이 물을 때 답하는 건 클레임의 기반일 뿐입니다. 고수는 고객이 묻기 전에 먼저 말합니다. 그건 서비스입니다."

"아, 그거 기억나네요. 예전에 강의 끝나고 신에게 들은 기억이 납니다."

"이제는 단순히 기억만 하시면 안 될 겁니다. 안 그러면 매일 고객 상담하다 정말 하루가 다 가실 겁니다."

"정말 그럴 것 같아서 겁이 덜컥 나네요."

"민수 님, 고객이 내 물건을 구매했을 때는 예상되고 반복되는 질문 리스트, 제품 이용 순서, 그리고 이분들이 다음에 어떻게 더 깊게 참여하는 지 등에 대한 구체적인 내용을 토대로 먼저 다가가야 합니다. 그리고 판매 직후의 소통이 정말로 중요합니다."

"소통을 하라고요? 저는 지금도 소통하느라 바쁜 거 아닌가요?"

"하하. 민수 님, 민수 님이 지금 하는 것은 '소통'이 아니라 '응대'겠죠."

맞는 말이었다. 지금 나는 내가 원하지 않는 일을 하느라 하루를 다 보내고 있었기 때문이다.

"왠지 이러실 타이밍인 것 같아, 여기까지 온 겁니다."

이로써 그는 나의 전 과정을 모두 꿰뚫어 보고 있다는 것이 분명해 졌다. 그는 말을 이었다.

"소통을 위해서 일단 고객들에게 들어온 모든 질문을 정리하세요. 그리고 반복된 질문에 대해서 상세하게 안내해 드리는 겁니다. 많은 사업가 분들이 고객 구매 전에 소통을 왕성하게 하죠. 하지만 콘텐츠 마케팅하시고, 그 시스템을 설계하는 것을 목표로 두는 사람이라면, 그 '타이밍'을 조금 세밀하게 다뤄야 해요. 우리의 소통은 구매 직전이 아니죠. 고객이 구매한 직후, 고객 요청 전 타이밍이 바로 '골든 타이밍'이 되어야죠."

"구매 직후, 고객 요청 전이라고요?"

"네, 맞아요. 그들이 구매한 이후에 안심을 할 수 있도록, 메일코스나 정보 내용을 며칠에 걸쳐 보내 드리는 것이 정말 좋아요."

"구매 이후에요? 왜 그런 거죠?"

"이론으로만 보다 현실로 적용하니 감이 많이 떨어지시죠?"

문득 작년의 순간들이 떠오른다. 신은 그 당시 어떤 기업의 구매 직후 코스를 밤낮없이 작성하고 있었다. 신은 상품을 판매한 직후를 직전보다 더 중요하게 생각하고 있다고 내게 말해주었다. 그래서 그가 며칠 밤을 새워가며 노력하는 포인트도 구매 세팅이 아닌 구매 직후의 세팅이라고 말하던 기억이 났다. 그는 고객들이 친절하게 알 수 있는 판매 직후의 상세 페이지를 제작하고 있었다.

그 생각이 떠오르자 스스로에게 감탄하고 있었다. 그날 그가 나에게 건넨 그 모든 기억을 정말 새까맣게 잊고 있는 나 자신의 깔끔한 능력에 말이다.

"정말 그렇네요. 이론이 아닌 실제로 경험해보니 차이가 정말 크네요. 미리 설계를 세팅해 놓았으면 제가 지금 이렇게 일일이 반응할 필요가 없었던 거군요."

"오히려 고객들은 민수 님의 섬세한 배려에 깊이 감동할 수 있는 타이밍이 되었겠지요. 그리고 민수 님도 지금 아마 더 여유롭게 드라이브를 즐기지 않았겠습니까?"

"아하, 이게 고객만을 위한 것이 아닌 '구매자'와 '판매자' 모두에게 필요한 단계였던 거군요."

신은 내 대답이 마음에 든 듯, 소리 없이 표정으로 깊은 웃음을 보이고 있었다.

"민수 님, 더 크게 보세요. 그럼 민수 님에게 고객들이 '전화'가 오고 '요청'이 오는 것들은 무엇인지 알 수 있죠. 그렇죠?"

순간 그의 의중을 뒤늦게 알아차린다.

"아! 그렇다면 지금 고객들이 불평은 내 시스템에 부족한 점이 무엇인지를 정확하게 알려주는 신호로 볼 수 있는 거군요."

"빙고! 맞습니다. 많은 분들이 고객들의 응석을 받아준다고만 생각합니다. 하지만 콘텐츠 마케팅의 시선은 조금 다릅니다. 주어진 일을 반복해서 처리하는 것만이 우리의 일이 아니죠. 우리의 시선은 어떻게 하면 시간이 흐를수록, 판매가 더 많아질수록, '내가 지금 의미 없이 반복하고 있는 이 일들을 줄어들게 할 수 있을까?'입니다. 그게 시스템을 만들어가는 사람의 가장 중요한 자세와 태도이기도 하죠."

"그럼 결국 고객은 클레임을 주는 것이 아니라 내가 해야 할 일을 알려주는 것이겠군요."

"그렇죠. 고객들의 이야기를 귀담아듣고 반복해보는 것이 매우 중요합니다. 그래서 초반 C/S는 기업의 형태가 작을수록 대표가 가장 가까이서 들어봐야 합니다. 반복된 그것들을 정리해서 앞단의 세일즈 페이지(랜딩 페이지)를 지속해서 업데이트해야 합니다. 이런 과정이 쌓여 가면 고객들의 클레임과 문의는 점차 줄어들게 됩니다. 그래서 이런 모형의 과정은 단 한 번에 끝내는 것이 아니고, 계속 피드백을 받으면서 지속해서 만들어가야 하는 과정이 맞지요."

신의 랜딩 페이지를 보면서 그가 마치 '내 마음을 읽고 있는 것과 같다'는 느낌을 받은 적이 있었다. 마치 그가 독심술이라도 쓰는 '도인'처럼 그를 신기하게 생각하고 있었다. 그것은 판매 직후 그의 예상치 못한 배려 앞에서 정점을 찍었다. 내 의식의 흐름이 마치 읽혀지는 것과 같은 소름 돋는 그 경험은 내게 몇 번이고 그가 가진 그 탁월함 앞에 '감탄'을 금치 못하게 하였다. 하지만 그것은 신의 '독심술' 혹은 '탁월함'의 결괏값이 결코 아니었다. 무한히 반복될 것 같았던 고객 한 명, 한 명의 존중과 배려 없이 가볍기만 한 응대를 받아내며 그는 그 해결 과정의 해결점을 질문으로 풀어내고 있었던 것이다.

성냥으로 탑을 쌓아 올릴 때 가장 중요한 것은 자주 무너지는 것이다. 그 작은 무너짐의 반복은 성냥 탑의 균형점을 조금씩 내어준다. 그는 성냥 탑의 무너짐을 수 없이 바라보며, 그저 견고하게 자신에게 주어진 일을 해 나간 것이다. 문득 그의 어깨가 내 두 눈에 들어왔다. 묵직하게 가방을 메고 있던 그 두 어깨가 오늘따라 더 거대하고 엄청나 보이는 것은 나의 착각이 아니었다.

"민수 님, 기억해주세요. 랜딩 페이지의 완성은 판매가 아닙니다.

고객이 판매한 직후 그들의 소리에 더 귀 기울여야 합니다. 구매한 사람들의 소리를 가만히 바라보고, 들어보세요. 그 안에 해답이 있어요. 다른 곳에서 정답을 찾을 필요가 전혀 없습니다. 그 소리를 좇아가다보면 개선의 과정이 보일겁니다. 그걸 다시 랜딩 페이지에 정리해 봅니다. 그것을 저는 'FAQ(Frequently Asked Questions)'라고 이야기합니다. 견고하고 단단한 'FAQ'가 만들어질수록 타인과의 경쟁이 아닌 나의 길이 열리는 것입니다. 이걸 꼭 기억해주세요."

돌아오는 길, 신과 깊이 있는 대화를 나눌 수 있었다. 이렇게 멋진 분이 나를 위해 직접 여기까지 찾아와 준 것을 보면서 정말 나는 복을 많이 받은 사람이라는 믿음이 생긴다. 다행히 그에게 내가 해줄 보답이 무엇인지를 이제는 알고 있었다. 그 보답의 시작은 몇 개월 안에 고객들의 소리를 모으고 또 모을 생각을 하고 있는 나의 태도였다. 그것들을 충분히 관찰하고 정리하며 누구나 이해할 수 있는 단계를 구축하겠다는 굳은 결심을 한다. 그래서 '언제든 소중한 사람을 만나는 이 소중한 시간만큼은 더는 잃지 않겠다'는 가열찬 의지가 심장 안으로 파고 들어온다.

마음을 다잡아 본다. 콘텐츠 마케팅의 완성은 결코 '구매' 단계에서 끝이 아니다. 한번 팔면 다시는 장사를 안 할 듯이 행동하는 뜨내기 장사꾼은 이곳에서 서식하기 어렵다. 오랫동안 꾸준하게 사랑을 받는 사업을 하는 과정을 위해서 결코 구매행위는 끝맺음이 되어서는 안 되는 것임을 깊이 또 사색하고 그려본다.

　제품 구매.

　그것은 단지 고객과 나의 만남이 시작되었음을 의미하는 일이다.

시작은 설레야지, 혼란을 주어서는 안 되는 법이다.

콘텐츠 고수의 한마디 12

'한 달 만에 매출 1000만 원 달성!'

이런 타이틀을 달고 책, 영상과 강의들이 계속 쏟아지고 있습니다. 너무 솔깃한 이야기이지요. 그리고 축하할 일이기도 합니다. 1000만 원은 꽤 상징적인 숫자이니까요. 그런데 과연 단기간에 이렇게 매출을 높인 성과를 마냥 축하만 해줄 수 있을까요? 저는 의문이 듭니다.

속도를 빠르게 하는 일종의 치트키들은 넘쳐납니다. 광고를 무리하게 집행하면 되고요. 가격을 무리하게 낮추면 됩니다. 상도를 어기면서 경쟁자를 베낄 수도 있고요. 인맥을 활용해서 MD를 통해 오픈마켓에서 노출을 잘하는 방법도 있습니다. 그리고 이렇게 매출 올리는 속도를 높이는 방법들은 다 공개가 되어있고, 각자의 노하우를 알려주고 싶은 사람들도 넘쳐납니다.

그런데 중요한 것은 그렇게 빠르게 돈 벌었다고 하는 사람들이 6개월 뒤, 1년 뒤에도 기쁜 마음으로 즐겁게 사업을 하게 될지는 잘 모르겠습니다.

빠르게 성장하는 만큼 고객 관리의 수준이 떨어지고, 고객을 통해서 성장할 수 있는 기회를 많이 놓치기 때문입니다. 끊임없이 들어오는 고객 문의와 고객 불만을 쳐내느라 바쁘기만 합니다. 들어오는 문의를 여유 있게 보면서 더 업그레이드할 수 있는 전략을 짤 수 있는 시간이 부족합니다.

하지만 초반에 적은 고객을 상대하면, 고객 한 명 한 명의 목소리에 집중할 수 있고, 공감할 수 있습니다. 고객의 메시지를 개별로 기록해두고, 어떻게 소통하면 좋을지 FAQ를 만들 여유도 있습니다.

이후 속도가 점점 붙어도 초반에 미리 구축해둔 소통 방식과 FAQ가 있기 때문에 불필요한 감정 소모 없이 체계적으로 고객 문의를 소화할 수 있고, 직원에게 관리를 맡기기도 편합니다.

초반에 빠르게 속도 내는 데만 급급한 나머지, 고객 문의를 귀찮아하면서 쳐내기만 하면 직원도 감정 소모가 많고, 금방 번아웃이 찾아옵니다. 그런 상황이 되면 회복되는데 시간이 오래 걸리고, 퇴사해야만 해결되기도 합니다. 오직 구매를 빨리 끌어내고, 매출 올리는 데만 신경 쓴다면 점점 시스템을 구축하는 것은 더 어려워집니다. 시스템을 만들기 위해 사업을 하고 계신가요? 아니면 비효율적인 감정 노동을 지속하면서 돈 벌기를 원하시나요?

콘텐츠 마케팅 고수 비법 7
오래가는 팬덤에는 비밀이 있다

연못을 지난 토끼는 가볍게 거북이를 이길 수 있는 조건이 되었다. 이제 곧 결승선이 다다른다. 토끼의 혼란스러운 마음이 피어오른다.

'멍청한 녀석. 왜 굳이 남을 도와서 이렇게 경기에 지나? 패배 습성을 가진 나약한 것들의 한계지….'

'왜 나를 도와준 거지? 참 이해가 안 되네….'

그는 이런저런 생각에 잡히며 심연의 깊은 불편한 감정을 마주친다. 그러다 길 앞에 놓여있는 돌부리를 미처 보지 못한 채, 그것에 걸려 넘어지고 만다. 다리 쪽에서 심각한 통증이 밀려온다. 문득 그의 발끝을 보니 그의 발은 이미 피범벅이 되어 있었다. 서둘러 자리에 일어선다. 그러나 혼자 힘으로 일어나기란 쉽지 않다. 다리에 통증이 점점 더 차오른다. 그는 드러누워 애꿎게 하늘만 바라보고 있을 뿐이다.

한참이 지난 뒤, 그 자리에 거북이가 천천히 지나간다. 거북이는

다리에 피를 흘리며 쓰러져있는 토끼를 바라본다. 그리고 아파하는 그에게 말을 건넨다.

"괜찮니? 내 등에 올라탈래?"

토끼는 황당함을 감추려 그를 더 쏘아본다. 그리고 이렇게 말한다.

"됐어. 지나가. 누굴 약을 올리냐? 너의 도움 따위는 필요 없어."

거북이는 한참 토끼를 바라보다 조용히 이야기한다.

"토끼, 기억하니? 나는 너와 경주한다고 생각한 적도, 말 한 적도 한 번도 없어. 경주 따윈 인제 그만두고, 그냥 나랑 같이 남은 길이나 함께 걸어가는 게 어때?"

토끼는 거북이의 진심 어린 말 앞에서 당황스러움을 숨기지 못 하고 있다.

거북이는 토끼에게 가만히 손을 내민다. 그의 눈빛은 흔들림 하나 허용하지 않을 것처럼 단단해 보인다. 토끼는 이러지도 저러지도 못 한 채 거북이의 손을 그저 멍하니 바라보고 있다.

그는 언제나 '팬'들과 함께 있었지만 한편으로는 팬덤이 너무 과하지도 않았고, 그렇다고 너무 가볍지도 않은 중심과 균형을 잘 잡아갔다. 구설수 없이 사람들 사이에서 오랫동안 활동하는 일은 극도로 유명해지는 것보다 더 어려운 일이다. 그런 그의 비법이 무척이나 궁금했다.

"신, 팬은 어떻게 해야 잘 관리하는 걸까요?"

"팬 관리요? 꽤 어려운 질문인데요."

"아, 그런가요? 과연 제가 신처럼 능숙하게 그런 팬덤을 잘 관리할 수 있을까? 문득 불안한 마음이 들어서요."

"민수 님, 지금처럼 분명 잘 하실 겁니다."

"신에게 팬은 어떤 개념이에요?"

그는 그다지 고민하지 않고 바로 답을 이어갔다.

"결이라 생각합니다."

"결이요?"

"네, 사람의 결. 지금까지 우리가 콘텐츠 모형을 설계한 최종 목적이기도 하죠. 나와 결을 같은 사람을 찾는 것이 팬덤의 실체라고 생각합니다."

그리고 그는 나를 보며 물었다.

"민수 님에게 팬은 무슨 개념인가요?"

그가 던진 이번 질문이 지금껏 수많은 질문 중에서도 유독 더 쉽게 다가온다. 화려한 액세서리를 치장한 채, 화장기 가득한 아이돌의 가수들이 하얀빛의 가운을 걸치며, 반짝이는 무대 위에서 화려한 춤을 춘다. 무대 아래, 팬들은 그들의 화려한 춤사위에 눈길을 빼앗긴지 이미 오래이다. 그들의 한 순간순간을 놓치고 싶지 않은 듯 카메라 셔터만이 바쁘게만 움직인다.

나에게 '팬덤'은 그 명확한 무엇이었다. 빛나는 스포트라이트, 화려한 무대, 열광하는 사람들. 이 세 박자의 조합을 뺀 그 무엇도 이 단어를 나에게서 대체할 수는 없을 것만 같았다.

"팬이요? 그야 당연히 나를 미치도록 좋아해 주는 사람 아닌가요?"

"하하. 그래요. 물론 나를 좋아하는 분들이겠죠. 그런데 민수 님, 이런 말 들어보셨어요? 나를 가장 미워하는 사람은 한때는 나를 가장 사랑했던 사람이라는 말?"

"나를 사랑하는 사람이 나를 가장 미워한다고요? 그거 참 생각할수록 무서운 말이군요."

"그렇죠. 그런데 그 무서운 말이 실제로도 정말 많이 일어나고 있죠."

"그런가요?"

"네, 우리 제품을 열광해주던 팬이 우리에게서 '큰 실망'을 받으면 어떤 행동을 할 것 같아요?"

"음, 제품을 환불한다? 뭐 이런 거요?"

"네, 환불도 하시겠죠. 그런데 그냥 가볍게 돌아서지만은 않을 겁니다."

"그냥 가지 않는다고요?"

"네, 현장에서 그런 경우를 많이 보게 됩니다. 절대 변하지 않을 것처럼 맹목적으로 내게 다가온 팬일수록, 뒤돌아서면 어떻게 되는지.

대부분 빨리 다가오는 사람일수록, 더 쉽게 돌아서는 경향이 강하죠."

"더 빨리 믿는 분이 더 빨리 돌아선다는 거네요."

"네, 맞아요. 그래서 오래가기 위해서는 적당한 거리를 유지하는 게 정말 중요합니다."

"음, 적당한 거리요?"

"간단히 말해서, 팬이란 개념을 바꿔보는 거예요. 단순히 나를 좋아해주는 사람으로 국한하지 말자는 거예요. 대신 우리 서로 함께 나아갈 수 있는 힘을 갖는 동료라고 생각하는 거죠."

"아, 가만 듣다 보니 저는 팬이라는 것을 무조건 저를 열광하는 존재로만 생각한 것 같군요."

"보통 많이들 그러세요. 하지만 그건 매우 1차원적인 접근이죠. 조금 더 깊게 생각해 보자고요. 우린 남처럼 엄청나게 유명하지 않아도, 그렇게 대단하지 않아도, 충분히 효율적으로 일할 수 있고, 내 일상을 무너트리지 않을 수도 있으며, 알려지지 않아도 꽤 괜찮게 사업하는 방법을 이야기하는 거잖아요?"

"아, 그렇죠."

"그럼 제일 먼저 버려야 할 것이 팬에 대한 좁은 관점과 편견입니다."

"음, 결국 우리는 열성 팬 아닌 마치 따뜻한 동료를 찾는다는 말씀이시군요."

"네, 팬덤의 새로운 정의이죠. 같이 가는 동료. 귀한 사람을 찾는 여정이라고나 할까요?"

"귀한 사람을 찾는다. 하하."

"이걸 위해서 그들에게 받기만 하기 이전에 기꺼이 그들에게 공을 돌릴 수 있어야 하고, 그들과 같이 '상생'하는 부분을 계속 찾아가는 것. 이런 더 넓은 행동들이 필요한 거죠."

신의 과거 행적을 떠올려본다. 그는 자기 팬을 위해서 정말 많은 것들을 헌신하였다. 한때 그는 그를 따르는 이들의 홈페이지 제작을 도와주기도 했고, 다양한 루트로 그들과 상생하는 모든 것에 에너지를 아끼지 않았다. 때론 그런 그조차 팬이라고 자청하던 그들의 '배신'으로 마음에 큰 상처를 입기도 했었다.

하지만 그는 돈보다는 시간, 시간보다는 사람이 더 소중하다는 자신만의 '원칙'을 결코 저버리지는 않았다. 끊임없이 그들의 콘텐츠를 먼저 공유해주었고, 언제든 다가가 진심 어린 대화를 꺼낸 것도 다름 아닌 신의 역할이었다. 그의 말에 담긴 무게는 괜히 나오는 것이 아니었다.

"팬덤의 핵심은 '사랑'이 아니에요. 그런 방식은 3년도 채 넘기기 힘들어요. 오래가는 팬덤은 기대 넘치는 사랑이 아닌 그저 그 사람을 '사람 대 사람'으로 봐주며 '상호 간에 진행하는 끊임없는 소통'이 전부입니다. 일종의 '상생'이죠. 이해되시나요?"

신은 내가 아직 이 부분을 제대로 이해하지 못함을 당시에 정확히 알고 있는 것 같았다. 그래서 질문이 끊긴 나를 위해 그 당시 한동안 말을 꺼내지 않았던 기억이 난다.

'상생'

솔직히 당시에는 상생에 대한 인식이 내 인식에는 없는 것이 분명했다. 콘텐츠로 이 단계까지 온 것이면 진짜 끝인 줄만 알았다. 팬덤의 영역은 수학처럼 딱 떨어지듯 완벽한 과정은 아닌 것은 분명했고, 경험하지 못한 내게 이 문제는 정말 해결될 것 같지 않은 기분이 들었다. 신의 마지막 물음에 끝까지 답하지 않았다. 아니 답을 내릴 수가 없었다. 경험 없는 그 미지의 영역. 아직은 알 수 없지만, 내면에 익숙한 불안감이라는 그늘이 나를 달아오르게 하고 있는 것만 같았다. 그저 내 머릿속은 조금 더 복잡해지는 기분마저 들었다. 지금까지의 단계를 쌓으며 고생한 생각에만 빠져, 미처 닿지도 않는 그 생각의 꼬리를 지금 나는 계속 붙들고 있는 꼴이다.

'상생, 상생이라… 참 난해한 말이네요.'

"괜찮아요. 천천히. 그저 민수 님과 제가 해결해야 할 또 하나의 문이 열린 것이라 생각해 주세요."

"바보처럼 저는 모형을 잘 적용하면, 모든 콘텐츠 과정이 완료되는 것이라 생각했거든요."

약간의 절망적인 표정의 나를 보며 그는 그저 말없이 미소를 내어

준다. 콘텐츠 모형의 설계를 경험하면서 어쩌면 나에게 간절했던 것은 그저 밝은 '출구'였는지도 모른다. 어두운 문밖에 나서는 순간 화려한 빛이 내 온몸을 따뜻하게 적셔주기를 바라는 일은 어쩌면 너무 당연한지도 모른다. 하지만 지금의 나는 긴 터널의 문 근처에 위치하는 것이 아니었다. 아직은 어두컴컴하게 가야 할 길이 많이 남았지만, 다행인 것은 그 자체가 내게 실망감으로만 다가오지 않는다는 것이었다.

밤하늘의 별이 하늘을 수놓았고, 그런 내 마음의 별도 하늘 아래 반짝이며 빛나는 순간을 느낀다. 그리고 그곳에서 가장 밝게 빛나는 별 하나를 바라보며 말한다.

'저 반짝이는 게 팬덤이 아니라고? 참, 도통 알 길이 없네….'

맞는지, 틀린 지는 모르겠지만, 어둠 속에서 함께 걸어주는 또 하나의 숨소리만을 따르며, 그렇게 또 어두운 터널을 계속 걷는다.

콘텐츠 고수의 한마디 13

'열성적인 팬 1000명만 있다면 연봉 1억 원은 문제없다'는 말을 들어보셨을 것입니다. 저 역시 그 말을 자주 인용하는 편이고, 비슷한 메커니즘으로 돈을 벌었기 때문에 이 말에 대해 의문을 제기할 생각은 없습니다.

하지만 팬의 의미에 대해서는 다시 한번 생각해볼 가치가 있습니다. 내가 무엇을 해도 응원해줄 사람, 끝까지 믿어줄 사람. 그런 팬을 가지고 있다면 얼마나 든든할까요? 그렇지만 세상에 일방적인 것은 없습니다. 내 가족도, 내 친구도 아무 대가 없이 그렇게 믿어주고 응원해주기 어렵다는 것을 우리는 살아가면서 자연스럽게 받아들였을 텐데요.

팬이 되는 데는 각자의 이유가 존재합니다. 그리고 이유는 평생 변질되지 않는다는 보장이 없습니다. 한두 명 팬의 니즈를 만족시켜주는 것은 어찌어찌 가능하겠지만, 1000명 팬의 모든 니즈를 100% 만족시키는 것은 어려운 일입니다. 수익으로 돌아오는 것이 있겠지만, 그만큼 자유도를 포기해야 하거나 진짜 내 모습으로 사는 것을 희생해야 하는 부분도 생깁니다.

그리고 그런 식으로는 오래 건강하게 사업할 수도 없고, 인생을 즐길 수도 없습니다. 당연히 팬들의 니즈를 충족시키는 모습을 계속 보여줄 수도 없습니다. 내가 인플루언서가 되어서 수많은 팬을 거느리는 방식으로 돈을 버는 것은 달콤하면서도 버거운 방식입니다. 특히나 열성적인 팬의 욕구를 충족시켜주면서 돈을 버는 것은 더더군다나 힘든 일이고, 리스크가 큰 일입니다.

열성적인 팬보다 은근한 팬 소수가 낫습니다. 나라는 인간 자체보다 내가 미치는 영향력과 메시지에 공감하고, 주체적으로 행동하는 팬이 낫습니다. 내가 말하는 메시지에 무조건적인 추종을 하고, 주체적인 생각을 못 할 정도로 열성적인 팬이 많아지는 것은 오히려 위험할 수 있습니다.

소통되는 팬은 결이 맞는 팬입니다. 일방적인 메시지에도 추종하고 따르기만 하는 팬과는 건강한 관계를 맺기가 어렵습니다. 팬을 모으면서 속도보다 방향이 중요한 이유입니다. 당신은 앞으로 어떤 팬을 모으고 싶으신가요?

CHAPTER 3

초보 창업자라면
조심해야 할
유혹을 들여다보다

콘텐츠 마케팅 기법 1
콘텐츠 제작에만 빠지는
유혹을 경계한다

가을인지라 눈부신 낮과는 달리 차가운 밤기운이 역력하다. 그 차가운 기운에 놀란 듯, 사람들은 자기 몸을 다 덮을 코트 안으로 자신들을 숨겨 버린다. 추운 날씨를 서둘러 피해 가는 사람들의 바깥 풍경을 카페에서 바라본다. 밖에 나가지 않아도 되고, 출근하지 않아도 되는, 지금의 내 삶이 과연 몇 년 전 만해도 감히 상상이나 했었나? 문득문득 지금 내가 하는 과정이 뿌듯하게 느껴지면 입가에 미소를 띤다.

그러나 동시에 차갑고, 뒤섞인 어둠 또한 나를 둘러싼다. 마음이 답답했다. 분명 콘텐츠로 돈을 벌 수 있는 방법을 어느 정도 깨우쳤다고 생각했다. 어느 정도 결과가 나올 것이라는 기대감도 가득했다.

'씨를 뿌렸으면 거둬들일 게 있어야 할 거 아냐.'

봄에 씨를 뿌렸으면 가을에 거둔다. 씨를 뿌리듯이 콘텐츠를 뿌리고 상품을 만들었으니 수확할 게 있어야 하지 않겠는가. 그런데 현실의 수확물은 제때 오지 않았다. 수확이라고 할 만한 것조차 없었다. 마음을 편하게 먹어야 한다는 것을 잘 알면서도 막상 아무런 수확이 없는 상황이 펼쳐지자 '이걸 정말 하는 이유가 무엇일까?' 싶어 허무한 마음마저 들었다.

끝을 모르고 뻗어나가는 생각을 따라가다가 퍼뜩 내가 눈앞에 있는 사람의 말을 아무것도 듣지 않고 있다는 것을 깨달았다. 그래, 지금 나는 신을 만나고 있었다. 그리고 그가 내게 건네주고 있는 중요한 메시지들을 다 놓치고 있었다.

"그래서, 민수 님, 다양하게 접근해 봐도 좋겠다는 거죠."

"네? 아, 죄송합니다. 제가 처음 말씀하신 부분을 잘 못 이해했네요."

그러던 차에 그는 나의 표정을 살펴본다.

"무슨 일이라도 있으신가요?"

나는 애써 그를 보며 밝게 미소를 짓는다.

"아닙니다. 이야기해 주세요. 하하."

무언가 하고 싶은 말이 있는 듯해 보이지만, 그는 더 말을 붙이지 않고 자신의 본래 뜻을 전한다.

"콘텐츠. 이제 조금 더 다양하게 응용 해 보자고요."

"응용이요?"

"네, 응용."

"어떤 응용인가요?"

"민수 님이 요리를 한다고 상상해보세요. 기본 재료로 만드는 법을 알면 이제 이 재료를 가지고 다양하게 시도해 보잖아요. 퓨전 요리도 만들고, 새로운 장르로 개척하듯 콘텐츠도 다양한 '응용'이 가능하다는 말씀을 드린 거예요."

"오, 응용이라 하니 이제 뭔가 괜히, 콘텐츠를 가지고 노는 듯한 느낌이 드네요."

"네, 다룰 수 있는 시간을 이겨낸 분들이니까. 일종의 콘텐츠를 쌓은 자들의 권리 같은 거죠."

그는 한껏 신나는 표정을 보인다. 통제권을 쥔 자의 권리라는 그의 말이 유독 더 깊게 다가온다. 그는 말했다.

"이게 콘텐츠를 일종의 '백지수표'처럼 다루게 되실 겁니다."

"백지수표요? 하얀 빈 수표를 말씀하시는 건가요?"

"네, 이제 기본의 가치를 이해하신 분이라면, 다양하게 백지처럼 콘텐츠에 접근해 볼 수 있게 되지요. 그러기 위해서는 민수 님이 꼭 하셔야 할 일이 있습니다."

"네? 아, 꼭 해야죠. 하하."

당당한 내 눈을 보면서 신은 짧은 말을 이었다.

"다시 깨 버립시다."

이해할 수 없는 말이었다. 깨버리라고? 이게 무슨 의미일까? 무엇을 깨라는 말이지? 지금껏 세워온 것들에 만족하며 흐뭇한 미소를 짓기도 부족했다. 이렇다 할 성과가 없는 상황에서 내가 할 수 있는 것이라곤 '조금만 더 버티면 돼'라는 근거가 빈약한 믿음을 꼭 쥐고 있는 것뿐이었다. 그런데 신은 나에게 버티는 게 아니라 내가 만들어온 것을 깨라고 이야기하고 있었다.

"민수 님, 콘텐츠 시스템으로 가기 위해서는 제작에만 갇혀 있으면 안 됩니다. 고객을 만나 능숙하게 다루는 모든 사건은 목표 밖이 아니라 목표 그 안에 서 있어야 합니다. 목표 안으로 다가가기 위해서라도 내가 지금 배운 제작법들을 먼저 깨부술 줄 알아야 합니다."

"머리로는 알겠는데요, 가슴으로 와 닿지는 않습니다."

그에게 지금 나의 솔직한 마음을 내보였다. 좋게 보면 이건 그와 내가 얼마나 가까워지고 있는지를 입증하고 있었으나, 동시에 그것은 부정의 감정이 쌓이고 쌓여 나의 말이 틀리지 않았음을 입증하고자 하는 묘한 나의 작은 저항심의 표현으로 볼 수도 있었다.

"잘 안 받아지죠. 당연합니다. 그런데 우리 가만히 생각해 보자고요. 민수 님, 요즘 어떠세요? 시간 관리를 잘하고 계시나요?"

"하는 일들이 늘어나서, 시간이 좀 부족한 건 사실이긴 합니다."

신은 그 말을 듣고 바로 말을 이었다.

"그러니 한 번 더 변화해야 하는 거 아닐까요?"

그는 단호한 눈빛으로 나를 쳐다보고 있었다. 늘 어떤 가능성이든 열려 있다고 이야기하는 그가 이런 눈빛을 하는 일은 드물었기에 나는 결국 못 이기는 척 내 생각을 조금 접고 되물었다.

"어떻게 변화하면 되는 건데요?"

습관처럼 그의 끝말을 따라 한다. 그러나 내 몸은 여전히 부정과 저항의 상태로 차 있다.

"이제는 제작된 콘텐츠를 잘 응용해보는 거예요."

여전히 그의 말은 내게는 깊게 와 닿지는 않는다.

"응용?"

그는 나의 반응을 살핀 뒤, 더는 말을 하지 않은 채, 그냥 자신의 컴퓨터 화면 상단에 위치한 블로그를 가리키면서 이야기를 이어간다.

"처음부터 연결을 염두하고 활용하는 거예요. 예를 들면, 일단 블로그에 글을 이렇게 쓰겠죠. 이것을 적당한 사이즈에 맞게 글 크기를 조정해 보자고요. 띄어쓰기를 제법 해주고, 문단을 지정해서 그사이에는 간격을 좀 넓혀보는 거예요. 그럼 이렇게 단락 하나하나를 캡처 해볼 수 있겠지요."

그는 그가 작성한 글 하나하나를 손가락으로 가리키며 이야기하고 있었다. 단락 안에 글은 3-4줄 남짓의 글로 구성되어 있었고, 그는 그 단락을 일일이 캡처를 뜨고 있었다.

"네, 그렇게 하니까. 이 글에 대략 10개 남짓의 캡처본이 나오네요."

"이 10개의 캡처본이 바로…."

순간 무엇인가가 내 머릿속을 스쳐지나갔다.

"아, 혹시 이게 '카드뉴스'인가요?"

"네, 이런 단순한 것도 응용이 되는 겁니다. '하나'를 만들며, '둘'을 얻게 되죠."

"오호. 쉬운 방법인데요."

그가 약간의 요령을 알려주자 억압된 저항감이 조금씩 풀려 나가며, 그의 손짓이 내 시선에 약간 더 선명하게 들어온다.

"그럼 이제 또 셋을 또 얻어 볼까요?"

"네? 셋이요?"

"네, 지금 저는 이렇게 쓴 글을 녹음해 본다면 어떻게 될까요?"

"아, 그럼 바로 '음성 콘텐츠'네요."

그는 더 말하지 않고 음성 몇 줄을 읽고 2분짜리 음성 콘텐츠를 만들었다.

"사실 제가 이걸 이렇게 활용해서 이 채널에 구독자를 또 모으고 있어요."

그의 컴퓨터 화면에 켜져 있는 오디오 플랫폼에는 수천 명의 구독자가 선명하게 적혀 있었다. 동시에 이 요령 역시 나의 수확을 더 앞당겨 줄 것 같다고 여겨진다.

"포인트는 우리가 이 과정에서 에너지를 거의 쓰고 있지 않다는 거죠."

"아, 그래서 신은 다양하게 일을 처리하는 것 같은데, 그렇게 다양한 채널 운영이 가능한 거였군요."

"네, 그럼 이제 한 번 더 나아가는 겁니다. 민수 님, 지금 콘텐츠 제작을 하고 업로드를 한 뒤에 어떤 행동을 하고 계시죠?"

"음, 생각해보니 저는 채널에 올린 다음에는 이웃에게 댓글을 달고 있어요."

"좋아요. 멋집니다. 댓글도 좋은 작업이지요. 그렇지만 한 번 더 나아가보자구요. 댓글과 함께 '공유'를 더 활용해 볼 수도 있지 않을까요?"

"공유요?"

"네, 칼럼을 쓰셨거나 영상을 제작했다면 이제 그 칼럼을 다양하게 뿌려볼 필요가 있는 거죠."

"하지만 어디에 그렇게 공유해야 할까요? 공유할만한 곳도 마땅치 않은 것 같은데."

내가 약간은 미덥지 않은 표정을 취하자 그는 내게 한참 더 낮은 톤의 목소리로 내게 다가왔다.

"민수 님, 제가 예전에 음반을 낸 가수라는 것을 아세요?"

"네? 신이요? 음반을 냈다고요?"

"전 예전에 음반 콘텐츠도 제작한 적이 있습니다. 당시에 저는 그야말로 무명의 가수였죠."

"그건, 정말 몰랐네요."

"그런 무명의 가수가 음반시장에서 몇 위를 했는 줄 아십니까?"

"하하, 몇 위요? 소속사도 없는 가수가 1,000위 안에 들기도 어려운 게 음반시장 아닌가요? 그런 것도 순위라 할 수 있을까요?"

순간 신의 입가에 입술이 춤을 추는 듯 보인다. 그리고 이어서 뒤에 숫자 하나가 선명하게 들렸다.

"13위입니다."

"네? 전국 13위요? 그게 말이 되는 건가요?"

"네, 한낱 무명의 가수의 첫 앨범이 멜론 13위까지 올라간 적이 있어요."

신은 휴대폰으로 당시 순위가 선명하게 찍힌 사진을 내게 보여주었다. 그 안에는 가요를 조금만 듣는 사람이라도 단번에 알 수 있을 만큼 쟁쟁한 가수의 이름이 순위 리스트에 빼곡히 담겨있었다. 그리고 그사이에 내게는 너무나도 익숙한 이름이 보였다.

"아니, 어떻게… 신. 노래를 정말 잘 하시나 봐요?"

"과연 노래를 잘 불러서 이렇게 순위에 오를 수 있었을까요? 민수 님, 세상에 노래 잘 부르는 사람들은 정말 많아요. 하하."

"그렇긴 하죠. 아니, 근데 어떻게 그렇게 할 수 있던 거죠?"

"저는 제 노래를 콘텐츠라는 관점으로 보았습니다. 그리고 제가 만든 콘텐츠가 있어야 하는 곳에 공유하기 시작했습니다. 네, 실험을 해 본 거죠. 저는 이 노래를 제작하고 업로드를 마치자마자, 이 콘텐츠를 다양하게 공유하기 시작했습니다."

"아니, 그래도 공유한다고 그렇게 순위로 오를 수 있나요? 도대체 어떻게 공유하면 그게 가능한 거죠?"

"SNS를 활용했습니다. 그 안에 큰 커뮤니티들이 상당히 많거든요. 큰 곳은 거의 백만 명 이상이 모여 있는 곳도 있어요."

"하지만, 그렇게 큰 곳은 내 마음대로 공유하는 것을 허락해주지도 않던걸요."

"네, 그래서 우리 응용해보자는 것입니다. 역으로 한번 생각해 보자고요. 애초에 그렇게 큰 커뮤니티는 어떤 콘텐츠를 원할까요?"

"음, 글쎄요. 아무래도 양질의 콘텐츠 아닐까요?"

"그럼 양질의 콘텐츠라고 확실하게 인정받을 수 있는 방법은 무엇이죠?"

"음, '좋아요' 수 나 구독자 반응? 뭐 이런 게 아닐까요?"

자신 없게 대답했지만 그는 내 말을 받아주었다.

"네, 바로 그겁니다. 저는 저와 결이 맞는 아주 작은 커뮤니티부터 공유를 시작했지요. 그리고 그 곳에서 제 콘텐츠에 댓글과 '좋아요'를 어느 정도 잘 받아들여지자, 저는 조금 큰 커뮤니티에 다가가 관리자에게 이렇게 글을 남겼습니다.

'이런 영상이 핫하던데. 여기에는 안 올라오나요?'

"그래서요? 어떻게 되었어요?"

신은 바로 이어 얘기한다.

"네, 그러자 관리자는 제가 신청한 노래 콘텐츠를 확인하였죠. 그리고는 실제로 그것이 커뮤니티 내에서 반응이 있음을 확인하자 제 영상을 자신의 커뮤니티에 공유하기 시작하더군요. 그럼 저는 다시 그것을 반복해서 조금 더 큰 커뮤니티를 찾아가서 문의했죠.

'이게 요즘 커뮤니티에 핫하던데. 여긴 그게 없네요?'

저는 커뮤니티의 특성이 항상 사람들의 반응이 오는 것을 빨리 찾아야 하는 압박이 있음을 '역'으로 이용한 겁니다. 저는 그것을 역 이용해 공유 수를 폭발적으로 늘리기 시작했고, 종국에는 대형 커뮤니티에서 제 노래와 뮤직비디오를 공유하기 시작했습니다. 그러자 조회수와 음반이 급등하기 시작했고, 저는 멜론 순위차트에 진입하게 된 겁니다."

"와, 정말 보는 관점이 다르네요."

"민수 님, 커뮤니티에 공유하든, 채널에 공유하든 이제는 조금 더 깊은 '응용'이 필요한 겁니다. 늘 올리는 곳만이 아닌 다른 곳, 나의 콘텐츠가 필요한 그곳에 계속 공유를 시도해봐야 합니다. 고인 물은 반드시 썩게 되기 마련이니까요."

"그렇군요. 나와 결이 맞는 곳을 찾아 공유…."

순간 그가 파괴하라는 의미가 조금은 와 닿는 것 같았다. 그렇지만 그 파괴는 내게는 그저 긍정으로만 다가오고 있지는 않았다. 그저 이 요령들을 토대로 수확될 나의 농작물의 양이 증가하기를 바라는 마음뿐이었다. 내 마음속에는 '비워야' 한다는 '안정감'보다는 아직도 다 '채우지 못 한' 아쉬움이 점점 더 커지고 있었다.

나는 지금 내가 가진 속내를 그에게 비추지 않는다. 그것은 이렇게 열심히 가르쳐주는 그에 대한 예의가 아니라고 생각했으며, 동시에 이 자리를 피해 나의 생각을 서둘러 정리해보고 싶은 마음이 들었기 때문이다.

"네, 생각해보면 콘텐츠 제작 안에서는 그 어떤 공유와 응용은 그려내지를 못했던 것 같아요."

"대부분 제작에만 갇히게 되는 경우가 많아요. 잊지 마세요. 우리가 콘텐츠를 만드는 가장 중요한 목적은 바로 고객을 만나는 것입니다. 민수 님이 계속해서 고객을 만나면서 자신의 사건을 발생시켜야 합니다. 그 안에 꿈틀대는 새로운 기회가 드러나는 법입니다."

콘텐츠 시스템을 위해 기억해야 하는 키워드.

"연결과 공유."

하나의 콘텐츠를 제작하고, 그다음을 연결하듯 콘텐츠를 가지고 노는 것. 그리고 이 채널과 저 채널의 규정을 없애고, 그다음으로 이어가는 것. 결국은 콘텐츠는 이렇다 하는 규정을 없애가는 것이 맞았다. 신이 그토록 법칙을 깨라고 주장하는 본질에는 그런 숨겨진 의도가 있었다. 콘텐츠를 지속적으로 쌓아가고 시간이 흐른 뒤, 분명 그의 말은 서서히 들리기 시작했다.

그것은 그가 내게 이제는 더 자유로워지라고, 나의 콘텐츠에 날개를 달아주고 싶었던 진심이었다. 그래서 당시의 그는 법칙을 깨고, 새로운 빈 공간을 채워 줄 나만의 색깔을 믿으라는 그 말이 유독 더 가슴 깊이 느껴지길 바랐을 것이다.

"민수 님, 콘텐츠를 쌓아가셨으니 콘텐츠를 가지고 놀 만큼, 힘이 많이 빠져 갈 겁니다. 이제 점점 더 그런 여유로움을 느끼실 겁니다."

하지만 당시의 나는 그의 생각만큼 여유가 없었다. 여전히 부족하고 채우지 못 한 채, 비어있는 나의 빈 곳을 더 채우고 싶은 마음만이 가득할 뿐이었다. 오늘 그의 가르침 안에는 쌓여온 내면의 저항이 숨어 있는 것만이 분명하게 보일 뿐이었다.

실제로 그날 그에게 배운 응용과 연결의 토대는 내 콘텐츠로 하여금 꽤 빠른 성과를 달성하게 했다. 마치 응축된 에너지가 폭발하듯이, 구독자 수는 점점 늘어났고, 콘텐츠 공유수가 비약적으로 증가하였다. 유입률의 증가와 더불어 댓글과 콘텐츠 반응 자체도 크게 상승하게 되었다.

조금씩 채널이 비약적으로 성장하였고, 이제는 누구를 만나도 당당하게 내 채널을 소개해 줄 만큼, 목표를 향한 뚜렷한 포물선을 그리고 있었다. 그러나 성공은 '돋보기'와 같은 것이다. 성공하기 전에 좋은 습관은 성공한 이후에 더 좋게 확대되는 법이다. 남을 잘 돕는 사람이 성공하면 남을 더 크게 돕는다. 반면, 성공은 성공하기 전 가지고 있던 안 좋은 습관도 똑같은 돋보기를 들이댄다. 으스대기 좋아하는 사람이 빠르게 성공하면 갑질하는 사장이 되기 쉽다. 그 말은 곧 내 안에 어두운 점이 있다면, 그 어둠 또한 확대되는 것이 성공이 가진 숨은 기질이라는 말이다. 콘텐츠에도 그 법칙은 예외가 아니었다. 빠른 성과가 나면서 아직 내가 깊숙이 해결하지 못한 단어가 숨어 있었다. 그것은 성과가 나온 직후 알 수 있었다. 확대된 어둠이 나를 먹고 나서야 그 실체를 뒤늦게 엿 볼 수 있었다.

그것은 마치 긴 터널을 걷던 내가 선명한 불빛을 발견하자마자 극도로 흥분하며 뛰어가기 시작한 그때 불어온 차가운 바람과 같았다. 터널 안에서 차갑고 날카로운 바람이 내 볼을 스쳐 가며 불어왔지만 지금 칼날 같은 위기의 바람이 유독 대수롭지 않게 다가온 것은 그 바람이 나의 풍요로운 가을을 알리는 서막의 신호로 착각했기 때문이었다.

성미 급한 토끼의 눈이 어느덧 내 마음 한가운데 올라서고 있다는 것과 석양이 피어오르기 직전의 어둠이 가장 세다는 것, 그 두 어둠이 겹쳐 있는 시점에 서 있었다. 때를 모르는 철부지 아이는 그렇게 아무것도 준비하지 못한 채로 헤어 나올 수 없는 깊은 어둠을 맞이할 준비를 하고 있던 것이다.

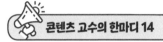

성공의 공식을 알려준다는 메시지가 그 어느 때보다 많아진 시점입니다. 성공을 규정하는 것은 각자의 몫이지만, 1년 반짝, 1개월 반짝 돈을 벌어보고 그게 특별한 성공방정식이라 이름 붙이는 게 과연 바람직한 현상인지는 여전히 의문입니다.

그런 면에 있어서 저 역시 성공했다는 말 자체를 언급하지 않고, 그런 말을 듣는 것 역시 경계합니다. 여전히 시행착오 중이고, 성장해가고 좋은 인연들과 수행하고 있다는 이야기만 할 뿐입니다.

저는 벤처붐 때 성공적으로 창업했다가 망했던 분과 동업했습니다. 그 당시에 한국을 뒤흔들었던 성공 창업가들의 어두운 뒷이야기도 잘 알고 있습니다. 한 때, 성공했다고 미디어와 언론을 떠들썩하게 했던 사업가들이 한 번에 몰락한 모습도 지켜볼 수 있었습니다. 십 년 넘게 쌓아 올린 성공도 한두 번의 오판으로 무너지는데, 반짝 성공했다며 말하는 성공 공식들이 얼마나 탄탄할지는 각자의 판단에 맡기고 싶습니다.

그런 공식들이 의미가 없다는 게 아닙니다. 중요한 것은 항상 의심을 거두지 말아야 한다는 것입니다. 확신에 차 있고, 주변에서 알아봐 주며, 여기저기서 찾아줄 때 사람은 금방 오만해집니다.

스스로 의심하면서 쌓아왔던 것을 깨고 다시 실험하고, 이것을 반복해야 하는데 자기 프레임에 갇혀서 성장하지 못하고, 말만 그럴싸하게 하는 헛똑똑이가 됩니다. 자신을 의심하는 것은 자신감을 떨어뜨리는 행동이 아닙니다. 자신감이 있는 사람만이 스스로 의심할 수 있습니다.

"자신감을 가지라면서요? 그런데 왜 의심하라고 하죠?"

이런 말로 스스로 의심하지 않는 행위를 의미 있다고 착각하지 않았으면 좋겠습니다. 스승에게 배울 때는 의심 없이 배우는 단계가 필요합니다. 그다음은 의심하고 깨는 과정이 필요하고, 그다음 그것을 뛰어넘는 단계로 나가면서 성장하게 됩니다. 당연히 그다음 단계에 또 깨져야 할 시간이 기다리고 있지요. 저 역시 계속 그런 가능성을 열어놓고 깨지는 시간을 보내고 있습니다. 당신이 지금까지 배운 것들은 무엇이고, 그것의 한계를 깨기 위해 내가 의심해야 봐야 할 것에는 무엇이 있을까요?

콘텐츠 마케팅 기법 2
빠른 성과와 단기 마진의
유혹을 조심한다

　본질이 단단하지 못한 사람이 응용을 알아간다는 것은 단순히 기술을 취하는 일과는 전혀 다른 무엇이 된다. 그것은 응당 거짓된 중세 기사가 명예의 훈장을 받은 것이고, 오래되지 않은 대장장이에게 노련한 숙련공의 지위를 취하는 일과 같다.

　겉으로는 나의 투여된 시간은 갈수록 타인과 나를 분리해주는 비밀장치가 되어주었고, 콘텐츠의 '응용'은 기술처럼 그렇게 내게 다가오고 있었다. 나는 하나의 글을 네다섯 개의 채널에 응용하면서 나의 시간을 줄이고 있었고, 그렇게 여유가 생긴 시간을 활용하며 메일을 다시 정교하게 세팅하는 작업을 반복하며 진행했다.

　만든 콘텐츠가 있다면 메일 프로그램을 통해 구독자에게 효율적으로 활용하며 보내고 있었다. 사실 이 모든 것이 가능한 것도 지금까지 쌓아 올린 콘텐츠의 양이 상당해졌기 때문이었다.

그렇게 또 시간이 흐르고, 메일로 정리된 코스들이 조금씩 돌아가자, 코스에 들어갈 콘텐츠의 제작은 카페 유입과 동시에 또 다른 콘텐츠의 원천이 되어주는 선순환이 되어주었다. 기획과 제작의 응용이 점점 더 단단해지자, 점점 나는 무리하게 콘텐츠 제작에 열을 가하지 않아도 되는 편안함을 얻은 느낌이 들었다.

그러나 내 마음에는 여전히 불구덩이 같은 마음이 치솟아 오르기를 반복하고 있었다. 그 무렵에는 스스로가 그런 과정을 그럭저럭 잘 견뎌내고 있는 기분이 들지 않았다. 두 손에 쥐고 있는 이 불덩어리를 어떻게든 빨리 끄고 싶은 마음만이 간절했다.

표면상 모든 것은 순조로웠다. 채널은 어느덧 확장되어 구독자는 4천 명이 넘어섰다. 하루에도 댓글 수십 개가 달리고 '좋아요'는 수백 개가 달리는 콘텐츠를 발행하게 되었다. 사람들은 채널에 와서 나에게 고맙다는 인사를 건넨다. 이것은 그냥 하는 말이 아니었고, 분명 진실되게 전하는 마음 담긴 메시지라는 것이 느껴졌다.

이 순간은 오래전부터 내가 꿈꾸는 일이었고, 키워드로만 경쟁하던 지난 날의 내가 지금의 나를 본다면 얼마나 부러워할지 의심이 안 될 만큼, 그때와는 정반대의 방식으로 사업을 진행하고 있었다.

하지만 더 놀라운 것은 근래 2개월간 신에게 아무런 연락도 하지 않았다는 사실이었다. 그의 도움 없이 채널을 관리하고, 적정하게 콘텐츠를 제작하면서 유지한다는 이 사실은 당시의 나에게는 내면에 차오르는 자신감과 능숙함이라는 어설픈 해석만을 내렸다.

　그러나 진실은 뭔가 그에게 내가 가진 저력을 한 번은 보여주고 싶다는 자존심 어린 마음이 올라 온 것이 맞았다. 그 증명은 누구에게조차 말하지는 못할 만큼 나약하고 어리석은 일이었지만, 그 의도는 모두 가린 채, 그저 새로운 방식의 성과를 향해 두드리며 가고 있었다.

　쉽게 말해서 브레이크가 고장 난 자동차와 다를 것은 없었으나 안타깝게도 운전자만 지금 그 사실을 모르고 있다는 것이다. 채널이 점점 뜨거워지던 그 무렵, 내 메일에는 낯선 아이디의 접근이 관찰되면서 점점 그 실체가 다가오고 있었다.

　"블로그가 참 마음에 듭니다. 저는 ○○기업의 마케팅 관계자입니다. 제휴 관련해서 잠시 이야기해도 될까요?"

　'흠. 역시 기업 관계자는 찐을 잘 알아봐 주는구나.'

　어느 정도 예상한 대로 협업 제안이 들어오자 묘한 기분에 취한다. 메일들을 열어보니 위탁 관련 문의 건에 대한 관계자들의 연락이 제법 쌓여 있었다. 수락이건 거절이건 모두 내 마음이었다. 선택권을 쥔 '갑'이 이런 느낌일까, 마음이 흐뭇해진다.

　'이런 기분이구먼. 그래도 위탁은 지금 하는 업체들이 많으니까. 조금은 보류해 볼까?'

　또 다른 메일을 열어 보는 데 처음 보는 낯설고 매력적인 단어가 눈에 띈다.

"채널이 너무 좋으신데요. 제휴 마케팅을 제안합니다. 수익은 발생 즉시 본인 계좌로 입금을 해 드립니다."

'제휴 마케팅. 그게 뭐지?'

녹색 창에 제휴 마케팅을 검색해 보자마자 큰 기업의 플랫폼으로 연결해주는 다양한 방식들이 소개되어 있다. 이미 그 시장도 활활 타오른 것은 오래전의 일이었다.

'오, 이런 게 있었단 말이야. 채널을 살려 놓으니, 기회가 정말 다양하게 들어오는구나.'

그토록 기업에게 문을 두드리고 돌아다니던 과거의 내 모습이 떠오른다. 이제는 반대의 상황에서 나는 7~8개가 넘는 제안서를 검토하고 있다. 이때를 놓치지 않고 '토끼'의 급한 성미가 또 마음대로 재갈을 풀어 젖히고 싶어 한다.

수익, 그것은 얼마나 달콤한 존재인가? 즉각적인 수익의 덫을 이겨낸다는 것은 1주일을 굶주린 짐승이 눈앞에 놓인 먹잇감을 보고도 달려들지 않을 만큼의 고차원적인 문제다.

"좋아, 일단 한, 두 개만 해보고 깨끗하게 수익률을 보고 결정하자. 그러면 되는 것이지."

고민은 오래가지 않았다. 블로그와 음성 콘텐츠 채널, 메인 화면에 쿠팡 파트너스와 같은 제휴 마케팅 링크를 달아 놓는다. 한 개, 두 개를 달고 나서 2주가 지났다. 그리고 나는 통장에 찍힌 깔끔한 숫자를 확인한다.

'24만 원? 오, 이거 생각보다 괜찮은데.'

제휴 마케팅에 대해서 좀 부정적인 인식이 있었지만, 막상 돈이 계좌에 들어오기 시작하자 언제 그런 생각을 했냐는 듯 '제휴 마케팅은 좋은 것'이라는 인식이 생겼다. 채널 유지비로 받는 것보다 더 나은 금액이었다. 이걸 조금 더 활용해 본다면 훨씬 더 나은 결과가 나올 것은 분명했다. 나는 조금씩 제휴 마케팅에 대한 제안을 받아들인다. 그리고 내가 할 수 있는 최대한으로 광고판을 매달기 시작한다.

분명 공간은 권력이었다. 그리고 사람들의 시선이 머무는 그곳에는 어김없이 권력자가 드러나는 법이다. 콘텐츠의 공간도 권력의 법칙이 적용했다. 사람들이 모인 시선의 중심에는 화려한 '광고판'이 채워져 있었다. 그저 작은 플랫폼이라 여길지 몰라도, 나의 공간을 차지한 그 힘의 단맛을 처음으로 빨아들인 나는 그 맛에 제대로 취해 있었다.

2주가 지나고, 또 수익이 오른다.

'63만 원, 좋다. 부수입치고는 아주 좋은데? 월 1천만 원의 목표를 가기 위해서는 수익에 제한을 두어서는 안 되는 것이지.'

콘텐츠를 통한 고객들의 구매를 진행하고 있지만, 성과는 아직까지는 내 마음에 차지는 않았다. 1년 동안 투자한 시간과 에너지를 계산해보는 게 습관이 되어 지난 시간에 대한 보상 심리가 다양한 방식으로 터져 나오고 있었다.

'이야기를 들어보니, 전자책 판매가 그렇게 수익률이 높다고 하던데.'

문득 얼마 전 전자책 판매로 월 천 수익을 얻은 한 유명 크리에이터의 이야기가 생각이 났다.

'이제 나도 채널이 좀 커졌고, 한번 좀 제대로 수익을 내 볼까?'

모아 놓은 콘텐츠들이 채널 한편에 보인다. 조금만 손을 보면 금새 책 한 권이 뚝 딱 나올 것 같았다. 물론 자극적인 시즈닝은 기본이다.

"한번 빠진 탈모 부위는 평생을 기억한다"

자극적인 소재의 제목을 덧붙이고 뚝딱 콘텐츠 짜깁기를 토대로 전자책을 하나 만들어낸다. 마치 기본기만 무한 수련하던 제자가 쌓인 내공을 세상에 처음으로 풀어내듯, 활기찬 무공을 날리며 콘텐츠를 가지고 놀고 있다. 휘파람이 절로 나오며 기분이 덩달아 좋아진다.

'좋아, 전자책 판매에 대한 랜딩 페이지도 구성해봐야지.'

역시 능숙해진 랜딩 페이지의 구성은 그 누구 보아도 안정적으로 보이게끔 전자책의 강점과 지난 콘텐츠의 댓글들을 쌓아 올린다. 신의 가르침에 따라 만들어진 랜딩 페이지이기에 어떤 비행기도 쉽사리 외면하지는 못 할 것이다.

반응이 있는 전자책 판매를 점점 더 상단에 올려 본다. 그것을 또 메일로 뿌린다. 갖은 방법을 토대로 전자책의 존재를 증명한다. 그리고 또 하나의 정확한 숫자를 통장에서 확인해 본다.

'130만 원? 전자책 하나치고 꽤 큰데.'

130만 원 정도의 또 하나의 수익이 발생하자마자 또 다른 전자책의 제작을 기획한다. 그렇게 어느새 5권을 쌓아 올린다. 전자책은 빨리 성과가 나온 만큼 이상할 정도로 성과가 또 빨리 줄어드는 특징이 있었다. 주식으로 보자면 이것은 분명 '단타'에 가까운 것이었다. 그러나 명확한 수익이 계속해서 보이자 더는 멈출 수가 없었다(이미 나를 멈추던 유일한 사람과 연락을 끊은 상태이기에). 메일 함에 쌓인 또 다른 제안들을 살펴본다.

그중 위탁을 제안하는 메일들이 눈에 보인다. 마진율이 높은 제품들. 35%에 가까운 위탁 수익을 제안하는 업체가 눈에 띈다.

'오, 35%? 이거 진짜 초대박인데.'

평균 마진율보다 과감하게 배팅을 거는 제품. 거기에다 꽤 이름이 알려진 유명 업체였다. 나는 그 의도가 무척이나 궁금해져서 담당자에게 전화를 건다.

"네, 제안서 보고 한번 연락 드렸습니다. ○○채널 관리자 김민수입니다."

"아, 탈모 채널 관리하시는 분이시죠. 반갑습니다. 채널 관리를 잘하신 것 같아서 연락드린 거예요."

"아, 제가 좀 오랫동안 '공'들인 채널입니다."

"네, 저희가 딱 찾는 고객들을 잘 모으신 것 같아요. 어떻게 저희랑 같이 협약하시면 어떨까요? 잘 아시겠지만 이 정도의 마진율을 드리는 것은 업계에서도 드문 일이거든요. 그만큼 저희는 민수 님의 채널에 가능성을 보고 투자하는 겁니다."

"마진율이 정말 마음에 드네요. 제품은 어떤 것인지 확인해 봐도 될까요?"

"뭐, 탈모 샴푸가 다 비슷비슷하지요. 뭐, 요번에 신상으로 나온 제품인데, 요게 홍보가 아직 잘 안되어서…."

"아, 신상품이군요."

"우리끼리 이야기하는 것이지만… 이런 제품들이 공장에서 찍혀 나오는 것들이거든요. 시즌별 샴푸라고 해야 하나? 대기업에서 만드는 제품은 제조비를 아껴야 하므로 대량 생산으로 나온 거죠." 문득 그의 차가운 말투에 담겨 있지 않은 단어 하나가 떠오른다.

'충성심'

지난겨울, 길거리 과일 가게 앞을 지나가고 있었다. 유독 낡아 보이지만 불빛만을 밝게 비친 가게에 인테리어와 어울리지 않을 만큼, 맛 좋은 과일들이 즐비해 있었다. 그런데 그때 내 시선을 빼앗은 것은 진열된 과일이 아니었다. 냉장고 옆에 붙어있는 한 장의 낡은 종이었다. 그 종이에는 주인의 필체로 추정되는 손글씨가 또박 또박 적혀 있었다.

'우리 집 과일은 매일 새벽에 제가 직접 나가서 골라 옵니다. 진짜 맛있어요. 제가 가게 보는 눈은 없어도 과일 보는 눈은 있습니다. 제 과일이 맛이 없으면 다시 가져오세요. 제가 두 배로 보상해 드릴 게요.'

삐뚤빼뚤하게 적힌 그 글씨에는 주인의 마음이 꾹꾹 담겨 있었다. 분명 그 제품에 대한 강한 충성심이 느껴졌다. 나는 그날, 그 집의 과일을 그냥 지나쳐 갈 수가 없어서 딸기 두 팩을 사 들고 집에 들어와서 과일을 먹었다.

'와, 이거 진짜 맛있네, 그 집 진짜였구나.'

상큼한 과일의 신선함은 그 또박또박한 글씨처럼 뚜렷하게 내 미각에 다가왔다. 그런데 지금 나와 통화하고 있는 그 너머의 목소리, 그 말투에는 제품에 대한 그 어떠한 '또박또박'을 엿 볼 수가 없었다.

이건 마치 시장에서 가장 값싼 과일로 공급하는 것이니, 다른 것은 묻고 따지지도 말라는 표상적인 말투처럼 느껴질 뿐이었다.

"아, 저기 그 제품 성분표도 한번… 볼 수 있나요?"

나는 최소한의 양심 담긴 말을 그에게 건내 듯 말을 꺼냈다.

"성분표야 뭐, 보내 드릴 수 있는데. 위탁 제품이 다 비슷비슷할 겁니다. 멘톨이 강하게 들어가서 두피를 시원하게 해 주는 제품이거든요. 한번 저희가 제품 샘플로 보내 드리겠습니다. 주소를 알려주세요."

"아, 멘톨이요?"

순간 멘톨은 지금껏 구독자에게 내가 추천하지 않은 성분이라는 사실이 떠올랐다.

"네, 멘톨이 들어가야 시원하죠."

"아, 네."

"강하게 '공동구매'로 푸쉬 한번 해 주세요. 하하!"

끝 말을 붙이는 것을 잊지 않은 채 그가 전화를 서둘러 끊으려 했다.

"네, 알겠습니다. 일단 보내주세요."

통화가 끝나고 며칠 뒤, 집에는 택배 상자로 포장된 검은 색 샴푸 제품이 도착해 있었다. 습관처럼 나는 제품의 성분들을 확인했다. 그 제품 안에는 80여 개가 넘는 다양한 성분이 포함되어 있었다. 과도하게 많은 전 성분의 양이 눈에 거슬린다. 그리고 그중에서 유독 시원함과 청량감만을 강조하는 '멘톨'이 더 눈에 거슬린다.

또 하나의 문제가 있었다. 이 제품에는 두피에 안 좋은 유해 성분도 보인다. 차라리 모르면 몰랐지. 사실 이 제품은 두피 타입 어디에도 추천하기가 애매한 포지션이었다. 손가락 다섯 개 중에 2~3개 사이를 왔다 갔다 할 만큼, 시중에서 흔히 구할 수 있는 그런 제품이다.

응당 그 제품을 다시 포장지에 넣으려고 한다. 그런데 그 순간 문득 지저분하게 콘텐츠 메인에 걸려있는 여러 개의 애드 포스팅과 제휴 마케팅의 흔적들이 내 눈에 들어온다.

'휴, 저렇게 소액으로 언제 내가 돈을 벌지?'

'전자책은 딱 그때뿐이고. 지금 나에게는 안정적인 수익이 필요하잖아.'

생각이 여기에 미치자 이것저것의 합리적인 생각들이 나를 채우려 한다.

'내가 이것들을 달고 고객들이 나를 원망이라도 한 적이 있었나? 사실 이것도 다 먹고 살자고 하는 건데 아예 쓰지 못할 샴푸도 아니고 말이지. 사실. 이거 다른 곳에서도 다 위탁해서 파는 제품 아니야? 엄연히 중견기업에서 내는 제품인데 말이야.'

다시 포장지에서 샴푸를 꺼내고, 제품의 사진을 찍는다. 그림이 잘 나온다. 포장지가 검게 빛을 내며 무게감을 나타낸다. 화장실에 들어가 샴푸를 사용해 본다. 멘톨의 청량감이 그리 나쁘지 않다. 씻고 난 뒤에도 나름 한방의 향이 어울려져서 두피에 나쁘지 않다는 확신까지 든다.

화장실에서 거품이 잔뜩 묻은 실제 사용사진들을 찍는다.

그렇게 몇 장의 사진을 찍으며, 준비해 본다.

'35%야. 이건 다시는 없다. 하나 잘 팔고 다른 것이랑 연결도 해보자고.'

큰 종이를 꺼낸 뒤, 이 제품에 대한 설계를 그려 본다. 어떤 콘텐츠를 제작할지, 모델을 갖추며 랜딩 페이지의 구성을 또 그려본다. 호감을 얻을 수 있는 구성과 판매 뒤 제안할 단계들도 전혀 놓치지 않는다.

능숙해진 콘텐츠의 감촉이 살아난다. 자신감이 차오른다. 제품을 잘 설비하고 모양을 잡고, 이쪽저쪽을 향해 각을 세워 본다. 뚜벅 뚜벅 걸어가던 어둠을 향해 가던 나에게 이제 터널의 끝이 보이는 것이다. 분명 저 빛은 화려한 나의 서막을 알리는 것이라 믿었다. 제품의 런칭과 더불어 공동구매를 진행하고 있을 때쯤, 내 두피에는 큰 뾰루지 하나가 올라온다. 가려운 두피를 긁고 있지만, 두 손은 컴퓨터를 향해 손짓을 멈추지 않고 있었다.

'뾰루지 하나가 뭐. 그리 큰 대수인가?'

혼잣말을 중얼거리며, 계속 그렇게 그 콘텐츠를 제작한다.

 콘텐츠 고수의 한마디 15

"부자 되고 싶다면 돈을 좇지 마세요."

"부자 되고 싶으면 돈을 좋아하세요."

이 두 가지 말은 부자들이 공통으로 하는 말입니다. 그런데 이 두 가지 말을 가만히 듣고 있으면, 의미가 충돌이 나는 것 같지 않나요?

도대체 나보고 어쩌라는 거야? 부자 되는 강의를 들으면서, 책을 보면서 이런 말을 했던 경험이 분명히 있었을텐데요.

지금 내가 가지고 있는 프레임 안에서 충돌하는 메시지들이 많으면 답답함이 생기고 스트레스를 받기 마련입니다.

부딪히는 메시지가 있다면 그 둘을 이해하는 차원을 다르게 접근할 필요가 있습니다. 그럴 때 비로소 이해되는 메시지들이 존재하기 때문입니다. 생각보다 그런 메시지는 많고요.

돈을 좇지 말라는 말과 돈을 좋아하라는 말은 공존할 수 있는 말입니다. 사람에게 비유해보면 좀 더 이해가 쉬울 수 있습니다. 사람을 쫓아다니는 것은 좋아한다는 표현이 될 수는 있습니다. 하지만 쫓아다니지 않는다고 해서 좋아하지 않는 것은 아니지요. 특히나 스토커처럼 쫓아다닌다면, 그 사람과 인연이 되기는 어렵다는 것을 잘 아실 겁니다.

왜 그럴까요? 그렇게 쫓아다닐 정도로 나를 좋아하는데 그런 사람과 인연이 되기를 왜 피하게 될까요? 내가 전부인 것처럼 생각하는 사람은 자신을 지키기 어렵기 때문입니다. 내가 무너지면 그 사람도 무너집니다. 그리고 나에게 의존하는 게 심하기 때문에 나의 자유도 떨어집니다. 진짜 좋아한다면, 나를 쫓아다닐 게 아니라 스스로 자립하는 모습 먼저 보여주는 게 맞습니다. 그래야 이쪽에서도 매력을 느끼고 접근할 테니까요.

돈도 마찬가지입니다. 돈이 아니면 안 되는 사람에게 돈이 가고 싶을까요? 돈도 좋은 인연을 만나고 싶어 합니다. 돈에 의존하고, 집착하며, 돈을 위해서 다른 것은 다 져버리는 사람과 인연이 되고 싶을까요?

돈이 없을 때도 자립해서 건강하게 사는 모습을 보여주는 사람, 즉 돈을 좇지 않는 사람을 돈도 좋아합니다. 진짜 돈을 좋아하고 돈과 인연이 되고 싶다면 돈을 좇지 않아야 하는 이유입니다.

돈을 좇지 말라는 말과 돈을 좋아해야 한다는 말은 그래서 양립이 가능한 말입니다. '하나가 맞고 하나가 틀린 거 아닌가?'라는 생각이 들고, 그중에 선택하려고 고민하는데 시간을 낭비하지 마세요.

콘텐츠 마케팅 기법 3
고객 불만을 피하고 싶은
마음을 다스린다

어둠 속으로 들어가 본 적이 있는가? 그 길을 걸을 때면 여지없이 사방이 칠흑같이 어두워 아무것도 느껴지지를 않는다. 분명 그 안에는 공간의 여백조차 없다. 시간이 한참 지나고 나면, 조금씩 어둠에 익숙해지는 느낌이 든다. 그리고 우리는 가까스로 그 공간이 주는 빈 여백을 알아차린다. 나는 문을 본다. 그 문을 지나면 터널 끝에 다다를 것이라 믿으며 그렇게 힘차게 문을 열어젖힌다. 그 문을 연 뒤, 비로소 알았다. 문 뒤에는 또 하나의 무한한 여백의 공간이 있다는 것을.

나의 걸음이 더 깊은 어둠 속으로 향하고 있다는 사실을 안 것은 바로 그때이다. 그 문이 더 깊은 어둠을 향하는 문이라는 것을 알았을 때, 돌아갈 수 없는 그곳에서 절망에 빠져 멍하니 서 있다.

'최악입니다. 이 샴푸 정말 뾰루지가 엄청나고, 머리가 더 가려워요.'

공동구매를 알리는 랜딩 페이지 아래에 댓글 하나가 달린다. 청정 지역처럼 관리되어 왔던 나의 블로그. 항상 모든 댓글을 관리해 주기에, 작은 어둠조차 허용하지 않은 이 공간에 어두운 댓글 하나가 막 달린다. 알림을 받고 한참을 그 댓글을 바라본다. 참 애매하다. 이것을 지울 수도 없고, 댓글을 어떻게 달아야 할지, 그조차도 막막해진다. 하지만 얼마 지나지 않아 누군가가 또 하나의 어둠을 남긴다.

'맞아요. 여기 사장님 믿고 제품 구매했는데, 이거 저한테 진짜 안 맞아요.'

어둠은 더 큰 어둠을 부르고, 내 눈 앞에 펼쳐지고 있는 그 작은 변화의 순간에도 어떤 대응조차 하지 못한 채, 방관을 유지하고 있다.

'전에는 멘톨 들어간 제품. 쓰지 말라고 콘텐츠 쓰신 것 같던데. 이 제품은 멘톨 향이 너무 강하지 않아요? 좀 모순적이란 생각이 드는데…'

하나의 댓글이 달리자 연달아 댓글이 열린다. 사람들의 불만이 나오자 마치 화가 이미 나 있는 그들은 조금씩 볼멘소리를 섞기 시작한다.

'근래에 갑자기 광고 포스팅도 엄청나게 올리고 돈독 오른 사람 같아요. 계속 지켜보고 있었어요.'

'그래요? 여기 주인장이 제품 잘 소개해 주시더구먼.'

몇 개의 어두운 댓글 안에는 분명 감사하고 힘을 내라는 댓글들도 있었다. 하지만, 단순한 조건에서 보면 어둠은 분명 빛을 쉽게 이기는 법이다. 내 눈길은 오직 그 어둠을 향해서만 가고 있다.

문득 사람들의 볼멘소리가 쌓여가자 불안감이 증폭된다. 과거에도 이런 비슷한 패턴을 반복했기 때문이다. 스마트 스토어의 순위권에 들어서자마자 알 수 없는 경쟁자들로 인해 무너진 그 나락의 경험. 그때에도 '이제 뭔가 되는구나'라는 기분이 들었던 기억이 난다. 긴 터널의 끝자락에서 일어난 일이었다.

사건의 발달은 간단했다. 예전에 나는 멘톨이 들어간 제품은 웬만해서는 사용하지 말 것을 주장한 콘텐츠를 올린 적이 있었다. 자극적인 멘톨의 향이 순간적으로 두피를 완화해주는 느낌을 주지만, 오랜 시간이 지나면 유분이 더 심해진다는 취지의 글이었다. 그런데 지금 내가 공동구매로 판매를 올리고 있는 이 검은 색 샴푸는 멘톨향이 강력하게 첨가된 샴푸였다. 안일하게 생각한 게 맞았다. 내 채널의 구독자들이 이런 세세한 것까지 굳이 기억하지 못할 것이라 생각했다. 그게 사건의 화단이 된 것이다.

'이제 어떻게 해야 하지?'

'지금이라도 제품 판매는 중지해야 하나? 어떻게 대처해야 할까?'

마땅한 방법을 알 길이 없다. 스마트 스토어라면, 제품을 안 팔면 그만이었다. 그런데 나는 지금 '이 제품이 좋다'는 콘텐츠를 시리즈별로 제안하는 콘텐츠를 이미 업로드까지 끝낸 상태였다. 한 마디로 명백한 증거들이 범죄 현장 사방에 쫙 뿌려져 있는 상태라는 것이다. 발뺌하기에는 이미 늦었다. 또 지금 판매 중지를 한다고 문제가 그리 간단하게 해결될 것 같지도 않다.

이런 생각, 저런 생각들이 서로 충돌을 일으키며, 얽히고설킨 채, 문득 내 시야에는 노트북 화면을 가득 채우고 있는 지금 내 채널의 모습이 한 눈에 보인다. 애드 포스팅이 널브러져 있는 이 채널에 전자책 유도 판매 및 샴푸 홍보성 글이 점점 더 차올라 이제는 콘텐츠 비율을 확인하기도 어려울 만큼 판매자의 성급함만이 차지하고 있었다. 그때 문득 이런 생각이 들었다.

'신이 만약 지금 내 채널을 보면, 어떤 생각을 할까?'

근래 2개월 동안, 이상할 정도로 그에게 연락하지 않았다. 또 때마침, 그도 내게 연락하지 않았다. 그저 나의 색을 찾아보라는 말과 함께 한동안 침묵이 유지되는 상태였다. 어떤 면에서는 그게 더 반가웠다. 이제는 혼자서도 무엇이든 만들어 볼 수 있을 것이라는 '알 수 없는 자신감'으로 시작한 일이었는데, 이게 이토록 내면에 '자만감'으로 돌변해 왔는지는 도무지 알 길은 없었다. 결론적으로 말해, 지금 이 어둠 속에서, 내가 할 수 있는 일이란 별것 없어 보였다. 그저 스마트폰을 들어 그에게 전화를 거는 것이 내게는 최선처럼 다가올 뿐이었다.

"지금 전화를 받을 수 없어 음성사서함으로 연결되오니…."

수신기의 기계음 소리가 나오자마자 전화를 끊어버린다. 아마 그는 지금쯤 강의 중이거나, 콘텐츠 시스템 작업을 하고 있을 것 같다는 생각이 들었다.

'괜히 전화했나. 아, 매일 나는 내가 필요할 때만 연락하는구나.'

여유도 하나 없는 이가 남 걱정을 펼치는 사이 안타깝게도, 상황은 점점 더 안 좋게 흘러가고 있었다.

'그죠? 그 링크로 연결된 제품 근래에 판매 중지가 되었던데요.'

또 다른 댓글이 달린다.

'이건 뭐지?'

사실 여부를 파악하기 위해 직접 제휴 마케팅 링크를 눌러본다. 화면 상단에 판매 중지 안내 마크가 걸려있다. 인터넷 창에 제품을 검색하며 자초지정을 찾아본다. 얼마 전에 제휴 마케팅 식으로 연결된 샴푸였는데, 근래에 식약청으로부터 판매 중지 처분을 받은 것이다. 등 줄기에 서늘한 기운과 함께 간만에 식은 땀이 흘러내린다.

'왜 이렇게 안 좋은 일은 겹쳐서 일어나나?'

울분이 차오르면서도 동시에 낯선 상황 안에서 긴장된 심장이 제 멋대로 날뛰기 시작한다. 그런 성급한 내 마음은 더 이상 이 상황을 지켜보며 기다릴 여유조차 없었다. 행운의 여신이 있다면, 그녀는 지금 나의 존재 자체를 새까맣게 잊고 있는 것처럼 보였기 때문이다. 나는 여신을 버리고, 신을 선택한다. 서둘러 그를 만나러 그가 즐겨 찾는 카페로 향한다. 거기에는 내가 그토록 찾는 그가 없을지도 모른다. 그러나 지금은 그가 내 인공호흡 줄을 잡고 있는 유일한 사람일 것이라는 마음의 소리를 따라 그를 만나러 나선다.

부천역. 조용한 골목을 타고 들어가면 4층에 위치한 데일리 스터디 카페.

그는 유독 이곳을 좋아했다. 전화를 받을 수 없을 만큼, 집중이 필요한 작업이 있을 때는 어김없이 이곳을 찾아와 작업했다. 확신과 불신이 오고 가는 그때, 엘리베이터의 문이 활짝 열리자 눈앞에는 바로 엘리베이터를 타려고 기다리는 사내의 그림자가 나를 비춘다. 시선을 올려 그를 피해 내리려고 그의 얼굴을 보는데, 검은 뿔테의 수염이 더부룩하게 자리 잡은 내가 그토록 찾고 있던 그가 엘리베이터 앞에 서 있었다.

"신!"

짧지만 깊은 음성으로 그를 부른다.

"아니, 이게 누구죠? 오랜만입니다. 민수 님."

그의 목소리를 듣자, 지금의 상황을 모두 잊을 만큼 따뜻함을 느낄 수가 있었다. 현재 상황을 알 리 없는 그에게서 들리는 특유의 힘찬 목소리. 그 목소리가 나를 더 뜨겁게 만들어주었다.

"혹시 저를 만나러 지금 여기 오신 건가요? 전화라도 먼저 주시지?"

그는 휴대폰을 만지작거리며, 혹시 놓친 나의 흔적이 없는지 애써

찾으려고 했다. 나는 그런 그의 행동을 보면서 익숙한 그 눈매와 뚜렷한 목소리를 듣는데, 문득 가슴 한 편으로 서러움이 밀려왔다. 누가 그랬다. 큰 사람이 앞에 있으면 그제야 마음껏 울 수 있다고. 아무렇지도 않은 이 평범한 상황에(그것도 엘리베이터 앞에서) 갑작스럽게 울먹이며 말을 하는 나를 보고 그는 적지 않게 당황한다.

"신, 저 사고를 쳤습니다."

2달 만에 연락한 그 뻔뻔함을 뚫고, 힘겹게 처음 꺼낸 말이 고작 '사고를 쳤다'라니. 한번은 그에게 보여주고 싶었던 나만의 고유한 색깔이 고작 '이것' 뿐인가? 라는 생각에 스스로에 대한 자괴감이 들기 시작한다. 하지만 이 상황에서도 나는 살아남아야 한다는 '절박함'이 그 '자괴감'을 감싸고 있을 뿐이었다. 신은 내 이야기를 듣자마자 바로 말했다.

"괜찮아요. 잠시만요. 민수 님."

그는 고맙게도 바로 다음 약속을 취소하고, 나를 데리고 근처 카페로 다시 이동한다. 자리를 잡고 메뉴판도 제대로 보지 않은 채, 주문을 시킨 뒤, 서둘러 마땅한 곳에 자리를 잡아 앉는다. 그리고 단, 30분간 지금 일어나고 있는 모든 일들을 구체적으로 그에게 설명해 주었다. 그는 내 이야기를 들으면서, 동시에 나의 채널을 보고, 댓글을 확인하며, 지금까지 일말의 내가 한 모든 선택과 과정들을 묻기도 하고, 가만히 생각에 잠기어 있기도 했다. 한참 묻기를 반복하던 그가, 조금은 더 기운을 차린 듯, 목소리로 크게 내며 내게 말한다.

"민수 님, 전에 제가 드린 말 기억하시죠?"

"네? 어떤 말이요?"

"실수. 그걸 기다리는 게 제가 할 수 있는 유일한 길이라고요."

천진난만한 그의 표정은 상황 파악이 전혀 안 되는 사람처럼 편안해 보인다. 실수가 맞았다. 분명 신이 전에 나에게 한 이야기가 떠오른다. 이 어울리지 않는 낯선 표정 앞에서도 그 '기억'만은 뚜렷이 나고 있었다.

"맞아요, 기억합니다. 저는 계속 신의 말처럼 실수하네요."

"네, 저도 그런걸요. 사람이니 당연히 실수하며 배우는 거죠."

"그럼 신, 이게 어떻게 해결이나 할 수 있을까요?"

걱정에 잔뜩 깔려있는 나를 보며 그는 내게 조금이라도 기운을 주듯 이야기했다.

"해결할 수 있어요, 민수 님."

그의 강하고 확신에 찬 대답을 들으니, 내 마음속에 풀리지 않은 응어리들이 녹아내리는 것 같은 기분이 들었다.

"정말요? 아, 그럴 수 있다면 정말 뭐든 다 하겠어요."

"방법은 있죠. 그런데…."

"왜요? 그런데요?"

"애초에 방향성을 조금 잘못 잡은 일로 보여서요. 하나씩 차분하게 해결하다 보면 신뢰 회복에 예상보다 더 큰 시간이 걸릴 수도 있어요. 그것도 괜찮을까요?"

"괜찮아요. 제가 잘못한 건데요."

거짓말이 아니었다. 지난 2년에 가까운 공을 들인 채널이 이렇게 무너지는 것을 바라볼 수는 없는 일이었다. 당장 내가 할 수 있는 무엇이든 하고 싶은 생각이 들었다.

"단기적인 수익에 집착하다 보면 자연스럽게 수익으로 연결되는 행위를 우선으로 하게 되죠. 단기 수익 물론 중요하죠. 그것이 무조건 안 좋다는 게 아니라, 지금 민수 님 채널은 '균형'이 좀 무너진 걸로 보이네요."

손으로 두 원을 연달아 그리며 그는 말했다.

"균형이라… 그럼 지금 상황에는 어떻게 해야 하는 건가요?"

"물론 균형을 다시 맞추면 되겠지요."

"그럼 배너를 내리거나 아니면 공표하는 글을 올릴까요?"

그는 약간 뜸을 들이다가 손을 들어 내 앞에서 저어 보인다. 동시에 그는 나를 보며 그의 의중을 정확하게 전한다.

"어때요? 민수 님, 어떻게든 피하지만 말고, 우리 이 위기를 직접 직면해볼까요?"

"위기를 직면해요? 어떻게요?"

"'라이브'를 한번 해 보실래요?"

라이브, 직접 고객을 만나 실시간으로 생중계하듯이 하는 방송. 그 때까지 단 한 번도 라이브를 해 본 적이 없었고 앞으로 그것을 할 생각조차 없었다. 그가 지금 이 상황에서 던지는 이 뜻밖의 단어 앞에서 묘한 긴장감과 더불어 불쾌한 저항감이 밀려오고 있었다.

"네? 라이브요? 지금 이 상황에요?"

"사과라는 것도 '골든타임'이라는 게 있어요."

"골든타임?"

"네, 물론 지금 상황에 어설프게 라이브를 하면 고객들은 황당하게 여길 수 있죠. 성이 나고 화가 날 수도 있죠. 하지만 그게 무서워서 사과의 타이밍을 놓치는 순간, 상황은 더 최악으로 치닫습니다. 이럴 때는 장기적인 관점에서 고객에게 솔직하게 사과하면 됩니다. 민수 님, 왜 그 샴푸를 선택하셨다고 했지요?"

"안정적인 수익을 얻고 싶은 마음이 컸습니다."

"그걸 정확하게 이야기 하고, 사과하면 됩니다."

"하지만…. 솔직히 말하면 좀 겁나네요."

"당연히 그러실 수 있습니다."

"지금 와서 생각하니까 너무 성급했어요. 그때는 뭐에 홀린 것처럼 왜 그랬는지 이해가 안 되네요."

"민수 님, 탓을 하려는 것은 아닙니다. 예전에 뒷광고를 해서 걸린 유튜버들 아시죠?"

"네, 사회적으로 이슈가 한참 됐었죠."

"그 중에 정상적으로 다시 활동하는 사람도 있고, 아닌 사람도 있다는 것 아세요?"

"아, 그런가요?"

"네, 다시 활동을 왕성하게 유지하는 사람은 팬들과 소통하며 사과를 정확하게 했어요. 그리고 두 번 다시는 그것을 반복하지 않았어요. 자신이 무엇을 잘 못 했는지를 정확히 알고, 신의를 저버리는 행동을 반복하지 않는 것을 실천했죠. 반면 사라진 사람들 대부분은 그럴듯한 사과하는 것처럼 보이거나 사과 자체를 하지 않았죠. 한마디로 때를 놓친 겁니다. 구독자분들도 그 정도는 다 알아요. 그들은 바보가 아닙니다."

"잘 사과하는 것도 중요하지만, 지속해서 실수하지 않는 게 더 중요하군요."

"그렇죠. 그런데 저는 지금 이 상황을 토대로 민수 님이 이 위기를 잘 극복한다면 또 하나의 기회를 만들 수 있을 것이란 생각이 드네요. 이번 일을 계기로 고객들과 직접 소통하는 라이브를 주기적으로 하시는 거예요. 이게 지금 충분한 '명분'이 되어 주잖아요. 모든 과정을 투명하게 하겠다는 명분. 소통을 잃지 않겠다는 일종의 전화위복… 아닌가요?"

"아, 그리고 보니 지금까지 소통이 약한 부분을 반성하고, 이를 더 보강하기 위해 여러분과 소통하고 싶다는 진심을 전할 수 있는 '타이밍'이 되기도 하네요."

"지금 소수의 고객은 약간의 배신감을 느낄 수 있어요. 물론 그분들의 마음을 충분히 이해해주시고, 기다려 주셔야 합니다. 그건 당연합니다. 하지만 그들을 잃는 것만큼 더 중요한 것은 이런 일이 왜 일어났냐는 것입니다. 민수 님을 믿은 그들과의 소통이 제품 선택에 있어서 공유되지 않기 때문이죠. 맞죠?"

"네, 오직 그분들은 저를 믿고 결정하신 상황입니다."

"그러니까요. 이번 기회에 모든 과정을 다 공유해 보는 습관을 만들어 보세요. 작은 결정 하나도, 그 전의 상황도, 그들과 소통하며 제품을 선택해 보는 시스템을 만들어보는 겁니다."

신의 목소리는 마치 이런 일들에 대한 처리가 능숙하다는 듯, 차분했다. 그가 보낸 파장에 맞춰 나 역시 빠르게 제 자리를 찾아가고 있었다. 그는 계속해서 말을 이어갔다.

"지금 상황에서 일어난 것들을 한 단계씩 해결해 가야 합니다. 정말 그들에게 미안한 마음이 든다면, 당연히 진행하는 과정이 급해서도 안 되고요. 천천히 아래에서부터 하나씩 고쳐 나가야 합니다. 그래서 충분히 그들과 소통하셔야 합니다. 그럼 '관계 회복'은 매우 천천히 일어날 겁니다. 잊지 마세요. 그들은 민수 님이 주는 '결괏값'만이 아닌 선택의 과정도 지켜보고 있다는 것을요."

"아, 제가 '고객 신뢰'라는 말을 정말 우습게 알았군요."

"전에 제가 '팬덤'이라는 것에 대해 했던 이야기 기억하시나요?"

"네, 기억이 납니다."

"그렇다면 걱정하지 마세요. 이번 '라이브'가 분명 그걸 위한 '반전' 이 되어 줄 겁니다."

"아직 다 이해는 안 되지만… 우선 광고와 관련된 링크를 내리고, 라이브를 진행하는 것. 이게 맞는 거죠?"

"네, 일단은 이렇게 진행하시고 천천히 생각해 볼 문제가 한 가지 가 더 있어요."

"한 가지 더요?"

"지금 민수 님의 포스팅을 보면 전자책을 잘 만들어 두셨더군요."

"네, 은근히 pdf로 만든 책자가 단기적으로 수익을 만들 수 있어서 좋더라고요."

"그럼 이제 그걸 고객들과 소통으로 풀어가면서 그들에게 무료로 풀어봅시다."

"이것을요? 이것마저 무료로 준다고요."

"왜요? 저라면 그렇게 할 것 같은데요."

"아니, 아무리 그래도 그렇지 이런 것을 다 무료로 줄 필요가 있을 까요?"

나의 질문에 그는 더 대답하지 않았었다. 그저 나를 보며 그는 빈

틈을 벌리고 있었다. 필히 그 빈틈에는 내 생각의 조각이 들어오기를 바라는 마음을 채운 채 말이다. 침묵을 깨고 그는 말을 이어 간다.

"큰 결과는 큰 그릇에서만 나오죠."

"큰 그릇이요?"

"큰 그릇이 먼저 되어야 해요, 민수 님. 단기적인 수익에 집착하면, 시스템은 갈수록 멀어집니다."

"음…."

그의 말을 드는데 문득 내가 근래에 신을 만나고 싶지 않았던 이유를 알 것 같았다. 내 그릇의 크기를 키우는 것에 가장 중요한 '기본'이 따분하고 지루하게만 느껴지는 과정이 싫었기 때문이다. 그렇게 갈 곳 잃은 이곳에 예전의 습성이 다시금 올라와 깃발을 꽂는다. 그렇게 또다시 단기 수익에 집착하며 지금 쌓아 놓은 모든 자원들을 갉아먹고 있었다. 인정하고 싶진 않았지만, 지금 내 행동의 결괏값은 그것을 정확하게 입증하고 있었다.

"장기적으로 본다면, 저는 그런 작은 수익에 더 연연하진 않을 겁니다."

"그럼 어떻게 하실 건가요?"

"전자책을 무료로 공개하고, 그들을 '커뮤니티 톡방'에 초대할 겁니다."

"톡방이요?"

"민수 님이 지금 밀고 있는 방식 자체에는 문제가 없어 보입니다. 콘텐츠도 잘 쓰셨고, 전자책도 좋은 내용으로 구성하셨어요. 하지만 장기적으로 가기 위해서라도 민수 님에게만 의존하는 방식이 아닌 그들끼리 함께 해결해 보는 시스템의 구성이 중요하죠."

"함께 해결한다고요?"

"네, 항상 한 사람이 중심이 되려고 하면 문제가 나오기 시작합니다. 생각은 모두 다르게 갖고 있는데, 커뮤니티에 한 사람만 중심이 되면, 경직적으로 변하게 됩니다."

"마치 지금 제 채널 같군요."

"네, 많은 분들이 이렇게 커뮤니티를 관리하시죠. 그런데 전체를 통합 관리하기가 어려운 상황이라면 저라면 커뮤니티 톡방에 초대해서 그들끼리 더 많은 정보를 공유하고 소통할 수 있는 그런 판을 열어 줄 것 같습니다."

"음, 그럼 저는 무엇을 얻게 되는 것일까요?"

"거의 모든 걸 다 얻죠."

"다 얻는다고요?"

"네, 톡 안에 들어오는 사람들이 누구의 책을 보고 들어온 것일까요?"

"제가 쓴 책이겠지요."

"그럼 그분들은 누구에게 고마워할까요?"

"음."

"그렇죠. 이렇게 미니 커뮤니티 톡방을 만들고, 그 안에서 라이브도 공지하고, 라이브에서 제품 설정 과정도 이야기 나누면서 정보도 꾸준히 준다면 말이죠. 그렇게 조금씩 개선되는 친구들도 나올 것이고 점점 더 판이 커지면 나중에 어떻게 될까요?"

"…."

나는 상상에 빠져 그의 질문에 답하지 못했다.

"톡방 안에는 다른 분들도 고급 정보를 소통하고 공유하기 시작할 겁니다. 탈모에 관련된 좋은 정보를 단순히 소비만 하는 소비자가 아닌 함께 정보를 공급해주는 동료를 얻는 일이지요."

"그래서 '동료'인 거군요."

"네, 이런 과정이 쌓여갈수록, 결국은 대다수가 민수 님에게 고마워할 것이고, 민수 님이 소통하며 나오는 제품에 대한 신뢰가 조금씩 자연스럽게 회복되지 않을까요?"

순간 머릿속으로 스쳐 지나가는 것이 있었다. 전자책의 판매를 판매로만 보고 있었던 내가 더 큰 그림을 그리지를 못했던 이유. 당연했다. 템포 빠른 수익의 인과를 따라가다 보니 그럴 여유조차 없었던 것이다. 수익이 '우선순위'가 되자마자, 나에게서 가장 빨리 사라진 정체가 내 업무시간을 줄여주고 장기적으로 사업할 수 있는 '시스템'의 그림이었다.

"신, 그럼 일단 제가 '라이브'부터 열어보면서 몇 분이라도 소통을 이어보면 될까요?"

"네, 하지만 당분간은 더 마음 단단하게 잡으셔야 할 거예요. 그저 그들의 말을 충분히 들어주세요. 그런데도 문제가 생겼을 때는 다시 요령이 아닌 '기본과 진정성'으로만 나아가셔야 함을 명심하세요."

"네, 반드시 기억하겠습니다."

사실 당시의 나는 그들을 만나기가 정말 무서웠다. 그렇지만 이번에는 왠지 모르게 나아갈 수 있을 것만 같았다. 왜냐하면 피하고 싶지 않은 분명한 이유가 생겼기 때문이었다. 그를 만나고 돌아오는 그 길, 필히 내 손 안에는 작은 촛불 하나가 쥐어져 있다. 촛불은 밝은 것만이 아니었고, 부들부들 떠는 내 어깨 주변에 촛불의 뜨거운 온도가 몸을 감싸주며, 나를 위로해 주었다. 촛불을 지니고 나니, 어둠이 조금씩 그 자리에서 물러나고 있다. 어떻게든 이 촛불만은 지켜야 한다는 그 마음으로 걸음을 이어간다.

집에 돌아오자마자, 채널에서 올린 무자비한 광고들을 모두 내린다. 그리고 라이브에 대한 공지를 올렸다. 수도 없이 고치고 바꾸기를 반복했지만 결국에는 초안을 선택했다. 기술과 요령이 아닌 기본과 진정성의 마음을 담아 업로드를 누르며 말이다.

'꽂힌다'는 표현, 어감이 딱히 좋지는 않아 보이지만 그렇다고 나쁘지도 않아 보이는 말입니다. 열정적인 모습이 떠오르는 표현이니까요. 저는 자주 꽂히는 사람이었습니다. 어찌 보면 마음의 중심이 없었던 것이지요. 누군가 카리스마 있게 이야기하면 그 말에 동의하고, 온전히 믿어버리는 그런 류의 사람이지요. 지금도 그 성향이 어디 가지는 않았지만, 확실히 예전보다 꽂힌다는 느낌은 덜하다는 생각이 듭니다.

꽂히면 이성적인 판단을 안 하게 됩니다. 말 그대로 내 시야는 터널에만 머물게 되고, 그 밖에 있는 정보들에 대해서는 암막을 쳐버리고, 외면하게 됩니다. 과거에 공부했고, 스승이 이야기해줬고, 시행착오를 통해 경험했음에도 불구하고, 꽂히게 되면 그 모든 것들은 리셋이 되고, 운명처럼 꽂힌 대상을 향해 돌진하게 되지요.

그게 사람일 수도 있고, 상품일 수도 있고, 방법론일 수도 있습니다. 확신을 가지는 것은 돈 버는 사람에게 매우 중요한 단계입니다. 확신이 있어야 더 속도를 내니까요. 하지만 질이 떨어지는 확신을 자주 한다면, 그 확신의 수준을 높이기 위한 노력을 해야 합니다. 그렇지 않으면 몽상가가 되고, 허세만 가득한 불통의 아이콘이 되기 때문입니다.

확신의 수준을 높이는 데 가장 필요한 것은 복기입니다. 자신이 확신을 갖고 했던 행동으로부터 얻은 것, 잃은 것, 그리고 나중에 판단이 틀렸다는 것을 깨닫고 나서 자신에게 하는 메시지 같은 것들을 정리해야 합니다. 한두 번으로는 부족합니다. 매번 해도 부족합니다. 그런데도 아주 미세하게 나아지기 때문에 복기는 자주 하는 게 좋습니다.

또 하나는 확신을 통해서 주변에 끼친 영향이 있다면, 그것들에 대해 책임지는 것입니다. 물론 모든 것을 책임질 수 없습니다. 사과를 하는 것만으로도 큰 책임지는 것입니다. 확신에 찬 사업가, 대표가 가장 하지 못하는 게 바로 사과입니다. 자신의 가치를 깎아 내린다고 생각하기 때문입니다. 아닙니다. 사과하지 않는 게 자신의 가치를 깎아 내립니다.

사과를 해야 제대로 된 복기가 되고, 성장할 수 있습니다. 저 역시 아직 부족한 게 많지만, 진정성 있는 사과를 잘하기 위한 고민을 합니다. 물론 사과를 너무 남발하는 것도 문제이지만, 사과를 진정성 있게 하면 다음번에 사과할 일을 줄이는 노력은 더 해지는 것은 부정할 수 없습니다. 실수한 적이 있으신가요? 숨기고, 아닌 척하느라 큰 소리를 내었나요? 아니면 정중하게 사과를 하셨었나요? 어떤 쪽이었든 상관없습니다. 지금부터 제대로 사과하는 연습을 하면 되니까요.

유혹을 이겨 낸 자만이 얻게 되는 보물이란 이런 것

　대망의 그날의 라이브는 허무할 정도로 내가 예상한 '어둠'과는 전혀 다른 방향으로 흘렀다. 처음 진행하는 라이브인지라 대본까지 철저하게 준비했지만, 어떻게 흘러갈 지 한 치 앞도 몰랐기에, 그저 긴장하고 선고를 기다리는 죄인의 마음이 있었다. 그러나 막상 뚜껑을 열어보니 내용물은 전혀 기대하지 않은 것들이 담겨 있었다. 라이브에 참여한 대다수 분들의 관심은 나의 사과만이 아니었다. 고민이 같은 이들이 모이자 같은 주제의 질문들이 꼬리에 꼬리를 물면서 채팅창이 뜨겁게 달궈지고 있었다. 이는 마치 불타는 장작 위에 쇠솥으로 된 밥통을 올리는 것과 다를 것이 없었다.

　'자신의 현재 고민'을 털어놓을 수 있는 이 시간을 기다렸다는 듯 댓글에 방향은 그 누구도 예상치 못한 방향으로 흘러만 갔다. 그들은 이런 이슈가 있었다는 것을 인지조차 하지 못하는 사람 같아 보였다.

그러나 나는 라이브 말미에 가서 신의 이야기를 다시 떠올려 보았다.

'민수 님, 지금이에요. 지금이 바로 골든타임입니다.'

마치 그가 내 옆에서 끊임없이 속삭이며 올바른 길로 유도해주는 기분이 들었다. 다시금 마음을 다잡는다. 얼렁뚱땅 넘어가기 쉬운 통로가 눈앞에 선하다. 하지만 나는 그 길을 가지 않기로 선택한다. 동시에 그들에게 위탁 과정의 잘못된 지점을 솔직하게 고백했다.

분위기가 싸늘해지는 것을 감지한다. 하지만 멈추지 않고, 계속해서 내 이야기를 덧붙인다. 사실 그 당시 내가 한 이야기가 생생하게는 떠오르지는 않는다. 그러나 그 말 안에는 두 가지의 단어만은 분명하게 담겨 있었다.

'기본'과 '진정성'

더불어 앞으로 더 구독하는 분들과 가까운 소통을 하고 싶다는 진심 어린 이야기를 전하며 왜 라이브를 시작하게 된 것인지 그 이유를 전했다. 그 진정성 어린 말과 눈빛은 다행스럽게 사람들의 마음을 조금 더 열어주고 있었다. 냉각된 분위기가 다시 녹아들자, 채팅창은 언제 그랬냐는 듯이 응원의 메시지가 올라왔다.

'앞으로 기대할게요.'

'라이브 계속 열어주세요.'

'얼굴 보고 말하니 참 좋았습니다. 솔직하게 말해줘서 고맙습니다.'

정면 돌파를 선택하라는 신의 조언은 소름 돋을 정도로 맞아떨어졌나. 다행히 처음 운영하고 판매를 시작하면서 미숙한 점이 있었다는 해프닝의 여론이 대세적 공감대로 형성되었고, 이 문제의 해결책은 다시 그들에게서 나에게로 '신뢰의 열쇠'를 옮겨 받게 되었다.

지금까지 올린 지난 2년간의 콘텐츠가 그 몫을 다 해 준 것임에 의심할 여지가 없었다. 짧은 2주의 시간이 흘렀지만, 시간이 중력을 만나자 2주는 2년의 시간처럼 길게만 늘어지는 것 같았다. 이것은 수평적 '물리의 시간'이 아닌 수직적 '성숙의 시간'이기에 가능한 일처럼 보였다.

그 일이 있고 난 후, 조금씩 안일한 생각이 확연히 비워가기 시작했다. 단기적인 수익에만 집착해서, 판매하기 시작한 전자책은 구독자 6,000명 달성 이벤트(항상 모든 일에는 '행위'보다 '명분'이 더 중요하다)를 기점으로 사람들에게 '무료'로 배포하기 시작했다.

그가 내게 건네준 말처럼, 그들이 진행해야 할 좋은 탈모 습관 관리를 토대로 글을 읽고, 충분히 동의가 된 사람들만을 대상으로 커뮤니티 톡방에 그들을 초대했다. 조금씩 조금씩 콘텐츠에서도 제품 선정 과정에 대한 어려움도 함께 공유하며 적기 시작했다. 라이브를 하다 보니, 콘텐츠 주제는 더 금방 잡혔다. 그리고 조금씩 진실한 마음으로 다가가 제품에 대한 고민을 토로하자 그들은 마치 나의 문제가 아닌 우리의 문제를 다루듯이 서로 더 좋은 정보를 나눠주기 시작했다.

처음에는 무료로 뿌린 전자책이 조금씩 성과를 내기 시작했다. 톡방에 약 600여 명의 사람들이 모인 것이다. 그의 그림처럼, 이 톡방 안에 모인 이들은 비슷한 아픔을 가진 사람들이었다.

그들은 나의 팬이 아닌 동료 같았다. 그래서 그런지 몰라도, 그들은 끊임없이 대화하며 서로를 격려해주었다. 그런 그들의 자발적인 모습을 보면서 문득 지난 시간에 내가 저지른 잘못을 다시 한번 더 돌아보게 되었다.

'이런 사람들이 고맙게도 나를 믿어 준거였구나.'

숫자로 보는 구독자 안에는 숨 쉬고 살아가는 사람들이 있었다. 새삼 신이 그토록 말해준 '팬덤'의 의미가 무엇인지 짧게나마 더 깊게 느껴지는 시간이었다.

"민수 님, 톡방 잘 운영되던걸요?"

신은 위기를 이겨내고 전장에서 돌아온 나를 따뜻하게 맞이하듯 이야기를 건넸다.

"정말 '전화위복'이 무슨 뜻인지 온몸으로 정확하게 경험하는 시간이었습니다."

"진짜 좋은 경험하신 거죠. 이건 돈 주고도 못 삽니다. 하하."

"신, 그런데…."

"네?"

"문득 드는 생각이. 저는 신이 매일 필요할 때만 연락을 드리는데, 그런 점이 서운하지는 않으세요?"

갑작스러운 나의 질문에도 그의 눈빛은 하나의 흔들림조차 허용하지 않는다.

"전혀요."

"아니 어째서 그럴 수 있는 거예요? 저라면 무척 서운할 것 같은데."

"처음부터 말씀드렸으니까요. 그저 기다려 드리겠다는 말."

"아무리 그래도."

"애초에 길게 보고 생각하고 있었어요, 민수 님."

당연하다는 듯, 그는 그저 말을 이어갔다.

"그나저나 현재 위탁은 어떻게 진행되고 있어요? 공동구매 방향성이나 이런 것들은요?"

사실, 이 일은 내게 좋은 가르침만 준 것은 아니었다. 이것은 판매에 관한 트라우마도 생기게 했다. 그 내면의 장벽이 점점 올라서는 것이 느껴졌다. 동시에 판매에 대한 묘한 무기력감이 생기는 기분마저 들었다.

"사실 굉장히 어려운 부분은 이 시장에서 진짜 좋은 제품을 찾기가 어렵다는 거예요. 막상 단점이 보이면 그것을 이제 다시 쓰기에는 어렵고, 더 좋은 제품군을 찾으려고 하니, 그게 정말 위탁을 허가하는 영역이 아니더라고요. 그런다고 제가 지금 당장 제조를 맡아서 모든 일을 다 처리할 수도 없고, 그 사이에서 고민이 많이 되는 게 사실입니다. 제가 이번 일을 겪고 눈이 엄청나게 높아진 것 같아요."

갑자기 튀어나온 무거운 이야기가 그에게 부담을 주는 것은 아닌지 걱정이 되었다. 그런 마음에 고개를 들어 신의 얼굴을 보았다. 그러나 내 앞에는 딱 그 고귀한 순간을 절대 놓치지 않겠다는 아이의 표정만이 있을 뿐이었다.

"그게 바로 '경영 철학'이죠."

"네? 이런 넋두리 따위가요?"

"그럼요. 민수 님의 진정성이 잘 느껴지는걸요. 하하."

"아, 저는 그냥 너무 막막해서 드린 말씀이었습니다."

"네, 맞습니다. 그런데 정말 많은 분들이 이런 고민을 하지도 않아요. 주어진 것만 팔고, 그 뒤로 더 나아갈 생각은 하지 못하죠."

"그렇지만, 저는 그렇게 문제를 해결할만한 큰 힘은 없는걸요."

"아니요. 그렇게 '진정성' 있는 태도를 보여주는 민수 님이야말로 이미 큰 힘을 지닌 분입니다. 민수 님은 그분들의 실제 문제를 해결해 주고 싶은 생각으로 제품을 보고 계십니다. 이제 이런 시각을 가지고 있다면 할 수 있는 것이 정말 많아질 겁니다."

"정말 그럴까요? 저는 늘 실수만 할 뿐인데…."

그는 그저 씩 미소를 지어 보인다.

"네, 그 실수가 다 가르쳐 준 거죠. 너무 걱정하지 마세요. 변덕스러운 상황을 믿지 말고, 지금까지 민수 님이 쌓아 올린 '콘텐츠'를 믿어보세요. 그게 민수 님의 힘을 입증해줄 겁니다."

"쌓인 콘텐츠를 믿으라고요?"

"네, 민수 님이 생각하시기에 현재 고객의 문제를 해결해 줄 수 있는 제품군을 찾아보신 건가요?"

"몇 가지 정직한 제품군이 보여요. 하지만 그들은 본사 직영이기에 위탁하고 있지는 않은 것 같습니다. 결국 제가 팔 수 있는 제품은 사실상 없는 것에 가까운 거죠."

"과연 그럴까요? 시선을 조금 바꿔본다면, 오히려 이건 우리에게 더 큰 기회이기도 합니다. 우선 민수 님이 지금까지 쌓아 올린 콘텐츠를 정리해보는 '제안서'를 넣어 보셨나요?"

"제안서요?"

"오히려 위탁을 제안하지 않는 곳이라면, 저는 더욱이 우리가 제안을 해도 되는 곳이라 생각이 드는데요."

"네? 아니, 왜 그런 거죠? 설사 그런 곳이 있다고 해도 우리 제안을 과연 받아주기나 할까요?"

"그건 우리가 부딪쳐봐야 할 것이지, 지레짐작할 것은 아니지 않을까요?"

"그건 그렇지만…."

"민수 님이 이건 민수 님이 어떤 관점으로 바라보느냐에 따라 달라지는 문제죠. 저라면, 지금까지 우리가 가동하고 있는 메일 프로그램의 구독자가 몇 명이고(오픈율을 포함해서), 민수 님이 그 채널을 운영하며 어떤 문제를 해결하고 있는지에 관한 구체적인 내용도 정리할 것입니다. 여기서 포인트가 있어요."

"포인트요?"

"민수 님이 위탁하는 '업체'에게 위탁을 제안하는 이유, 그리고 또 내가 왜 자사의 제품을 잘 팔 수 있는지에 대한 근거. 저는 이것들을 중점적으로 정리해서 그들에게 정식으로 제안을 할 겁니다."

"역제안은 생각도 못 했네요."

순간 라이브에서 샴푸를 찾기 어려워하는 고객의 깊은 한숨이 들렸다. 그들에게는 진짜 좋은 제품 하나가 정말이지 간절한 사람들이었다. 이런 변화가 익숙하지는 않았지만, 이제는 순수하게 그들을 돕고 싶은 마음이 먼저 들었다.

창피하지만 처음부터 그런 마음으로 채널을 개설한 것은 아니었다. 그렇지만 근래에 라이브에서 그들을 직접 만나보면서 점점 더 깊이 있게 그분들의 진짜 마음을 헤아려보기 시작했다. 그리고 내면에는 조금씩 변화가 일어났다.

"민수 님, 지금까지 민수 님이 그분들에게 올린 콘텐츠의 결은 제조사의 입장에서는 충분히 입증된 것들이라 생각합니다. 쌓인 콘텐츠들이 그것들을 말하고 있지요. 하지만 문제는 시시때때로 어둡고 막다른 벽처럼 보이기도 하죠. 그러나 우리 조금만 더 생각해 보자고요. 위탁하지 않는 기업이라 해도, 고객을 찾는 것은 같은 상황입니다. 단지 그들은 아무에게나 자신의 제품을 맡기지 않겠다는 것뿐이지요."

"아무에게나 맡기지 않는다는 것은 입증된 소수는 믿을 수 있다는 것이군요?"

"바로 그겁니다. 그게 콘텐츠를 쌓아가고, 스토리를 만들어가는 분만이 얻을 기회이죠. 이미 그들이 원하는 증명은 민수 님이 해결하고 계시는 것입니다. 민수 님, 위탁의 그 벽을 무너트리는 유일한 열쇠는 지금 민수 님이 가진 고객에 대한 진정성 있는 마음이라 생각합니다. 그건 건강한 정신으로 경영한다면, 그들 눈에도 필히 진실이 보이기 시작할 겁니다."

처음 콘텐츠를 시작하기 전, 제품에 위탁을 맡아 판매를 해본 적이 있었다. 그때 나에게는 팔고 있는 제품이 무엇이고, 이것을 사는 사람이 누구이며, 사는 이의 마음이 어땠는지, 심지어 내가 이것을 왜 팔아야 하는지에 대해서도 별다른 관심을 두지 않았다. 나에게 중요한 것은 이 제품이 얼마나 빠른 수익을 가져다줄 것인지에 대한 것이었다. 하지만 시간을 투여해서 만든 콘텐츠를 조금씩 소비해주고, 나의 뜻에 동의해주는 사람들을 만나고 경험할수록 지금 하는 일이 간절한 누군가에게 큰 '도움'이 된다는 것을 알게 되었다. 그 사실을 알자, 그들에게 진심으로 도움을 주고 싶었다.

설사 그것이 아주 작은 단위의 무엇이라 해도 그들에게만큼은 진정성 있고, 진솔하게 나아가고 싶다. 이런 변화가 단연코 내 인생에 한 번이라도 경험한 적이 있던가? 아니 분명히 없었다. 그렇게 고개를 젓는다. 동시에 이 변화가 나에게 주는 놀라운 힘을 경험한다.

그것은 나를 위해서 용기를 내는 것은 아직은 어렵지만, 나를 믿어 주는 이들을 위해서라면 내가 조금 더 다가설 수 있을 것 같다는 마음이 생기는 것이었다.

"민수 님, 그들에게 먼저 선포하세요. 이 위탁의 과정마저도, 이런 어려움마저도 역시 소통과 콘텐츠로 또 남겨주세요. 그들의 응원이 민수 님의 용기로 다시 태어날 겁니다."

신의 마지막 말이 가슴을 울린다. 단언컨대 태어나서 한 번도 이런 감정을 느낀 적은 없었다. 오직 돈과 수익만을 좇던 내가 처음으로 그것과 잡은 연결된 그 줄을 두 손가락 끝에서 풀어버린다. 돈을 놓아버리자, 간절하게 매달린 과거도 함께 날아간다. 하지만 신기하게도 두렵지는 않았다. 이제는 돈에 쫓기는 것이 아닌 돈을 통제하는 내가 된다는 것이 이런 느낌이 아닐까? 한편으로 가슴이 차오른다.

"그래 한번 해보는 거야…."

위탁의 통제권을 나에게 찾아오는 것. 그 힘도 역시 쌓여있는 콘텐츠가 내게 준 선물이었다. 죽어도 끝나지 않을 것 같던 동굴을 지나가니 한참 다다른 꽃밭이 내 앞에 즐비해 있다. 조금씩 내면에 차 있던 진심의 그것이 행동이 되어 이 세계로 나타날 것이다. 분명 그럴 것이다. 내 뜨거운 가슴이 그 사실을 증명하고 있었고, 내 수천 명의 친구들이 이미 함께 해 주고 있지 않던가? 나는 오로지 그 길만을 걸어갈 것이다.

콘텐츠 고수의 한마디 17

책을 읽거나 유튜브를 보거나 하다 보면, 참 남다르다고 느껴지는 사람이 보이곤 합니다. 남들이 안 된다고 해도 굳이 끝까지 도전해서 해내는 사람이지요.

절대로 위탁 판매를 하지 않는다고 이야기하는 업체에 계속 전화하고, 찾아가며 선물을 보내서 위탁 계약을 따내는 사람들은 있습니다. 만약 한번 연락했는데 거절 당했다고 다시 연락을 안 한다면 그 사람은 과연 그 제품에 애정이 있다고 말할 수 있을까요?

굳이 이렇게까지 할 필요가 있을까 싶어질 정도로 애정을 보여주는 사람을 마다하는 업체는 없을 것입니다. 당연히 그런 애정을 가지고 도전하는 사람이 상품 판매를 끝까지 잘할 확률도 높지요.

그렇지만 장기적으로 보았을 때, 이런 도전은 정돈될 필요가 있습니다. 왜냐하면 매번 과한 에너지를 쓸 수 없기 때문입니다. 또한 에너지만으로 설득되는 업체 쪽에서는 항상 알 수 없는 찜찜함이 남겠지요.

위탁업체에 대한 애정을 에너지만으로 보여주는 것을 조금 줄이고, 그것을 문서화 시키거나, 업체 쪽에서 좋아하는 숫자로 바꾸는데 신경을 더 쓰면 장기적으로 더 좋은 인상을 남기고, 좋은 계약을 만들어가기 좋습니다.

위탁 판매 제품을 얻기 위해서 맨땅에 헤딩하면서 힘들어하는 분들을 많이 보았습니다. 유튜브에서 그렇게 해서 성공한 사람들의 스토리에 감화된 분들이었습니다. 저는 이런 노력을 응원하지만, 과한 것은 언제나 불필요한 에너지 소비를 만들기 때문에 다른 쪽으로 균형 잡을 수 있는 이야기를 해드리곤 합니다.

업체에서는 자신들이 하고 싶어도 엄두를 못 냈던 채널 성장 노하우를 가진 판매자 그리고 잠재고객 DB를 확보하고 있는 판매자와 함께하고 싶을 겁니다.

넘치는 에너지는 조금 부족하더라도, 실제 매출로 연결될 수 있는 수치화된 데이터가 있고, 그것을 이해하기 쉽게 잘 정리해둔 판매자가 있다면 무조건 파트너십을 맺으려고 합니다.

실제로 그런 방식으로 유리한 파트너십을 맺기도 했었지요. 오래 가기 위해서는 넘치는 에너지를 다른 곳으로 잘 분배하는 요령도 필요합니다. 특히 상대방이 나를 거절하지 않을 명분을 만들고, 정리하는데 에너지를 분산시키면 그보다 더 좋을 수 없겠지요. 어떠신가요? 에너지를 잘 배분해서 사용해야겠다는 생각이 드시나요?

콘텐츠로 부를 이룰
창업자는 세 가지
착각을 경계한다

콘텐츠 마케팅의 착각 1
부는 기술에서 온다는 믿음

'위기'는 함부로 말할 수 있는 그런 가벼운 의미가 아니었다. 위기는 머리가 아닌 두 발로 직접 경험한 사람만이 느낄 수 있는 것이 맞았다. 샴푸와 관련된 해프닝을 경험하면서, 한 가지 중요한 사실을 알았다. 여러 번 겪어 온 근본적인 위기의 원인은 다름 아닌 '나'로부터 일어나는 것이라고 여기게 된 것이다.

제품만 제대로 바뀐다고 잘 되는 것은 아니었고, 시장 경제의 위기가 와서도 잘 되는 사람은 충분히 있었다. 결국 이런 과정을 통해 나라는 사람에 대한 근간을 다시 한번 깊게 확인하게 해준 중요한 계기가 된 것이다.

그러나 항상 진실한 '계기'라는 것은 나의 범주 안에서만 생기는 것은 아니었다. 그것은 항상 우리의 예상치보다 두, 세 발자국은 늦은 어둠 속에서 첫 얼굴을 빼꼼히 나타내며 등장하기도 했었다.

어쩌면 신이 말한 '실수로 배워야 한다'는 원칙은 그가 올바른 계기의 본질과 실체를 너무 잘 알고 있었기에 '내게 실수로 에둘러서 표현해 준 것은 아닐까?'라는 합리적인 의구심도 들었다.

어쨌거나 나는 그러한 계기로 인해서 사업을 하며 조금 더 대담하게 움직일 수 있었다. 잡념과 두려움을 뚫고, 신의 말에 따라 새로운 위탁 전략을 토대로 다양한 기업들에게 제안을 넣어 보았다. 그러나 현실은 쉽지 않았다. 많은 기업들이 자신의 철두철미한 기존의 방식을 고수하고 있었다. 그렇지만 이미 그 '계기'를 이해한 나는 포기하지 않았고, 계속해서 엄선한 기업들에게 제안서를 끊임없이 보냈다.

그러던 중 몇몇 기업은 내 제품 철학과 채널의 결에 깊은 동의를 해주었다. 그리고 이어서 위탁의 기회를 열어 주었다. 내가 세운 엄격한 기준을 만족한 제품들이었다. 그렇기에 마음속에 있는 높은 장벽의 벽을 가뿐히 넘어설 수 있었고, 당당하게 고객들에게 판매 제안을 할 수 있었다. 생각해 보면 지금까지 내가 한 일은 이게 '전부'였다.

초반에는 그들과 약속한 양질의 콘텐츠를 꾸준히 쌓아갔다. 침묵과 반복 속 나에게는 '기록의 생산'만이 전부였다. 중반에는 그들에게 먼저 다가가고 주는 법을 배웠다. 나는 조금씩 잽을 날리는 법을 배우며 각도를 조정해 나갔고, 조금 더 세련되게 그들에게 다가가는 법을 터득했다. 그리고 후반기에 온 지금, 오직 그들의 '선택'을 토대로 한 커뮤니티를 만들어갔다. 이제는 그들과 서로 상생하며 나아가는 환경을 구축하는 것에 집중한다.

초반과 중반을 잇는 다리가 콘텐츠라면, 제품은 두 번째와 세 번째 단계를 연결해 주는 다리와 같았다. 이 단순한 세 가지의 균형 있는 조합을 만들기 위해 지난 몇 년간을 버텨내었다. 하지만 그 가치는 충분했다. 그것들이 서서히 균형을 맞춰나가는 것만으로 내 사업에는 정말 값진 '보석'이 쌓였기 때문이다.

블로그 채널에 들어오는 댓글은 그 보석의 단면을 잘 비춰주고 있었다. 다른 어떤 채널보다 내 채널에는 단단한 팬층이 존재했다. 내 채널의 다수의 고객은 내 콘텐츠를 공유해주고, 또 커뮤니티 톡방에 기꺼이 들어와 주었다. 톡방 내에서도 꾸준히 정기적이고 장기적인 콘텐츠로 소통을 이어가자 고객들은 이 플랫폼을 더 소중하게 생각하게 되었다. 그것은 마치 고객과 내가 각자의 허리춤에 연결된 작은 붉은 실을 둘러매고 있는 기분이 들었는데, 이 붉은 실은 애초 서로 간의 거리를 꼭 붙어있게 해주는 목적이 아니었다. 적당한 거리감을 유지하면서도 연결되어 있다는 안정감을 주는 용도의 끈이 더 맞아 보였다.

그 끈의 적당하게 헐렁거리는 정도의 연결들이 서로의 마음 안에는 고마운 감정을 유지해주는 거리로 조정해주고 있었다. 그 거리는 구독자들이 '나의 채널이 더 잘 되었으면 좋겠다'고 더 자발적으로 채널을 홍보해주고 콘텐츠를 공유해 주었다. 그런 유동적인 움직임에서 '판매량'은 조금씩이었지만 바람직하게 증가하고 있었다.

판매량보다 더 놀라운 것은 이제는 '결괏값'을 보고도 성급한 마음이 올라서지 않는 내면의 반응이었다. 그저 이 침묵의 시간에 그들에게 전해주는 정보 하나를 더 다듬고 있는 '나'만이 있을 뿐이었다. 그렇게 점점 시간이 흐르자 내가 해야만 했던 그 빈 자리의 영역이 점점 그들로 인해 자발적으로 채워졌다. 아침마다 커뮤니티 내에는 '정보'를 직접 공유하는 사람들이 하나둘 늘어나기 시작했고, 어떤 소수의 사람들은 실제로 온라인으로 끼리끼리 모여 자신이 지키는 좋은 습관을 '공유'하기도 했다.

그렇게 나의 일이 점점 더 줄어들고 있다는 사실이 느껴질 무렵, 근무 시간은 점점 짧아지고, 양질의 정보만을 관리해도 다양한 채널을 운영할 수 있는 조건을 만난다. 그런 건강한 통제권이 느껴지자 '이것이 그토록 그가 말해준 콘텐츠 시스템의 원리가 내 사업에 깊이 들어온 것인가?' 하는 설레는 기분마저 들었다.

하지만 이런 기쁜 사실과 더불어 문득 내게 해결되지 않았던 생각이 들었다. 나를 이렇게 도와준 한 사람이 있었다. 그건 바로 신. '그는 왜 이 일을 하고 있을까? 그는 왜 나를 구제해 준 것일까? 도대체 그의 꿈은 무엇일까?' 그런 한 번도 생각지도 않은 의문이 들었다.

'그런데 생각해보니 신은 매일 무슨 일을 하는 거지? 나는 정작 그에 대해서는 아는 것이 정말 없구나.'

그런 창피한 생각이 들었을 무렵, 내 눈앞에 조용히 집중하며 일을 하는 신을 보고 있다. 언제나 한결같이 마치 그 자리를 평생 떠나지 않을 것처럼 조용히 컴퓨터를 바라보고 있는 그.

수년간 그의 앞에 서 있을 때마다 내 문제만을 해결하기 급급했다. 그래서 정작 그가 현재 무슨 일을 하고 있는지에 대해서는 제대로 들여다 본 적이 없었다(사실 정말 그럴 여유조차 없었다).

문득 지금 내 눈앞에 편안한 표정으로 일 하는 그의 은빛 노트북 안의 내용이 궁금해지기 시작했다. 콘텐츠 마케팅의 한 분야에서는 대한민국 최고의 전문 분야에 서 있는 그의 컴퓨터는 지금 무슨 일을 하고 있을까? 그에게 서둘러 그 속내를 비추어 보인다.

"문득 궁금해서 그러는데요. 지금 신이 무슨 일을 하시는지 구경 좀 할 수 있을까요?"

내 말을 듣고도 신은 자판위에서 움직이는 손가락을 멈추지 않은 채, 눈동자만 돌려 내 얼굴을 바라 본다. 그리고 이내 호기심 어린 내 눈망울을 보고만 있자 나는 대답을 서두른다.

"매번 제 이야기만 하다 보니, 정작 신은 무슨 일을 하고 계시는지 궁금해져서요."

우려와 달리 신은 자신의 옆자리를 가리키며 말했다.

"그럼 이쪽으로 한번 와 보실래요?"

신은 평화로워 보이는 표정으로 자신의 컴퓨터를 내 시선 쪽으로 돌려주었다. 그는 누군가가 가지는 호기심에 대해서 정말 관대한 사람이었다. 내 눈에 가장 먼저 들어온 것은 그의 은빛 노트북이 세월의 묵은 때를 가리지 않고 있었다는 사실이다. 그의 몸에는 충실히 관리를 받지 못한 티가 많이 나 있었다. 자판은 영자가 거의 지워질 정도로 사용 흔적이 많았고, 화면은 기름진 흔적이 묻은 채로 방치되어 있었다. 하지만 세월을 품은 노트북은 그저 또 다른 세상을 들어가기 위한 문이었다. 그가 열어 둔 세상 안에는 영어로 빼곡히 적힌 이상한 홈페이지가 수십 개는 열려있었다(하나도 꺼지지 않고, 정말 '수십 개'가 동시에 켜져 있었다).

"민수 님도 나중에 이런 것들을 다루실 수 있으니…."

신기했다. 이런 상황에서 그에게 아이 같은 천진난만한 미소가 보였다. 잘 보이지 않는 그런 표정. 그가 무심코 던져준 하나하나의 설명에 나는 무지가 깨지는 세, 네 번의 감탄이 절로 이끌어진다.

"와, 이게 뭐예요?"

"민수 님, 이게 그렇게 놀라우신가요?"

그는 점점 더 내게 이것을 통해 어떤 것들을 얻을 수 있는지 상세히 알려주었다. 그는 나와 대화를 나누는 이 순간에도, 어떤 결제가 이루어지고 있으며, 구매자들이 무슨 생각을 하며, 어디에서 정보를 얻었고, 어떤 과정과 트래픽을 통해서 물건을 구매하게 되었는지를 실시간으로 알려주고 있었다.

"이걸 어떻게 설계하셨어요? 한국에서도 이거 다 먹히겠는걸요."

"그런가요? 이거 우리나라에서만 되는 건 아닌데."

그는 지금 이 상황이 무척이나 즐거워 보인다. 그는 지구 반대편의 사람들에게도 어떻게 콘텐츠를 팔 수 있는지, 앉아서 할 수 있는 다양한 기법을 보여주었다. 그의 설명을 듣고 있는데, 그의 작은 손짓 하나에도 내 가슴은 뛰기 시작했다. 왜냐하면 처음 내가 신을 만났을 때, 신이 내게 설명해주고 있는 지금 화면 속 대상자처럼, 나 역시 토시 하나 빼지 않고 정확히 그 설계에 맞춰 신의 서비스를 구매한 사람이기 때문이다. 나에게 일어나는 호기심과 과정에 대해서 내가 무슨 고민했는지를 신은 이미 알고 있던 것이다.

그는 흡사 마성의 설계자 같았다. 사람들이 고민하는 하나하나를 세밀하게 놓치지 않고, 그에 대응하는 시스템을 설계하여, 환불 0을 만들어낸 기적의 연금술사. 그의 컴퓨터는 내게 그 진실을 말해주고 있는 것 같았다.

가슴이 쿵쾅쿵쾅 뛰었다. 지금의 이 순간이 내게 반가운 듯 고개를 내밀고, 왜 이제서야 이런 것을 물어보게 되었냐고 재촉하는 것만 같았다. 지금 아이처럼 웃으며 호기심을 숨기지 못하는 저 사람의 얼굴이 미래의 내 모습이 되기를 바랐다. 간절한 마음이 스크랩처럼 지나가는 웃는 내 얼굴과 맞닥뜨릴 때, 나는 마치 지금 승전보를 들고 뛰어오는 전령의 마음처럼 어디론가 향해 마구 달려가고 싶어졌다.

"이 기술만 사람들에게 알려줘도 떼돈을 벌겠네요."

홍분을 감추지 못한 채, 말하는 나를 가만히 보고 있는 그가 느껴진다. 그리고 동시에 분위기가 바뀐, 그저 짧은 대답만이 돌아왔다.

"민수 님, 전 그럴 생각은 전혀 없습니다."

"아니 왜 그러죠? 이런 걸 많이 알면 '신'에 대한 가치는 더 올라갈 텐데 말이죠?"

아이처럼 표정 짓던 신은 이내 평소와 달리 약간은 불편한 얼굴을 드러냈다. 평소에 신은 언제나 편안한 얼굴이었다. 가방을 양쪽으로 메고, 집에서 방금 나온 것 같은 편한 복장을 한 듯하지만 머리 만큼은 항상 힘을 주었다. 수염이 가득한 그의 얼굴은 자칫 험상궂어 보이기까지 했지만, 그는 그런 경계선을 자주 즐기는 것만 같아 보였다.

"제가 왜 수염을 기르는 줄 아시나요?"

그는 부드럽게, 하지만 분명하게 말을 이어갔다.

"수염을 기르기 전에 말이죠. 사람들은 저의 겉모습만을 바라보더군요. 마치 저를 자신의 모든 문제를 해결해줄 것 같은 사람으로만 말이에요. 그래서 이런저런 요청을 너무 쉽게 했어요. '이것 실현하는 법 좀 알려줘' '당신을 믿고 따를 테니 내게 가르쳐줘.' 등등 제가 해결할 수 없는 수많은 것들을 끊임없이 요구하더라고요."

순간 지금 내 생각을 들킨 것 같은 생각에 한편에 뜨끔한 마음이 들었다. 이내 그는 계속 말을 이어갔다.

"민수 님, 우리 예전에 SNS 이야기할 때도 비슷한 질문을 드렸는데 민수 님은 나를 맹목적으로 따르는 이들이 많아진다면 그거 어떨 것 같아요?"

'너무나도 좋을 것 같은데요?'라는 반발이 목구멍까지 차올랐지만, 애써 그 말을 누르며 말했다.

"글쎄요. 저는 제대로 된 경험이 없는 부분이라 그런지 잘 모르겠네요."

"지금도 점점 더 그렇게 가고 계시는걸요. 제 생각은요. 저 자신을 정확하게 잘 모르는 이들이 나의 일부를 전부로 알아서 모여드는 것은 어쩌면 매우 위험한 것 같아요."

"위험이요?"

"네, 그들이 자신을 이해하는 소중한 기회마저 제가 빼앗아 버리는 것이 될 수도 있어요. 그래서 저는 생각했어요. 어쩌면 쉽게 나를 안 만나는 것이 그들에게 더 도움이 되는 것이라고 말이죠. 그래서 저는 수염을 기르면서, 그들과 적당한 거리를 유지하는데 초점을 두기 시작했지요."

거리를 둔다? 문득 이해되지 않았다. 지금의 '그라면 충분히 관리해 내지 않을까?' '잘함'을 드러내는 것이 꼭 그렇게 큰 잘못일까? 나는 그의 생각이 계속해서 더 궁금해졌다.

"거리를 둔다고요? 왜 그래야만 하는데요? 다 소중한 팬들 아닌가요?"

"전에 이야기한 것처럼, 건강한 팬을 이루는 과정, 이제는 이해하실 거라 생각합니다. 사람들은 콘텐츠를 만들고 편안하게 자신의 일상을 살아가는 제 삶을 많이 부러워합니다. 그건 좋습니다. 하지만 명백히 말해서 그건 '표상'이에요. 그래서 급작스럽게 다가온 이들은 제게서 너무 좋은 것만 보려고 하죠. 제가 지금까지 이 자리에 오기까지 겪어야 했던 수만 가지의 좌절에 대해서는 보고, 들으려고 하지 않습니다. 내가 무엇을 이뤄냈고, 그래서 그것이 자신에게 지금 바로 어떤 이득이 될 것인지만 집착해요."

"그럼 신은 왜 콘텐츠 마케팅으로 이렇게 사람을 돕고 있는 건가요? 저는 신의 진짜 의도가 참 궁금합니다."

직접적인 내 질문을 받자, 그는 약간 당혹스러워하는 것처럼 보였다. 그도 그럴 것이 나는 여태껏 내가 무엇을 어떻게 해야 하는지만 물어봤었다. 처음으로 질문의 방향이 내가 아닌 그를 향하자 늘 포커페이스를 자랑하던 그의 표정도 약간 흔들렸다.

"네, 지난 번 사건도 있으셨고, 맘고생도 많이 하셨으니 이제는 이 이야기를 만날 때가 되었단 생각이 드네요."

"좋습니다."

쓸쓸한 미소를 짓는다. 진작 그의 말을 잘 새겨들었다면, 하지 않아도 될 실수들···. 아쉬운 마음이 올라온다.

"민수 님, 돈도 없고, 특출한 능력도 없는 그런 평범한 사람들도 충분히 잘 살 수 있을까요?"

뜻밖의 질문이 그의 입 밖에 튀어나오자, 나는 제대로 된 답을 할 수가 없었다.

"돈도 능력도 없이요. 아, 그것참… 어렵겠네요."

"저는 말이죠. 이 세상은 그게 당연한 세상이어야 한다고 생각하는 사람이에요."

그는 나를 더 뚜렷하게 바라보며 말한다. 약간 이글거리는 그의 눈빛에 빠져들 것만 같은 기분이 들었다. 나는 그 눈빛에 빠지지 않기 위해 서둘러 답한다.

"정말 그런 세상이 왔으면 좋겠네요."

"물론 과정 없이 그냥 되는 것은 아니겠죠. 자기 스스로가 평범하다고 생각이 든다면 '어떤' 착각에만 안 빠지면 되는 거죠."

"착각이요?"

"네, 착각이요. 본래 가장 중요한 것은 눈에 잘 드러나지 않는 법이죠. 그래서 많이들 잘 못 알고 있는 착각이 있어요."

그는 손가락을 셋으로 가리키며 말한다.

"세 가지 착각."

"세 가지요?"

"네, 이 세 가지만 벗어나도, 평범한 사람도 충분히 승산이 있다고 생각해요."

그의 말을 듣자, 질문한 내가 그 미로에 취하는 것만 같은 기분이 들었다. 그의 대답이 몹시 궁금해져서 목이 탈 지경이었다.

"그 착각이 대체 뭔데요? 궁금해 죽겠습니다."

"민수 님도 처음에 이 착각에 빠지셨죠."

"제가요?"

"네."

"그게 뭔데요?"

"기술이요."

"기술?"

"네, 기술이라는 착각. 저를 만나게 되면 분명 어설픈 기술이나 방법만을 알려고 접근하는 분들이 많죠. 기술은 원래 중의적인 녀석이라 잘 복사해서 쓰면 분명 몇 년간 큰돈을 벌게 해줄지도 몰라요. 실제로 그렇게 컨설팅하시는 분들도 많이 있고요. 그런데, 아주 중요한 한 가지가 있어요. 이렇게 껍데기만 얻은 기술들이 나중에는 저주가 되어버린다는 것이죠."

"아니, 기술이 왜 저주일까요?"

"네, 기술이 무조건 안 좋다는 말은 물론 아니고요. 핵심은 균형이라는 것이죠. 분명 기술을 알면 더 편해지죠. 분명 제가 알려주는 비법만 써도 소극적인 소득(수익을 행위로 벌지 않고 자동으로 버는 소득)이

한 달에 어느 정도 들어오기 시작할 겁니다. 과거에 저도 그런 친구들을 여러 명 지원한 적이 있었죠. 아무런 대가 없이 저를 믿고 따른다는 말만 듣고요. 그런데 민수 님, 그들이 지금 어디에 있는 줄 아시나요?"

"어디에 있는데요?"

"교도소입니다."

순간 정적이 흘렀다. 나는 알 수 없는 뒷이야기가 너무나도 궁금했다. 왜 그런 건지, 도대체 무엇이 문제인지 질문을 수백 가지는 하고 싶었다.

"왜 그렇게 되는지 궁금하시죠?"

신은 내 뜻을 이미 알고 있는 듯 이야기를 이어갔다. 나도 모르게 순수한 눈망울로 그저 그를 빤히 바라보고 있었다.

"기술을 쉽게 터득하고, 쉽게 돈을 벌게 되자 이들은 누군가를 실망시키지 않으려고 했어요. 그래서 어떻게 했을까요? 네, 과정을 모두 생략하기 시작했습니다. 누군가의 성공을 그냥 모방하고, 콘텐츠의 기법만을 배웠기 때문에 오랜 시간의 좌절과 실망 속에서 쌓았어야만 했던 알맹이는 존재하지 않는 것이지요. 사람들과의 소통도 그들에게는 사치입니다. 그러니 단기적인 성과와 결과는 빛을 하겠지만, 후반 작업에서 이루어져야 할 뒷심 어린 끈기나 책임이 받쳐지지 못하게 됩니다. 그럼 어떻게 될까요? 결국 안 좋은 결과로 끝나는 경우가 대부분입니다. 아이러니하게 과정을 외면한 채, 나를 최고라 말하던 사람들이 이내 그 분야에서 바로 나의 적이 되어버리지요. 그렇게 무너지는 분들이 정말 많습니다."

그의 이야기를 듣는데 문득 예전 강연장에서 만난 외제차들이 즐비한 주차장의 공간이 떠오른다. 눈앞에 강사와 머리부터 발끝까지 심지어 말투까지 똑같이 따라 하던 그 젊은 친구들이 내 머릿속을 혼잡하게 지나쳐갔다.

"그럼 어떻게 해야 하는데요?"

의아해하고 혼란스러워 보이는 나를 파악한 듯 신은 지금의 내 상황에 맞게 말을 해 준다.

"기술은 착각이죠. 실체는 진정성입니다."

그의 평온한 미소가 한결 더 그의 말을 매끄럽게 이끌어주고 있다.

"내가 나를 낮추고 먼저 다가갈 때, 그들도 나와 끈을 이어가는 것이잖아요. 한 방을 노리려는 자세보다는 서서히 장기적으로 나만의 방식을 찾아가야 해요. 그래야 무한 경쟁으로 빠지지 않고도 살아남는 길을 찾는 겁니다."

무한 경쟁.

스마트 스토어를 진행하면서 몇 시간을 컴퓨터 앞에서 무한 반복의 일을 처리하곤 했었다. 하지만 그것은 마치 계란으로 바위를 치듯이, 끝나지 않는 에너지를 소비하는 것만 같았다. 순간 나는 내가 왜

이 사람을 좇아 여기까지 왔는지에 대해 잊어버린 중심을 더듬거리며 다시 찾아갈 수 있었다.

"민수 님, 그래서 제가 그렇게 민수 님에게 '진정성'을 입에 닳도록 이야기 한 겁니다."

"진정성! 그러네요. 저도 기술적인 접근이 아닌 진정으로 다가갈 때 늦더라도 결과가 나오더라고요."

"네, 그 결과는 기술로 나온 결과와는 '격'이 다르죠."

"이제는 그 말이 조금은 들리네요. 신의 말처럼 나의 있는 그대로를 잘 드러내라는 것이죠. 생각해보면, 포장이 점점 쉬워지는 세상에서 누군가를 실망하게 하지 않으려던 과거의 제가 끊임없이 그 기대에 맞춰서 성공에만 집착할 수밖에 없었던 것 같아요. 하지만 이 기대라는 본성은 절대로 작아질 생각을 하지 않는다는 것을 이번에 참 많이 느꼈습니다. 그렇게 내 통제가 벗어나기 시작하면, 그때부터는 정말 어떻게 할 도리가 없게 된다는 사실도요."

그는 자기 말을 잘 흡수하듯, 받아들이는 나를 뿌듯하듯이 바라보고 있었다.

"민수 님, 저에게 수염은 말이죠. 나를 솔직하게 드러내며 그렇게 누군가를 꾸준히 실망하게 하며 관계의 빈틈을 지키려고 하는 저만의 의지입니다. 이것은 일종의 상징과 같아요. 사람들은 저에게 수염을 깎으라고 자주 이야기합니다. 그러면 사람들이 더 많이 찾아올 거라고 말이죠. 하지만 갑작스럽게 가까워지는 만남의 의미를 알기에 저는 오히려 수염을 유지합니다. 수염은 이렇게 그 사람과 저의 관계를 지키는 저만의 방식이기 때문이죠."

담담하게 그가 말을 하는데 내 눈길에는 더부룩하지만 멋스럽게 자라있는 그의 수염, 턱 끝의 윤곽이 한눈에 들어왔다. 의미를 알고 바라본 그의 수염이 유독 더 다르게 아니 심지어 고맙게 느껴진다. 그 수염이 아래위로 움직이며 말을 이어가고 있다.

"누군가에게 필히 실망을 줄 수밖에 없다고 인정하는 성공이 진짜 건강한 성공입니다. 그런 사람만이 수단과 방법을 가리지 않고, 성과와 결과에 집착하는 것을 멈출 수 있어요. 실망을 주지 않은 성공을 이룬 사람은 자연스럽게 성과와 결과에 집착하게 됩니다. 문제는 그렇게 쌓인 나의 콘텐츠가 허상의 기술을 만나 욕심을 채우게 되면, 무리한 방법을 쓰게 되는 것이지요. 결국 있지도 않은 허상을 있어보이게 만들고, 사람을 혹하게 만드는 도구로 전락하기도 하지요. 그렇게 허구의 성이 점점 커가는 것입니다. 허상의 콘텐츠 성이 쌓이다 못해 나중에는 터져 나오는 날이 올 것이고요. 진짜 자신이 원하는 것이 아닌 모래성을 쌓는 꼴이기 때문이죠. 콘텐츠 마케팅을 장기적으로 모형화하기 위해서는 이 기본을 기억해야 합니다."

있는 그대로의 나를 드러내는 기둥. 진정성. 머릿속이 '얼얼'했다. 항상 그럴듯하게 잘 되기를 간절히 원했다. 내가 신을 만나러 온 이유는 어쩌면 너무나도 명확했다. 남이 보기에도 더 멋진 삶이기를 바랐다. 나는 늘 헛된 바람을 가졌고, 그래서 그가 보여준 외면에만 집착했었다.

신을 만나서 허상의 무언가를 벗어나는 듯 했다. 그를 반드시 실망시키지 않으려고 노력했고, 자연스럽게 그 태도는 고객을 단 한 번도 실망시키지 않으려고만 했다. 그런 노력이 쌓여 보상이라는 마음이 생긴다는 사실을 최근 들어 깨닫는 나였다.

문득 중학교 때의 내가 떠올랐다. 학급의 반장이 되었던 그때 그 모습이 참 좋았다. 고등학교에서 가장 멋진 신발을 신고 다녔고, 스무살 이후로는 줄곧 헤어스타일에 가장 많이 신경을 쓰곤 했다. 누구의 칭찬에 누구의 비난에 언제나 쉽게 흔들리곤 했다. 어쩌면 그 이유가 나의 성공을 꿈꾼 것이 아니라, 어쩌면 누군가의 성공을 꿈꾸었기에 그랬는지도 모른다.

유독 남에 대해 심하게 의식하면서 살아온 나. 나만의 기준이 없었던 나. 누구의 성공이 부러웠고, 누구만의 결과만을 얻으려고만 했다. 그것은 정작 내 과정이 아니었음에도 그 방법을 처음부터 얻으려 하지 않고, 결과에만 집착했는지도 모른다. 신의 말을 듣고 이제 조금이라도 용기를 내보려고는 마음이 조금씩 생기기 시작한다. 그리고 그것은 나를 믿고 누군가를 실망하게 할 수 있는 용기, 이제껏 생각하지 못했던 진짜 용기, 생각보다 과정이 쉽지는 않을테지만 가슴 한편에서 밀려오는 알 수 없는 뿌듯함을 느껴 본다.

소통은 바로 거기부터 시작하는 것이었다. 부족한 나를 수용할 수 있을 때 우린 기꺼이 타인에 콘텐츠에 관심을 가지고, 온라인이 기술적 도구만이 아닌 소통의 실체가 된다는 것이 이제서야 가슴으로 다가오고 있었다.

"'기술이 아니라 진실이다.' 그게 첫 번째 착각이었군요. 지금껏 제가 신의 말이 잘 안 들린 진짜 이유가 있었네요."

"그래서 저도 항상 '기다림'을 선택하는 편입니다. 하하."

"그럼, 이제 또 다른 어떤 착각이 있을까요?"

그가 나를 본다. 그 표정에 필히 내가 있다. 아니 그건 알에서 깨어나가고 싶은 번데기이다. 그것이 누구인지는 중요하지 않았다. 그러나 찢어지는 고통과 통증을 이겨내고 세상에 날아가고 싶은 그 검은 무엇이 형태를 드러내고 있다는 사실은 분명해 보였다.

"이제 두 번째 이야기를 시작해 볼까요?"

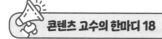
여전히 저는 컴퓨터를 들여다보면서, 잠깐씩 착각에 빠지는 경우가 있습니다. '지금 내가 하는 이런 연구를 공개하면 사람들이 정말 깜짝 놀라겠지? 요즘 사람들이 돈 버는 방법이라고 비싸게 파는 것들 몇 년 전에 내가 강의하던 것들이네?' 여전히 미성숙한 저로 살아가며 잠깐 누리는 오만한 생각들입니다. 지금 제가 시도하고 있는 기술적인 내용은 주변 누구에게도 공유되지 않는 것들이 대부분입니다.

물론 그것을 활용해서 돈을 일부 벌기도 하지만, 100% 다 활용할 수도 없을 정도로 방대한 내용이기도 합니다. 2010년부터 다양한 마케팅 채널에 발을 들이기 시작했고, 그때부터 마케팅하는 사람들의 흥망성쇠를 지켜보았습니다. 저 역시 그런 흐름 속에서 달콤함도 쓴맛도 본 사람이기도 합니다. 그런 과정에서 우리나라 마케팅 교육의 수준이 올라가기 힘들겠다는 생각도 했습니다.

왜 그랬을까요?

스승이 제자에게 가르쳐주면, 제자는 그것을 자기 것으로 소화해서 성장해가는 것은 바람직한 교육의 현상입니다. 하지만 돈을 벌기 위해서 제자들은 자신을 가르친 사람을 부정하고, 부족한 부분을 강조해서 자신을 더 돋보이게 만드는 작업을 하곤 했습니다.

물론 스승들이 가진 문제도 분명히 있습니다. 교육도 하고 자신도 성장하는 미션을 동시에 잘 이룰 수 있는 스승을 찾기는 어렵기 때문입니다. 제자는 여러 스승을 모시면서 그들의 좋은 점만 가져와서 발전된 무엇인가를 만들 수 있습니다. 그러다 보면 스승은 자연스럽게 뒤처지게 됩니다.

자신이 부정한 스승을 넘어 제대로 설 수 있는 제자가 얼마나 될까요? 세대가 갈수록 쌓이면서 올라가야 하는데, 치우고 다시 쌓고, 치우고 다시 쌓는 것이 반복되다

보니 계속 같은 문제를 겪습니다.

자신 또한 자신이 키워낸 제자에게 부정당하고 똑같이 서운한 일을 겪게 됩니다. 이런 과정에서 애정은 없고, 오직 돈만이 절대적 위치를 점하고 있습니다. 돈 벌어야하니까 이해해달라는 이야기를 하는 제자와 피 튀기며 싸울 스승은 별로 없을 겁니다.

10년 넘게 이런 문제들은 반복되어 오고 있습니다. 그 출발점에는 무언가 엄청난 기술을 가진 것처럼 이야기하는 마케팅적인 술수가 있었고, 종이 한 장으로 끝날 이야기를 10시간씩 부풀려서 비싸게 판매하는 기술에 대한 기대감이 있었습니다.

'나를 찾는 사람과의 만남은 철저히 인간적이면 좋겠다. 돈이 중요하지만 인간에 대한 이해와 사랑을 바탕으로 미래를 풀어나갈 수 있는 사람하고만 더 깊은 정보를 나눠야겠다' 이렇게 계속 다짐했습니다.

그리고 그렇게 풀어나가는 사람들은 대단한 기술이 없더라도 그 이상의 퍼포먼스를 낼 수 있는 기회를 잡는 모습을 보곤 합니다. 인간이 인간적이라는 사실을 놓치면, 그 뒤로는 계속 꼬여만 가는 일들을 해결하느라 정신이 없게 됩니다. 아직 무엇이 맞는 길인지는 잘 모르겠습니다. 하지만 계속 복기하면서 이상하다고 생각하고, 잘못된 것 같다고 생각했던 길로는 안 빠지려고 하고 있습니다.

콘텐츠 마케팅의 착각 2
부는 특별함에서 온다는 선입견

기술을 내세우는 자극적인 요소는 나의 진실을 그 뒤로 가리게 한다. 한 번 속인 거짓말은 눈덩이처럼 커져서 지금 내가 해야 하는 일을 무너트리기에 충분할 만큼 자라난다. 콘텐츠 마케팅을 하고 싶다면 기술만 먼저 배울 것이 아니라 진실의 기둥을 세울 수 있어야 한다. 진실의 기둥은 돈만 좇아서는 나오지 않는다. 돈을 무작정 멀리한다고 나오지도 않는다.

사업하면서 '돈'도 중요하다. 그러나 '마음'도 중요하다. 그 중심의 치우치지 않는 기둥 안에서 우리는 우리와 같은 결의 사람들을 만날 수 있다. 콘텐츠 마케팅은 기꺼이 나와 같은 결의 사람을 얻을 수 있는 수단이 되어 준다.

자, 그렇다면, 두 번째 착각은 도대체 무엇인가? 어떻게 하면 우리와 같이 평범한 사람들이 더 행복하고 건강하게 수익을 만들 수 있는

가? 궁금증이 커질수록 나의 질문은 점점 더 날카로워져 간다.

"그런데 신, 진실, 그러니까 진정성만 가지고 살아가기는 어려운 면도 있지 않습니까? 그러니까 제 말은 세상에는 언제나 새로운 상품과 아이디어로 세상을 놀라게 하는 것들도 나오잖아요. 그것들이 꼭 진정성이 있고, 균형성이 있어서 나오는 것은 아니지 않습니까?"

"네, 그렇게 생각할 수 있습니다. 좋은 질문이에요."

예상외로 짧은 그의 답변을 듣고 바로 그는 화답하듯 답을 이어 간다.

"많이들 그렇게 질문하세요. 이 두 번째 착각을 하시거든요."

"네?"

혼잣말을 되뇌듯 그가 말을 꺼낸다.

"어떻게 생각하세요, 민수 님은? 창의적인 무엇, 세상에 없는 그 무엇이 하나 나와 주면 엄청난 성공을 보장한다는 생각이 드세요?"

"그야 당연하죠. 저도 탈모를 관리하고 팔고 있지만, 새로운 상품 하나만 잘 만들어내도, 정말 수백 억은 벌지 않을까요?"

"그렇죠. 그런 사람들도 분명히 계시니까."

"반응이 좀 이상하네요. 신은 그렇게 생각하지 않으세요?"

"글쎄요."

"글쎄라고요? 아니, 우리 같이 평범한 사람들이 성공하려면 대박의 카테고리가 하나 있어 줘야 하는 것 아닐까요? 돈도 없고, 능력도 제대로 안 갖췄는데, 이런 아류들이 살아남으려면 그 뭐야, 혁신? 그래 그 혁신이라는 것도 좀 있어야 하지 않겠냐는 거죠?"

"네, 그러니 우리는 그렇게 둘의 착각에 빠지는 겁니다."

약간의 답답함이 묻어 나온다. 사업자의 기질이 여기에서도 드러난다. 조금 더 빠르고 강한 무엇이 필요한 것 아니냐는 나의 역질문에 신기할 정도로 그는 침착하게 응대하고 있었다. 그러나 그는 가만히 듣고만 있지는 않았다. 본질에 다다른 중요한 이야기 앞에서 본심을 점점 드러내고 있었다.

"민수 님, 근데 왜 '삼성'은 신비로운 무엇을 만들지 않고, 반도체로 돈을 벌까요?"

"네? 삼성이요?"

"네, 우리나라에서 제일 돈 많고 능력 있는 기업이 삼성 아닌가요?"

"그건 그렇죠."

"근데 그분들은 왜 신기한 것을 세상에 내놓지 않고 4차 산업의 '벽돌'이라 불리는 반도체를 찍어내는 것에 수십조를 투자해서 운영할까요? 아니 왜 그들은 휴대폰을 만드는 일에만 집중하는 걸까요?"

"그건…."

그 질문에는 정말 대답할 수 없었다. 이유를 알 수가 없어서도 있지만, 그러고 보니 정말 내가 아는 대기업들은 모두 창의적인 것에 도전하고 있지 않아서였다. 라면을 만드는 기업, 청소기를 만드는 기업은 떠올랐다. 그렇지만 세상에 없는 창의적인 무엇을 만드는 기업은 얼핏 떠오르는 곳이 별로 없었다.

"세계 최고의 똑똑한 인재들이 모여 '뚝딱'하고 세상에 없는 새로운 무엇을 만들어내는 창의적인 기업들도 물론 있지요. 그런데 그건 정말 '극소수'의 이야기입니다. 진짜 현실에서는 말이죠. 세상에 전혀 존재하지 않는 것을 새롭게 만들어내는 데 엄청난 시간과 비용이 소요된다는 사실을 잘 알고 계시죠. 그리고 또 한 가지."

"또 한 가지?"

"창의적이라고 해서 고객들이 진짜 다 사주긴 하나요?"

전혀 다른 각도의 질문이 날카롭게 내 의중을 공격한다.

"그건, 또 아니네요."

"창의적이라고 해도, 과정도 쉽지 않고, 실패율도 높고, 심지어 사주지도 않고, 창의적인 것을 해야 한다는 덫에 걸려 오히려 더 창의적인 것을 하지 않는 선택을 하게 됩니다. 물론 창의적인 무엇에 도전하는 그 자체는 좋습니다. 하지만 평범함을 받아들인 '나'라면, 사업이 소중한 일상을 지키는 '목표'라면, 꼭 그것만이 답은 아니라는 것이죠. 그런 덫에 걸리지 않았으면 해요."

"음…."

"자, 민수 님, 이런 생각도 해보자고요. 우리 제품 중에 마시는 차가 있는 거 아시죠. 삼각 티백이 들어간."

"네, 녹차도 있고 홍차도 있고, 보리차도 있고, 하잖아요. 그거 말씀하시는 거죠?"

"네, 맞아요. 그 업체가 대략 수십 개의 업체가 있는데요. 혹시 그 업체에서 생산하는 공장이 모두 똑같다는 사실을 아십니까?"

"네?"

"어떤 기업은 청년을 대상으로 팔기도 하고, 어떤 기업은 임신한 분들을 대상으로 팔기도 합니다. 때로는 어머니를 대상으로 하는 분들. 혹은 다이어트를 하거나 운동하는 분들을 대상으로 마케팅을 하기도 하죠."

"네, 저도 여러 업체를 본 적이 있습니다. 그런데 그게 똑같은 공장에서 나온 거라고요?"

"네, 놀랍게도 결국 같은 곳에서 받은 제품들을 이미지를 다양하게 해서 판매하는 것입니다."

"아니, 진짜 충격적이네요."

"여기서 우리가 기억해야 할 중요한 사실은 따로 있어요."

"그게 뭔데요?"

"같은 제품임에도 '판매량' 차이가 극심하다는 사실이죠."

"그렇죠. 처음 들어보는 곳도 있고, 잘 되는 곳도 분명히 있겠죠."

"네, 중요한 것은 차별화가 어떤 특별한 제품이어서가 아니죠. 같은 공장에서 나온 같은 제품입니다. 그런데 그것을 생산하는 기업들의 결괏값은 차이가 엄청납니다."

"왜 그런 걸까요?"

"잘 되는 기업을 한번 검색해보세요. 그럼 아주 놀라운 사실을 알게 될 겁니다. 그런 기업들은 고객 리뷰에 댓글 하나 놓치지 않고 꼬박꼬박 달고 있어요. 더 잘하는 곳은 그 고객의 이름을 한 명 한 명 불러주기까지 하며 댓글을 달아 주기도 합니다."

"이름을 불러주면, 확실히 더 친근감이 느껴지겠네요. 근데 굳이 이렇게까지 하고 있다니… 그건 정말 몰랐네요."

"사람들이 각인되지 않고, 잘 모르는 제품을 파는 일은 정말 어려운 일이에요. 그런 일을 도전하는 그분들의 용기는 정말 칭찬받아 마땅합니다. 그렇지만, 꼭 방법이 그것에 국한될 필요는 없어요. 인지된 카테고리 내에 있는 제품을 어떻게 하는지에 따라 얼마든지 더 잘 팔릴 수 있습니다. 그러나 잘 팔리는 곳은 제품의 특별함의 차이보다는 댓글에 대댓글까지 달아주는 기본기가 가미된 경우가 훨씬 더 많습니다."

"기본이라."

이해될 듯 말 듯한 나를 앞에 두고 그는 더 심연 깊은 이야기를 꺼낼 준비를 하고 있었다.

"민수 님, 왜 제가 이토록 기본을 지겹도록 이야기하는 줄 아세요?"

"아, 글쎄요?"

"예전에 저를 가르쳐 준 스승님이 계셨어요."

"신도 스승님이 계셨군요. 그건 전혀 생각 못 했습니다."

"네, 저도 스승님이 계셨습니다. 운이 좋게 아주 멋지고 큰 분을 만나 뵐 수 있었습니다."

"그러셨군요."

"제가 스승으로 모신 분은 정말 장사업계에서 큰 손으로 불리는 분이었습니다. 유명 미디어에도 자주 나오시고, 큰 성공을 이룬 멋진 분이었어요."

"정말 대단한 분이시네요."

"네, 그때 저는 간절한 마음으로 그분의 곁에 있게 된 적이 있습니다. 마치 민수 님이 제게 한 것처럼 그 분에게 가서 무엇이든 할 수 있다고 말 하던 때도 있었죠."

"와, 신도 그런 때가 있었군요."

"네, 어쩜 그래서 민수 님에게 더 '정감'이 갔는지도 몰라요. 어쨌거나 그분의 곁에 보니 저와 같이 뛰어난 인재들이 많이 있었습니다. 그분 곁에는 항상 젊은 천재들이 넘쳐났죠. 수십억 원을 벌어들이는 사업가부터, 재벌가의 사람들, 유명 명문대를 졸업한 인재들, 투자적 재능이 뛰어난 천재들까지."

"에이, 신도 뭐, 천재 중의 한 명 아닙니까?."

"하하, 저를 전혀 모르시는군요. 진짜 그 당시에 저는 천재들 사이에서 능력 부족으로 엄청나게 괴로워했습니다. 한참 그들의 뛰어난 재능에 감탄하면서도 한편으로는 깊은 자괴감에 빠졌지요. 그래서 그들을 만나야 할 때가 오면, 구석에 가서 진짜 조용히 있었습니다."

"아, 신도 그런 시절이 있었군요."

"네, 얼마나 스스로가 부족한 사람인지 알겠더라고요. 저는 그들처럼 돈도 없고, 인맥도 없고, 능력도 없었습니다. 처참했죠."

"아, 진짜 힘드셨겠어요."

"힘들었죠. 하지만 '결과'는 반대로 가더라고요."

"반대요?"

"네, 그때 전 이런 생각을 했죠. 어차피 내가 이 중에서 뛰어난 사람이 아니라면 나는 그냥 '기본'에 모든 승부를 걸겠다."

"기본에요?"

"네, 아주 작은 것부터요. 스승에게 전화가 오면 가장 먼저 달려간다거나, 스승이 시키면 가장 먼저 찾아보고 알려드리는 것 그리고 꾸준히 그것을 반복해 내는 것. 제가 생각한 기본은 이게 다였습니다. 그런데…."

"그런데요?"

"시간이 지날수록, 그 많은 인재들은 조금씩 조금씩 사라지더군요. 사라지면 또 새로운 사람들이 나타나고, 또 사라지고. 이런 게 반복되더군요. 어느 날 가보면 늘 센터에 있던 한 명이 안 보여요. 그래서 묻죠. 그분 어디 가셨나요? 그러니, 이런 이야기가 들리더라고요. 스승님하고 다퉜다고. '아, 그렇구나' 또 시간이 지나니 또 여러 명이 사라져요. 말하지 않아도 알아서 조금씩 조금씩 못 버티고 다 떠나버리더라고요."

"오, 그럴 수가."

"저는 그냥 기본만 지키고 있었는데, 어느새 스승님에게 가장 믿는 충실한 제자가 되었죠. 저는 그걸 계기로 정말 많은 기회와 인맥을 얻게 됩니다."

"그랬군요. 그래서 그토록 기본을 강조하신 거군요."

"네, 지금은 기본이 점점 더 외면받는 시대가 되고 있어요. '빠름'이 당연한 시대일수록 기본을 외면하는 사람들이 많아지죠. 그런데 저는 좀 반대로 생각해요. 지금의 시대일수록 기본은 점점 더 빛을 발할 겁니다. 정말 기본만 잘해도 먹고 사는 데 전혀 지장이 없다고 생각이 들 정도입니다."

"신의 이야기를 들어보니 정말 그렇네요."

"창의적인 것 좋죠. 그렇지만 그것보다 더 중요한 것은 기본의 태도에요. 첫 번째는 창의적인 것으로 성공할 수 있죠. 그러나 두 번 세 번의 성공은 창의적인 것만으로 오지 않아요. 그에 받쳐주는 태도, 제품에 대한 애정, 사람들에 대한 배려. 이런 기본의 것들이 받쳐주지 않는 기업이 두세 번의 성공을 이끌며 오래가는 경우를 보지 못 하는 이유죠."

"그럼. 두 번째 착각은 창의나 새로움이 아니라."

"네, 맞아요. 바로 기본이죠."

"신의 말을 듣고 생각해 보니 저도 기본기가 부족해서 더 오랜 시간을 방황했던 것 같아요."

"민수 님은 이미 잘 버텨 주신걸요."

"그런가요?"

"네, 민수 님, 콘텐츠를 처음 만들 때 '뭔가 새로운 것'을 만들기 위해 애를 쓰기도 하셨죠? 기억하세요?"

"아, 맞아요. 저도 엄청나게 애쓰고 힘을 들였죠. 몇 시간이 들면서."

"제가 처음부터 계속 힘을 빼라고 말한 거 기억하시죠?"

"네, 저에게도 분명 그렇게 말씀하셨지요."

"네, 그것도 마찬가지 원리에요. 저는 힘쓰는 것에 대한 '경계'가 있어요. 힘쓰는 그것은 기본으로 자리 잡지 않고 있다는 뜻이니까요. 처음부터 세상에서 처음 보는 신비로운 콘텐츠와 같은 강력한 목표에 힘을 빼고 쓰기 시작하면 시간이 지나면서 알아서 자연스러워지는 법입니다. 그게 기본의 실체입니다. 사실 민수 님이 샴푸 이슈가 생겼을 때도, 제가 중요하게 생각했던 것은 문제를 해결하는 창의적인 방법이 아니라 그들과 직접 소통하는 것이었죠."

"그런 거군요. 그때 라이브가 어찌 보면 제가 놓치고 있는 가장 기본적인 일이었군요."

"네, 인사 잘하고, 화장실 청소 잘하고, 센스 있게 타이밍 놓치지 않게 말해주고. 이런 작은 기본적인 일들이요. 저는 이 기본만 있어도 이 세상을 살아갈 수 있다고 믿습니다. 실제로 계속 잘 되는 곳은 이런 기본에 충실한 경우가 많았습니다."

"기본이 정말 다르게 들리는군요."

"강의하는 분들 중에 이미 기본이 되어 있어서 잘 된 분들이 많아요. 그런데 그분들 중에 자신이 잘 된 이유가 기본이 아니라 어떤 특정 기술에 대한 결괏값으로 인해 '그것' 때문에 자신이 잘 되었다고 말하기도 합니다. 그런데 정말 그럴까요? 보이지 않았기에 드러나지 않았을 뿐이지 이 기본의 힘을 잘 몰라서 그렇게 말하는 거죠. 기본의 힘은 어마어마합니다. 그 진실을 아는 사람은 꾸준히 실천하는 것만으로도 모든 것이 변한다는 것을 잘 알고 있죠."

"정말 다르게 생각하고 있었네요. 생각해보면 지금 제가 탈모 제품들이 팔리는 것도 꾸준한 콘텐츠와 빠른 피드백이라는 것이 전부인데, 별다를 것 없는 샴푸를 제게 와서 사주는 이유가 되는 거군요."

"네, 그래서 계속 더 잘 지켜가야겠죠."

하나하나의 퍼즐이 맞아떨어진다는 생각도 잠시, 나는 문득 마지막 착각이 그럼 무엇인지가 무척이나 궁금해진다.

"그러면…."

"네, 이제 마지막 착각이죠."

내 말이 떨어지기가 무섭게 그의 말이 나온다. 마지막 착각, 그것은 과연 무엇을 의미하는 것일까?

더 새로운 게 없을까? 더 특별한 게 없을까? 사람들은 성과가 나지 않으면 답답한 마음에 이런 질문을 하기 시작합니다. 그리고 응당 그런 질문에 답하는 사람들이 존재합니다.

"여기 있어요."

 콘텐츠 고수의 한마디 19

당장이라도 지금의 문제를 해결할 것처럼 말하는 강의와 책들이 넘쳐납니다. 심지어 지금 자신을 통해 이 문제를 해결하지 않으면 뒤쳐지고, 앞으로 큰 기회를 놓칠 것이라고 당당하게 이야기하고 있습니다.

저는 그런 메시지를 비난할 생각이 없습니다. 다만, 기본을 갖추지 않고, 중심이 잡히지 않은 초보자에게 겁을 주거나 당장 해결책을 주는 것으로 유혹하는 방식은 경계해야 한다고 생각합니다. 아이가 이유식을 먹지 않으면, 이유식 재료로 아이가 좋아할 만한 특별한 것이 무엇이 있을까 찾고 그것을 먹일 수도 있습니다.

하지만 단지 아이가 배가 고프지 않아서 이유식을 먹지 않았을 수도 있습니다. 진짜 원인을 파악하지 않은 채, 눈에 보이는 현상을 내가 원하는 대로 통제하기 위해 마구잡이로 단기적 처방을 하는 것은 좋은 해결책이 아닙니다.

계속해서 특별한 것을 찾게 되고, 현상 파악과 문제 분석을 제대로 하지 못하게 만들기 때문입니다. 새로운 방법을 찾기 전에 기본을 다하고 있는지부터 점검해야 합니다. 알고 보면 기본만 잘 지키는 곳들은 애쓰지 않고 돈을 잘 버는 경우가 많습니다.

어떻게 하면 특별한 것을 제공해서 고객을 깜짝 놀라게 할까 고민할 시간에, 고객이 무엇을 불편해하고, 무엇에 감동했는지 파악하며 그것을 당장 잘 반영하는 것부터 신경 쓰면 됩니다.

창의적이고, 차별화하는 것을 통해서 원하는 성과가 나는 곳은 이미 기본적인 것을 다한 기업일 확률이 높습니다. 기본적인 것을 외면하고, 창의적인 것부터 집착하지 마세요. 한번 스스로 돌이켜보는 시간을 가져도 좋습니다. 지금 내가 해야 할 기본적인 것들은 무엇이 있을까요?

콘텐츠 마케팅의 착각 3
부는 대세에서 온다는 생각

콘텐츠 마케팅을 처음 알게 된 후, 꾸준히 콘텐츠를 만들며 나와 잘 맞는 고객을 찾아 이곳까지 왔다. 내가 그와 함께 그린 스케치에는 그리다만 흔적들이 유독 많이 보인다. 결코 어디에도 드러내지 못할 만큼, 지우고 그리기를 반복했다. 종이가 너덜너덜해질 만큼, 그려진 실체에는 뚜렷한 선도 하나 확실히 보이지 않는다. 가까이 보기에는 자신이 없는 그래서 회피하고 싶은 무엇이 맞았다. 그런데, 이 마지막 기둥을 그려나가며, 불현듯 신기한 사실 한 가지를 알게 된다. 지금 내가 그린 그림은 혼자 그린 그림이 아니라는 것이다.

나의 곁을 따라주는 수많은 고객들과 함께 이 그림을 그려왔다. 그래서 못난 그림이 예뻐 보이고, 오래 걸렸지만 귀해 보였다. 이 세상에서 오직 우리만이 그릴 수 있는 그림. 난 이제 이 그림의 마지막 기둥 하나를 남겨 놓고 있었다.

"민수 님."

그가 나를 불렀다. 이름을 부르고 한 템포를 벌여 놓은 것뿐인데, 유독 그 시간이 길게 느껴진다. 마지막 착각이라는 개념에 꽂혀서 그런지 무방비로 된 채, 예상치 못한 그의 질문에 또 한 번 무너짐을 느낀 건 바로 그의 말이 끝난 직후였다.

"민수 님은 도대체 왜 콘텐츠 마케팅을 하세요?"

"네?"

"많은 마케팅 방법도 있고 사업의 기술도 많잖아요. 노하우도 정보도 풍요로운 세상이죠."

"그렇죠. 종류는 다양하죠."

"그런데 왜 민수 님은 그중에서도 왜 굳이 콘텐츠 마케팅을 하시냐고요?"

"저요?"

깔끔하게 그 기둥의 돌이 비어 있는 사실을 다시 깨닫게 된다. 창피하지만 나는 이 질문을 한 번도 깊게 생각해 본 적이 없었다.

"그냥, 신이 부러워서요."

"제가 부러워서요?"

"네, 그렇게 살 수 있는 신이 부러워서 그래서였던 것 같아요."

"건축물의 마지막 기둥을 잘 세워야죠. 그게 저는 아니잖아요. 하하."

문득 그에게 다시 질문한다.

"그러면, 신은 왜 콘텐츠 마케팅을 선택하신 거예요?"

그의 대답이 나의 답이 될 수는 없겠지만, 이 열린 질문에서 한 가지 지푸라기라도 잡고 싶은 마음이 들었다. 썩은 줄이라도 있어야 그 남은 공간을 추정해서 내가 갈 길을 조금이라도 엿 볼 수라도 있지 않을까? 하는 생각이 들었기 때문이다.

"시류가 아니라서…."

"시류요?"

"네."

"대세를 말하는 것 맞나요?"

"네, 맞습니다."

"아니, 대세라서 하는 게 아니라 대세가 아니라서 하는 거라고요? 이해가 잘 안되네요?"

"민수 님, 지금의 대세는 뭘까요?"

"지금이요?"

순간 이 질문이 그를 찾아오기 전에 순간들이 떠오르게 했다. 수많은 정보들 사이에서 무엇이 맞는지 몰라 헤매던 내 모습이 엿보였다.

"많고 더 빠른 것 아닌가요?"

"네, 더 구체적으로 말하자면, AI가 '카피라이팅'을 하고, AI가 고객을 '타깃팅'하죠. 이제 우리는 누가 고객이 될지 쉽게 알게 되는 세상이 왔어요. 기술이 생기고, 자본만 많으면 팔기에도 더 쉬운 시대가 되었죠. 투입과 산출 아시죠? 이런 원리. 넣으면 나오는 세상, 참 빠르고 좋다는 세상. 동의하시나요?"

그는 자신의 리듬을 이어주길 바라는 사람처럼 손으로 원을 그리며 동의를 얻고 있었다.

"맞아요. 이제는 자본만 있으면 빠른 성과가 나오긴 쉽죠."

"그런데 대세의 실체는 어떨까요?"

"실체요?"

"네, 그 거대한 움직임의 실체요."

"글쎄요. 이거, 뭐 상상도 안 되네요."

"제가 운이 좋아서 자문하는 곳이 꽤 있거든요. 그 현장에서 참 많은 것을 봅니다. 컨설팅이라는 게 쉽게 기업의 실체를 엿볼 수 있어요. 그중에서 기업급은 아니지만 어떤 곳은 거의 1억 원이 넘는 돈을 매달 광고비로 투자하는 곳이 있어요."

"매달 1억 원이요? 엄청나네요."

"사실 말이 좋아 1억 원이지. 내가 달에 6~7억 원 이상을 벌어도 매달 광고비로 1~2억 원씩 나가야 한다면 그건 엄청 힘든 일입니다."

"그렇죠. 저도 사업을 해 봐서 아는데, 고정비가 정말 무서워요."

"문제는 그렇게 광고를 돌리는 대도 이제는 전환율이 예전만큼의 수치가 나오질 않는다는 것입니다. 경쟁이 치열해지면서 고객들의 선택권이 점점 더 많아지는 꼴이 된 거죠. 그래서 겉으로는 성공한 것처럼 보이지만 현실에서는 공황장애로 힘들어하는 대표분들을 많이 보곤 합니다."

"그런 속사정까지는 전혀 몰랐네요."

"네, 근데 그런다 해도 지금의 이 대세의 패턴은 잘 안 바뀔 거예요. 그들에게 고객은 사람이 아닌 '매출'이고 그저 '숫자'이기 때문입니다. 광고를 투여하면 나오는 '숫자', 결국 고객은 돈을 투입하면 생긴다는 구조가 그들 머릿속에 깊숙이 자리 잡고 들어와 있기 때문이죠. 과거에 이미 충분한 성공을 거둔 전략을 바꾸기란 쉽지 않죠. 문제는 이 상태에서 '인본주의'는 그들에게 더 이상 의미가 없지요. 기계적인 과정에 대한 확신을 가지게 되면, 다른 대안을 받아들일 수가 없는 상태가 되어가요. 이게 지금 제가 본 이것이 대세의 실체입니다."

"기업 속사정은 몰랐지만, 제가 본 대세도 비슷한 것 같아요. 정보는 차고 넘치고 점점 소수의 기업이 정보를 무차별로 뿌리고 있으니, 이제 진정성 있는 무엇을 찾아 헤매고 있는 것이 저희 같은 사람들의 몫이 된 것 같네요."

"네, 그래서 왜 저에게 콘텐츠 마케팅을 하냐고 묻는다면 저는 '그게 시류가 아니어서'라고 대답합니다. 콘텐츠 마케팅은 그런 빠른 대세와 같은 결이 결코 아니죠. 이것은 시간이 오래 걸립니다. 조금 돌아가기도 하죠(나를 보며 싱긋 웃는다). 기본기를 다져야 해요. 그래서 돈이 바로 되지 않기도 해요. 정말 지금의 대세에 역행한단 말입니다."

"그런데도 이 대세에 역행하는 사람들이 있어요. 그들은 고객을 위해서 끊임없이 고급 정보를 만들어 주고, 그들의 문제를 해결해주기 위해, 지속해서 사람을 먼저 돕습니다. 이런 과정을 토대로 조금씩 자신만의 사람들을 만들어갑니다. 작은 리그처럼 말입니다. 그렇게 팬도 만들고 '알짜배기'를 향해 가는 사람이 되어가죠."

"작은 리그를 만든다라니, 그 말 참 좋네요."

"네, 이런 대세를 따르지 않는 행동으로 제 주변에 점점 건강하게 돈을 버는 사람들이 늘어날 수록, 돈 많은 사람들과 경쟁할 수 있는 중요한 방법을 터득한 것이라 생각해요. 저는 이 부분에서 가장 큰 확신을 가졌죠. '건강하게 돈 번 사람들이 훨씬 더 행복하게 살 수 있겠구나.' '대세가 아니기에 이런 가능성이 열리는구나.' 그래서 저는 이런 제 뜻에 동참하는 사람들과 단단한 우리만의 문화를 만들어가고 있는 것입니다. 그렇기에 더 행복해지는 삶을 살아가려고 노력하고 있고, 제 자신의 가능성을 증명하기 위해서, 열심히 책도 쓰고 저만의 방식을 알려가고 있어요."

"그랬군요. 그게 신의 원동력이 되어주는 것이었군요."

"네, 저는 스스로에게 많이 물어요. 그렇게 우리 세대에서는 그 대세를 돌릴 수는 없다고 해도 우리 아이들의 세대에서는 어쩌면 '우리가 지켜온 이 대세를 거쳐서 더 많은 사람들이 행복해질 수 있지 않을까?' 그런 질문이 하나둘 풀어지면서 '점점 또 다른 대세를 만들어 가지 않을까?' 이런 질문을 해 봐요. 물론 그런 한쪽 '방향'만이 무조건 맞는다고 생각하지는 않아요. 다만 새로운 것들과 기존 것들의 균형, 있는 것과 없는 것의 균형, 둘 다 될 수 있는 선택 폭이 더 넓어진 세상. 저는 이것을 건강한 균형으로 보고 미래 세대에게 우리가 줄 수 있는 진짜 가치라고 생각하는 겁니다."

담담하게 그의 이야기가 끝나고, 민망한 듯 나는 바닥 아래 무엇을 바라보고 있다.

김민수.

나는 가난하고 성급한 사람이었다. 가진 것도 없었고, 믿을 것은 두 주먹이 전부인 사람이다. 유독 남들보다 뛰어난 것이 있는 것도 아니다. 그런다고 꽤 성실하거나 끈기 있는 사람도 아니다. 특별한 누구라고 생각해 본 적도 없었고, 언제나 내 마음 안에는 사회에 대한 '걱정'과 현재에 대한 '불만'만이 가득한 사람이다.

그런 평범한 나에게 언제나 치열한 경쟁만이 있었다. 평범하기에 열심히 해야만 했고, 쉬지 않고 달려야만 했다. 나에게는 평가와 판단만이 난무했다. 그런 나에게 처음으로 '기다림'을 준 사람이 있었다.

스스로가 깨어나가길 바라는 기다림,

한 발자국만 더 나아가길 바라는 기다림,

깊은 무엇부터 나를 믿어주는 단단한 기다림을 말이다.

그리고 오늘 나는 정확히 알았다. 그 기다림의 원천에는 기꺼이 대세에 역행하고자 나아가는 내 용기에 대한 그의 '존중'이 담겨 있음을 말이다.

'나 같은 사람도 콘텐츠를 잘할 수 있을까?'

'뭐 하나도 능력이 없는데. 정말 내가 팔 수 있을까?'

'기술도 없는 내가 과연 온라인에서 잘할 수 있을까?'

수도 없이 되뇌던 지난날의 의문의 시간이 이 큰 사람의 마음 안에서 위로받는 기분이 들었다. 문득 반짝이는 무엇이 눈망울을 뜨겁게 달군다. 가슴 속 부터 밀려오는 뜨거운 감정은 눈망울을 타고 물이 되어 눈가를 향해 흐르고 있다.

한 사나이의 '진심'은 그 길을 함께 걷는 '동료'를 울리는 힘이 있었다. 그가 지금 내게 던진 이 기나긴 진심이 유독 내게 더 깊게 와 닿는 이유는 무엇일까? 나는 왜 그가 좋아서 여기까지 온 것일까? 그 해답을 듣고 깊은 울림이 내면을 뜨겁게 달아오르게 하고 있다.

"고맙네요, 이런 생각을 가진 분이 있다는 게. 그리고 감사하네요. 이런 분을 만날 수 있다는 그 자체가…"

"민수 님이 여기까지 포기하지 않고, 같이 만들어 오신 거라 생각해요."

"다 덕분이죠."

"좋아요. 민수 님, 그럼 이제 마지막 '착각'은 무엇인지 아시겠나요?"

"아, 그걸 정리하지 않았군요."

"네, 제가 처음 민수 님에게 드린 것이기도 한데? 기억하시나요?"

"그래요? 전혀 기억이… 아, 혹시."

순간 그가 나에게 건네준 첫 번째 메시지를 더듬어보다가 문득 어떤 단어 하나가 불현듯 떠오른다. 그는 내 표정을 읽으며 말했다.

"하하. 네, 눈치채셨죠?"

"질문이군요."

"네, 맞아요. 정확히 말해, 마지막 착각은 정답이 있을 거라는 것입니다."

"맞아요. 처음에도 그래서 제게 질문하셨죠."

"네, 사업 현장에서 실체는 그저 변화하는 질문만이 남아요."

"결국 자신에게 질문하는 것이군요. 처음은 이곳에 왜 왔는지에 대한 스스로에 대한 질문이었고, 마지막은 '왜 콘텐츠 마케팅이어야 하는가?'라는 계속된 질문만을 남겨 주시네요."

"맞습니다, 민수 님. 그러니 답은 내 안에 있다는 것을 기억하세요. 우린 그걸 그저 꺼내 쓰기만 하면 됩니다."

"예전이라면 이 말이 정말 미덥지 않았을 텐데. 지금은 저 이해가 좀 됩니다."

"이제는 그렇게 잘 보입니다. 민수 님 하하."

"신,

기술만이 아닌 진실,

창의만이 아닌 기본,

정답만이 아닌 질문.

이 세 가지 균형은 제가 꼭 기억하겠습니다."

흐뭇하게 그는 웃으며 내게 말했다.

"아프리카의 오랜 속담에 이런 말이 있다죠. '빨리 가려면 혼자 가고, 멀리 가려면 함께 가라.'"

"함께 하면 멀리 갈 수 있다는 것이군요."

"네, 그렇게 앞으로의 민수 님의 길. 우리 또 같이 계속 걸어갑시다."

"네, 좋아요. 정말 기대됩니다."

그 대화를 나눈 후, 또 2년의 세월이 흐른 지금, 그는 한결같이 내 곁에서 변치 않고 그 자리를 지켜가고 있다. 그는 여전히 많은 이들을 기다려주고 있고, 그들의 시류에 역하는 모든 도전을 묵묵하게 받아주고 있다. 육아에 충실하며, 사업을 확장해가며, 자기 삶의 여정을 행복하게 그려 나가는 그를 이렇게 계속 가까이서 볼 수 있는 행운을 여전히 누리는 중이다.

그리고 감사하게도 그 자리를 함께 해주는 사람들이 조금씩 늘어나고 있었다. 근래에 나는 대세에 역행하는 이들의 이야기의 탄생을 보는 것이 '낙'이 된 지 오래다. 2번째 민수부터 51번째 민수까지 정말 다양한 분야의 민수들을 만나고 있다. 그들의 떨림과 불안 그리고 내게는 너무 익숙한 망설임과 두려움을 매일 만나며, 변하지 않는 사실을 발견한다.

나는 그에게 받은 대로 그들에게 똑같이 주고 있다. 그에게 애당초 어떤 압박과 명령을 받지 않았기에 그들에게 압박과 명령을 하지 않을 수 있었고, 그가 나에게 서두르지 않았었기에, 나는 그들에게 '오랜 기다림'을 줄 수 있는 여유가 생겼다. 그렇게 그들을 기쁘게 맞이할 수 있는 사람이 되었다. 새로운 시대의 흐름, 그 매력적인 시류에 역행하고 있는 이들을 말이다. 받은 만큼 준다. 그리고 그 주는 만큼 그들도 다른 이들에게 줄 수 있을 것이다. 그것이 내가 생각하는 콘텐츠 마케팅의 본질이다.

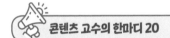

콘텐츠 고수의 한마디 20

학창 시절에는 감히 상상할 수 없을 정도로 성인이 된 후의 인생은 불확실성의 연속이었습니다. 물론 어린 시절부터 인생의 불확실성을 체험한 분들도 많을 것입니다.

이러한 질문에 대해서 과거부터 현재까지 많은 사람들이 고민을 해왔습니다. 그리고 역사를 통해서 주로 검증되어 왔던 일종의 정답이라고 불리는 방향성이 존재하기도 했습니다.

주류의 메시지를 통해서 정답이라는 심볼은 점점 더 그 세력을 키워왔습니다. 그리고 정답에서 벗어나서 의문을 제기하는 사람들은 이상한 사람 취급을 받았습니다. 정답에서 벗어나서 성과를 내는 경우는 어쩌다 만나는 행운처럼 다뤄졌습니다. 저는 30대에, 남들이 상상할 수 없을 만큼 다양하고 많은 사람들을 만나고 그들의 속이야기, 돈 번 이야기, 망한 이야기를 들어왔습니다. 그런 경험이 오래 축적되면서 저는 풀리지 않는 의문을 갖게 되었습니다.

'내가 보기에 충분히 잘 가고 있는데, 자신은 왜 자꾸 정답이 아니라 말하면서 자책하고 무너지는 걸까?'

'왜 자신이 정답이라고 이야기하는 사람들은 남을 배척하고, 얼마가지 않아 자신도 자멸하는 길을 선택하는 걸까?'

학창시절, 늘 정답을 찾으며 살았습니다. 그리고 성인이 되면서 그게 거짓말이었다는 것을 각자의 때에 만나게 됩니다. 그리고 배신감을 느끼지요.

하지만 그 이후에 자기 삶을 선택하는 방식은 학창 시절 때와 다르지 않습니다. 늦더라도 정답을 찾고 싶어 하고, 정답을 주는 사람들을 좇아다니는 것이지요. 진짜 배신감을 느꼈다면 그렇게 행동하면 안 되는 것인데 말이지요.

자신을 진짜 돌아보기 위해서는 질문할 수 있어야 합니다. 하지만 스스로 질문하는 법을 배운 사람은 별로 없습니다. 그래서 누군가 질문을 해줘야 하고, 저는 오랜 시간 그런 역할에 충실하며 살고 있습니다.

질문을 통해서 답을 하던 사람들은 자신만의 길을 찾아갑니다. 그리고 그 길을 찾아가면서 그것을 자신의 정답으로 만들어버립니다. 아직도 누군가 정답을 나에게 줄 거라 믿고 있으신가요? 그 사람이 나중에 생각을 바꾸면 따라서 생각을 바꾸실 건가요? 그런 게 정말 정답이 될 수 있는 걸까요?

끊임없이 질문하세요. 안되면 저희가 도와드리겠습니다. 끊임없는 질문을 통해서 다듬어진 당신만의 정답은 그 어떤 세상의 정답보다 가치가 있습니다.

콘텐츠 마케팅을 하면서
당신에게 가장 필요한 것은 무엇일까요

처음 '온라인 마케팅'은 정말 뜻대로 되지 않았습니다. 무엇을 올려도 반응이 잘 오지 않았습니다. 사실 반응이 오지 않는 것은 당연한 일인지도 모릅니다. 저희는 콘텐츠가 반응이 조금만 오지 않아도 수시로 콘셉트를 바꾸면서 채널 관리를 엉망으로 했기 때문입니다.

하지만 그때는 그런 관점이 눈에 보이지 않았습니다. 그런 시간이 쌓이다보니 자꾸 제 주변에는 조금씩 '어둠'이 밀려오더군요. 순간랩이라는 커뮤니티를 시작하고 2년의 시간이 흘렀습니다. 잘 될 줄 알고 기대감만 가지고 사업을 했습니다. 오랫동안 사업을 해서 번 1억 2천만 원의 돈을 기꺼이 쏟아 부었습니다(저는 팀원들도 있고, 공간도 있었기 때문에 고정비도 매달 어느 정도 있었습니다). 교육을 받고, 공부하고, 팀원들과 식사하고 다니며 그 돈을 야금야금 다 까먹었습니다. 그저 잘 될 줄 알았거든요. 작은 사업이었고, 함께 하는 분들이 있기에 될 것이라 믿었습니다. 그러나 사업은 그렇게 만만한 게 아니었습니다.

2019년 11월.

길음역, 버스 정류장에 앉아서 팀원들과 함께 버스를 기다리고 있었습니다. 팀원 세 명이서 저희 집에 가는 버스를 기다리고 있었는데 통장 잔고가 남지 않은 그 '현실적인 불안감'에 갇혀 참아왔던 눈물이 났습니다. '왈칵' 눈물이 쏟아지자 막을 길이 없습니다. 그때 정말, 서러웠습니다. 우리를 알아주지 못하는 세상이 그저 원망스러웠다고 할까요?

'이제 우리 어떻게 하지? 이제 우리 정말 끝 아니야?'

이내 마음을 조금 추스르고 그날 기어코 팀원들에게 저녁을 차려주려고 버스를 타고 저의 집으로 데리고 옵니다. 돈이 없어서 배달을 시키기 부담스럽습니다.

잘 열어보지 않던 찬장을 살펴보니 라면이 하나 보입니다. 냉장고에는 조금 오래된 토마토가 있었습니다. 우유와 토마토를 넣어 '토마토 라면'을 팀원들에게 만들어주었습니다. 냉골 같은 집에서 우리는 말 없이 그저 토마토 라면을 먹었습니다. 그리고 팀원들을 보냈습니다.

그런데 그렇게 토마토 라면을 먹고 나서 완전히 체해 버립니다. 홀로 냉골에 누워 있다가 문득 또 서러워서 눈물이 납니다. 집 안에는 분명 모든 불을 켜 놓았는데, 제 주변은 온통 사방이 어둠처럼 느껴집니다. 저는 벼랑 끝에 서 있었습니다. 더는 갈 곳도, 잃을 것도 없었습니다. 누군가는 저를 그 벼랑 끝으로 계속 밀어내는 것만 같았습니다. 머리는 지끈 아프고, 온몸은 부들부들 떨리는데 스스로 속으로 되뇝니다.

'내가 어떻게 여기까지 왔는데…'

'도대체 왜, 나한테 이러는 거야.'

다음날 그 무거울 때로 무거운 몸을 이끌고 사업체에 나갑니다. 예상대로 우울한(?) 표정의 동료들의 얼굴을 마주합니다. 그리고 우리는 한동안 침묵을 지키다가 누군가가 이 말을 꺼냅니다.

"반응이 없어도, 우리 그냥 끝까지 해 볼까요?"

사업은 쉬운 일이 아닙니다. 돈이 적게 든다고 쉬운 것은 아닙니다. 작은 사업이라고 만만한 것이 아닙니다.

그 토마토 라면을 먹고 체한 11월, 제 통장에는 정말 몇만 원 밖에 남지 않았습니다(지금 생각해도 가슴이 '철렁' 합니다). 그런데 신기하게도 그날 이후부터 서서히 꼬여있던 모든 문제가 하나둘씩 풀어지기 시작했습니다.

서두에 말씀드렸습니다.

'콘텐츠 어떻게 시작해야 할까요?' 이 질문을 바꿔보자면, '콘텐츠를 시작하는 우리에게 정말 필요한 것은 무엇인가요?'가 아닐까요? 때로는 우리의 뒷이야기를 잘 모르는 많은 이들이 우리에게 질문합니다. 저는 이제는 그들에게 이렇게 말하고 싶습니다.

"당신에게 필요한 것은 빛을 향해 나아갈 거라는 '기대감'은 아닙니다. 기꺼이 어둠이 와도 그 어둠에 더 깊게 들어갈 수 있는 '용기'. 그것이 당신에게 필요한 전부입니다."

여러분 주변이 어둠으로 느껴지고 있다면, 무엇을 해도 잘 되지 않는 기분이 든다면, 아직 그 어둠의 끝이 아닙니다. 그 어둠의 끝까지 한번 들어가 보세요. 그 어둠의 끝에서 여러분은 마침내 별 하나를 발견하실 겁니다. 그 별이 바로 당신의 '고유함'입니다. 가장 어두운 하늘에서 별이 가장 빛나는 법이듯, 당신의 고유성은 빛이 아닌 어둠

끝에서만 발견될 것입니다. 어쩜 저에게는 그 토마토를 넣은 라면을 먹은 날은 저의 고유함을 이해한 날인지도 모릅니다. 그 뒤로 저희는 더 중심을 잡을 수 있었고 어둠 속으로 계속해서 나아갈 힘을 얻었습니다.

최근 우연히 유튜브 채널을 정리하다가 순간랩이 반응 없는 영상을 498개 제작했다는 사실을 알았습니다. 글은 약 1700개 이상을 발행했더군요. SNS는 정말 셀 수도 없었습니다. 큰 반응이 오지 않았지만 우리는 제작을 멈추지 않았습니다.

한때는 이해할 수 없는 고통의 시간이 지나자 그것들은 퍼즐을 맞추듯이 하나, 둘 무언가가 맞아떨어지기 시작합니다. 신태순 고수의 말씀처럼, 놀랍게도 작은 것들이 계속 쌓이자, 그것들은 콘텐츠 블록처럼 온라인의 단단한 시스템을 구성하는 기반이 되었음을 경험합니다.

그리고 또 놀랍게도 우리를 찾아오는 사람들은 우리의 반응 없었던 순간랩의 500여 개의 콘텐츠를 보며, 큰 힘과 위로가 된다는 말을 들으며, 반응 없던 콘텐츠가 부끄러운 '실패'가 아닌 자랑스러운 '훈장'이 되었음을 느낍니다.

"무반응도 피드백입니다."

얼마 전 팀원 수웰님이 저희가 운영하는 콘텐츠 트레이닝 프로그램에 참여해 주신 분들에게 해 주신 멘트입니다. 그녀의 말은 그저 책에서 배운 이야기가 아닙니다. 수천 번의 무반응을 조정하며 생긴 그녀의 콘텐츠 체력으로부터 나온 이야기입니다.

영상 20개를 만들어도 반응이 오지 않는다면, 순간적인 무기력감으로 이 길이 아니라는 생각이 든다면, 다시 현실적인 타협의 욕구가 올라오신다면, 순간랩의 홈페이지, 카페, SNS 채널 등에 오셔서 과거 저희의 강력한 무반응(?)의 흔적을 보시고, 위로와 힘을 얻어 가시길 바랍니다.

이 책이 나오기까지 참 오랜 시간이 걸렸습니다. 그런데도 출간 과정을 잘 이끌어주신 고마운 분들이 많습니다. 수년간 책 제작에 힘을 써준 수웰 님, 왈 님, 아라고 님, 저희 곁을 끝까지 지켜주신 사랑하는 백수님들, 그리고 묵묵히 기다려주신 나비의 활주로 출판사 대표님, 마지막으로 이 책의 주인공이자 영혼의 친구 횡키(신태순 저자)님께 깊이 감사드립니다.

자유리

무리하지 않으면서 여유롭게 살아가는 콘텐츠 사업의 비결

오프라인 사업만 10년 한
39세 김 사장은 어떻게
콘텐츠 부자가 됐을까?

1판 1쇄 펴낸날 2022년 6월 10일

지은이 자유리 · 신태순
펴낸이 나성원
펴낸곳 나비의활주로

책임편집 유지은
디자인 BIGWAVE

주소 서울시 성북구 아리랑로19길 86, 203-505
전화 070-7643-7272
팩스 02-6499-0595
전자우편 butterflyrun@naver.com
출판등록 제2010-000138호
상표등록 제40-1362154호
ISBN 979-11-90865-66-1 03320